博仁管理咨询工作室
BRAND MANAGEMENT
CONSULTING STUDIO.

U0571416

传统企业
数字化转型

翁士增 著

经济管理出版社
ECONOMY & MANAGEMENT PUBLISHING HOUSE

图书在版编目（CIP）数据

传统企业数字化转型/翁士增著 . —北京：经济管理出版社，2022. 12
ISBN 978-7-5096-8838-0

Ⅰ.①传⋯　Ⅱ.①翁⋯　Ⅲ.①数字技术—应用—企业管理—研究—中国　Ⅳ.①F279. 23-39

中国版本图书馆 CIP 数据核字（2022）第 241109 号

组稿编辑：杨　雪
责任编辑：杨　雪
助理编辑：王　蕾　王　慧
责任印制：黄章平
责任校对：蔡晓臻

出版发行：经济管理出版社
　　　　　（北京市海淀区北蜂窝 8 号中雅大厦 A 座 11 层　100038）
网　　址：www. E-mp. com. cn
电　　话：（010）51915602
印　　刷：唐山昊达印刷有限公司
经　　销：新华书店
开　　本：720mm×1000mm/16
印　　张：18. 25
字　　数：251 千字
版　　次：2023 年 4 月第 1 版　　2023 年 4 月第 1 次印刷
书　　号：ISBN 978-7-5096-8838-0
定　　价：59.00 元

数字经济时代传统企业的挑战与突破

从远古时代的钻木取火到今天的智能制造，从早期烽火狼烟的信息传送到今天的大数据和物联网的实时信息传递，人类社会先后经历了蒸汽机、电气、信息化和数字化四次技术革命。每一次技术革命都给人类社会带来创新性的，甚至是颠覆式的改变，并深刻地影响着人类社会的历史发展进程。

一、数字化已经成为时代发展的潮流

（一）从技术发展层面来看，数字技术已经成为驱动全球数字经济发展的重要抓手

二战之后，随着电子计算机的出现，尤其是 20 世纪 90 年代以来万维网的诞生，数字技术开始引领全球经济发展。进入 21 世纪以后，随着移动互联网的普及与 5G 技术的商业化应用、计算能力和存储能力的迅速提升，物联网、云计算、工业互联网等数字应用技术的快速崛起，大数据、人工智能、工业机器人、传感器以及 VR／AR／MR 等的普及应用，数字技术已经不再局限于信息通信领域。ICT（信息与通信技术）已经成为"新基建"，数据已经成为继土地、资本等之后的又一重要经济资源，是当前经济社会发展不可或缺的资源要素。

数字经济是在数字技术快速发展的基础上形成的，其重要性不言而喻。如今，数字化已经成为全球化背景下要素资源重组的重要方向、经济结构重塑的主要目标与竞争格局转换的主要力量。从这个角度来说，这种以数据资源作为经济发展要素的经济已经成为新的经济形态。这种经济形态以数字技术为基础、以数字软件和应用平台为主要载体、以实时沟通和快速投送为主要推动力，正在重塑全球经济社会发展的格局。对传统企业来说，向数字化方向转型发展已经成为数字经济时代实现持续健康发展的重要途径。

（二）从政策导向层面来看，大力发展数字经济已经成为我国新时代的国家战略

随着我国改革开放的深入推进和 20 世纪 90 年代以来我国社会主义市场经济体制的全面建立，党中央、国务院高度重视信息产业和互联网产业的发展。党的十八大以来，党中央、国务院先后制定出台了《网络强国战略实施纲要》《"十四五"数字经济发展规划》等政策文件，把加大数字经济发展上升到国家战略的层面，为我国当前数字经济的发展指明了方向。当前，我国数字经济发展已经进入"快车道"。与此同时，有关传统企业数字化转型的问题也成为学界和业界的热门话题。

虽然多数传统企业都在努力推进向数字化方向发展，希望通过数字化实现转型发展，但是多数传统企业数字化转型的效果却不尽如人意，成功率仍然非常低。2020 年新型冠状病毒肺炎（Corona Virus Disease 2019，COVID-19，以下简称"新冠肺炎"）的暴发严重影响了传统企业的发展，但为传统企业加快数字化转型按下了"快捷键"。可以说，新冠肺炎成为传统企业加快数字化转型的"加速器"。新冠肺炎发生之后，数字化转型已经不再是少数传统企业为应对自身发展困境或者是实现自身业务转型发展的单一手段，而是成为传统企业能否在时代"大变局"中存活下来的"必答题"。

"十四五"时期是我国经济发展实现新旧动能转换的关键时期，也是我国数字经济领域实现"深化应用、规范发展、普惠共享"的新阶段。根据国务院印发的《"十四五"数字经济发展规划》，"十四五"期间我国要"立足不同产业特点和差异化需求，推动传统产业全方位、全链条数字化转型，提高全要素生产率"。根据"十四五"规划，当前和今后一段时间内，我国要进一步

加快传统企业向数字化方向发展，以数字化转型作为驱动传统企业生产方式变革的重要抓手。

（三）从企业发展层面来看，数字化已经成为传统企业加快转型发展的重要途径

面对新一轮科技革命，尤其是云计算、物联网和人工智能等数字技术的普及与商业化应用，数字技术给传统企业转型带来了新的发展机会，为传统产业借助数字技术实现转型发展创造了条件。

当前，企业的经营环境已经发生了巨变。这种变化给传统企业发展带来了空前的压力和挑战，传统企业要认真思考如何借助数字技术实现转型发展的问题。对传统企业而言，数字化不仅是机遇，更是挑战。因为数字化正在重塑这个时代，而数字化转型正在改变着传统企业。传统企业要学会运用数字化思维和数字化解决方案重构组织结构与价值体系，实时洞察和满足客户多样化、个性化需求，实现从"低成本优势"向"高价值路线"转变。在这个过程中，要借助数字技术进一步提升传统企业生产效率，开拓传统企业发展的新业态、新模式和新蓝海，实现传统企业从规模速度型发展向质量效益型发展转变、从资金和劳动密集型发展向高技术和高层次人才方向发展。可以说，只要能够站在数字技术的发展前沿，传统企业就能从新一轮科技革命中获取力量以实现自身持续健康成长，从而促进经济社会发展，实现中华民族伟大复兴。

二、数字经济时代传统企业的挑战

传统企业由于存在数字技术缺乏、数字化人才不足、转型资金不够、数字化管理氛围不浓、数字化文化尚未形成等问题，所以在数字化转型过程中普遍存在"瞻前顾后"心理，其原因主要是传统企业对数字化转型缺乏前瞻性认识，不愿意主动变革。面对数字经济的快速发展，传统企业需要摒弃传统思维观念，重新认识数字化转型，强化数字化转型意识，坚决拥抱数字化转型。显然，数字化转型不仅是数据技术的引进，还是传统企业整体的转型，需要重新

定义客户的价值主张、重新梳理产品的增值流程、重新塑造员工的思维模式和工作方式以及重新打造企业的文化理念。在数字经济时代，数字化转型已经成为传统企业实现降本增效、重塑业务流程的重要举措。就传统企业而言，数字化转型涉及战略、人力资源、生产、营销、管理和文化等多方面内容。从转型效果来看，虽然数字化转型取得了较为明显的成效，但数字化转型的层次较低，转型的成功率不高。

传统企业面临的主要挑战如下：

（一）战略转型方面数字化战略缺失

传统企业大多是劳动密集型和资金密集型企业，重土地、资金等要素投入，在数字化转型过程中面临数字化转型战略缺失的挑战。由于传统企业大多是在新中国成立之后形成和发展起来的，硬件思维根深蒂固，认为数字化就是智能设备的引进和数字技术的导入。从本质上来说，数字化转型并不是单纯的设备引进和技术导入，而是企业自身的战略转型和价值再造。由于没有对数字化转型路径进行战略规划，传统企业缺乏清晰的战略数字化转型目标与实现路径，再加上管理者固守传统思维模式和管理理念，路径依赖严重，阻碍了传统企业数字化转型。在数字化转型过程中，传统企业除了要有硬件思维，还需要软件思维。从这个角度来看，传统企业需培养软件思维，将数字化转型提升到战略高度上来，做好顶层战略设计。

（二）人资转型方面数字化人才短缺

数字化时代，对数字化人才提出了新的更高要求。由于不同部门对数字化认知和理解不同，利益诉求也不一样，所以传统企业在数字化转型过程中面临着既懂数字化技术又懂业务的"桥梁型"人才短缺的现实挑战。传统企业数字化转型是系统工程，需要跨领域、善于学习、懂得数字化交付的复合型人才，现有数字化人才主要集中在产品研发领域，而数字化运营、大数据分析、商业智能深度分析、先进制造、数字营销等人才严重不足。此外，数字化人才收入普遍较高，而自身利润微薄、实力较弱的传统企业难以同资金雄厚的互联网企业和高科技企业竞争，这也是造成传统企业数字化人才缺失的重要原因。

（三）生产转型方面数字化投入不足

传统企业厂房、设备普遍较为老旧，利润率较低，更加会关注投资回报，因此在数字化转型资金投入方面就尤为谨慎。由于缺乏足够的资金投入，传统企业普遍面临着智能化软硬件采购、系统运行维护和员工数字化技能培训等资金投入不足的挑战。面对不菲的数字化转型成本投入，不少传统企业想转而不敢转，陷入"转型找死，不转等死"的困境。在生产环节有限的资金投入过程中，一旦没有取得事先预期的转型成果，就会进一步限制后续生产数字化转型资金投入。另外，由于资金限制，传统企业在生产数字化转型过程中往往将转型重点放在硬件升级上，而忽略设备联网和数据采集，造成在生产数字化转型中"重硬轻软"的现象。

（四）营销转型方面数字化渠道不多

"物以类聚，人以群分"，自古以来，传统营销客户较为集中，虽然传统营销渠道不多、营销方式单一、获客成本较高，但是获客效率较高，能达成预期的营销目标。在数字化时代，随着数字技术的发展和各类平台的出现，传统的产品呈现方式和人际交往模式彻底改变，同类产品和志同道合的人呈现分散化趋势，传统企业能触达到的客户呈现高度"碎片化"的"颗粒"状态。客户活跃在多个平台上，传统企业往往难以接触客户并获得有效的客户需求信息，这成为数字化时代营销所面临的挑战。在有限的客户数据中，由于缺乏针对客户行为、兴趣爱好及购物渠道等数据绘制出来的客户画像，难以呈现客户群体的真实需求，导致客户数据价值"大打折扣"。由于数据缺失，营销人员往往难以有效追溯目标客户以往的消费轨迹，难以准确判断目标客户所处的消费阶段，导致线索转化率不高。

（五）管理转型方面数字化管理薄弱

在传统的层级制管理体系中，企业内各部门之间，企业与政府、同行、产业链上下游之间的联系较为单一，不同企业之间的数据相对独立。在数字化时代，数据既是驱动管理转型的关键要素，也是实施数字化管理的首要条件。传统企业在推动转型过程中普遍面临着数字化管理缺失的挑战。数字化时代扁平化的管理模式要求传统企业能够迅速响应客户需求，及时根据外部环境变化做出科学的管理决策，因此需要加强数字化管理、畅通数据流通渠道以实现数据共享。

（六）文化转型方面数字化文化不浓

传统企业在数字化转型过程中普遍面临着文化惯性的挑战。传统企业数字化转型除了设备的智能化升级、操作系统的数字化更新，更重要的是组织结构的调整，这就需要数字化文化支持。数字化文化不浓已经成为阻碍传统企业数字化转型的重要影响因素。在文化数字化转型过程中，传统企业要变革原有自上而下、缺乏创新的守旧文化，消除企业原有文化影响，建立起客户导向的数字化文化，从根本上实现数字化转型。与此同时，产业链上下游企业也要达成共识，形成上下游企业协同一致的企业文化，才能更好地实现数据共享。

三、数字化转型是传统企业的突破

在数字经济时代，数据已经成为不可或缺的生产要素，互联网、物联网、数字化通信等数字技术是传统企业生产数字化转型的重要基础设施，知识和数据的积累是传统企业扩大再生产的重要方式。李海舰等（2014）以移动互联网为例，认为在互联网时代传统企业必须要按照互联网思维重新架构运营模式，打造具有网络化生态、全球化资源整合、平台化资源运作和员工化用户等特点在内的智慧型组织。

如今，数字化转型已经成为各行各业的热门话题。从宏观层面上来看，数字化转型是各个国家和地区加速新旧动能转换、促进数字产业化的"新引擎"，也是孕育新一代虚拟现实技术（VR），打造智能化高端装备等产业，催生网络经济、共享经济和平台经济等新经济形态的重要推手。从中观层面来看，数字化转型既是各个产业加快提升生产自动化和智能化水平，降低产品研发和制造成本的重要方式，也是重新塑造新的产业分工体系和产业协作方式的重要抓手。从微观层面来看，数字化转型既是传统企业适应数字经济时代挑战、寻找新发展机会的重要契机，也是新时代实现高质量发展、再造传统企业新优势的重要举措。

综观当前各国政策和学者研究成果，主要集中在如何大力发展数字经济、加快推进产业数字化和数字产业化等的中观产业政策和宏观发展动能方面，而微观层面的传统企业如何通过数字化实现转型发展的政策和研究并不多。针对这一问题，本书应用生态系统理论、企业成长理论和数字经济理论等学科知识，以传统企业作为研究对象，在分析介绍数字经济与数字化发展背景的基础上，从微观层面上对传统企业的数字化转型模式、路径和方法进行深入研究。

在本书中，通过介绍我国传统企业的由来、内涵特征、演变规律、发展现状、未来趋势及数字化、数字化转型的内涵、理论依据等内容的基础上，构建了"虚实一体"的传统企业数字化转型模式，提出了传统企业向数字化转型的六个维度，即战略数字化转型、人资数字化转型、生产数字化转型、营销数字化转型、管理数字化转型和文化数字化转型。在每个数字化转型维度中，分别针对每个转型维度可能面临的困难与挑战、主要内涵、发展现状、数字化转型目标、数字化转型模式、数字化转型内容、数字化转型路径、数字化转型方法及数字化转型步骤等内容进行了阐述。

基于这个考虑，本书共分九部分内容，除了引言和后记，共七章，分别为：

第一章为传统企业数字化转型概述；第二章为传统企业战略数字化转型；第三章为传统企业人资数字化转型；第四章为传统企业生产数字化转型；第五章为传统企业营销数字化转型；第六章为传统企业管理数字化转型；第七章为传统企业文化数字化转型。

本书可作为政府相关职能部门研究制定传统企业加快数字化转型政策的理论依据，为相关研究人员数字化转型研究提供借鉴，为传统企业开展数字化转型提供实务指导和培训教材，为工商管理、经济管理等大类的学生提供传统企业数字化转型教材。

【参考文献】

［1］新华社．中共中央关于制定"十三五"规划的建议［EB/OL］．中华人民共和国中央人民政府网，［2015-11-03］．http：//www. gov. cn/xinwen/2015-11/03/content_2959432. htm.

［2］新华社．国务院印发《"十四五"数字经济发展规划》［EB/OL］．中华人民共和国中央人民政府网，［2022-01-12］．http：//www. gov. cn/xin-wen/2022-01/12/content_5667840. htm.

［3］李海舰，田跃新，李文杰．互联网思维与传统企业再造［J］．中国工业经济，2014（10）：135-146.

［4］史晨．迷雾与鸿沟：制造业企业数字化转型面临多重挑战［J］．国家治理，2021（48）：34-37.

目　录

第一章
传统企业数字化转型概述

　　自从全球知名新经济学家、顶级商业战略大师、被誉为"数字经济之父"的唐·泰普斯科特（Tapscott，1995）首次提出"数字经济"（Digital Economy）的概念以来，传统企业如何通过数字化转型发展壮大数字经济的问题引起了政界、业界和学界的广泛关注。进入 21 世纪以来，一场由数字技术驱动的企业变革正在席卷全球，标志着全球进入了数字经济时代。

　　在我国，传统企业既是自新中国成立以来我国工业经济发展的主体，也是我国高新技术企业和战略性新兴企业发展的基础。如何利用数字技术推动传统企业数字化转型已成为新时代我国深化供给侧结构性改革、实现高质量发展的重要内容和"核心引擎"。当前，面对百年未有之大变局和新冠疫情的冲击，传统企业一方面要面临日益复杂动荡的外部市场环境、激烈的竞争形势和日益个性化的客户需求所带来的压力与挑战；另一方面又要保持研发、生产和营销等环节的相对确定性，这就让传统企业陷入了不确定性和确定性并存的"两难"困境。为了更好地应对这种困境，传统企业要抓住数字化转型的发展契机，全面推进战略、人资、生产、营销、管理和文化六大环节的数字化转型，实现自身持续健康发展，为新时代高质量发展续写新篇章，为实现共同富裕添砖加瓦。

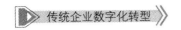

第一节　传统企业数字化转型概述

数字化转型是通过数字技术提高传统企业智能化、网络化和数字化能力和水平，消除数字化战略缺失、数字人才短缺、数字化生产能力薄弱、数字化营销渠道不足、数字化管理能力不强和数字化文化不浓等问题的影响，营造竞争中性营商环境，培育新时代传统企业发展新动能的重要途径和方法。从这个角度来看，如何正确认识数字化转型的内涵与现状、数字化转型的基础与功能、数字化转型的模式与内容、数字化转型的原则与步骤等问题对传统企业通过数字化转型实现发展具有重要的理论价值和现实意义。

一、传统企业及演化

（一）传统企业

"传统企业"（Traditional Enterprise）一词与"现代企业"（Modern Enterprise）对应，其内涵较为宽泛，通常是指主营业务为传统产业领域内的企业。传统企业不同于高新技术企业和战略性新兴企业，存在创新能力弱、生产效率低和资源消耗大等弊端。目前，我国传统企业仍具有庞大的数量规模，在经济社会发展中占据着极其重要的地位，不仅是国家税收和企业利润的主要来源，还是劳动力就业的主要阵地，其他新兴产业发展的基础。

1. 传统企业的内涵

一般来说，传统企业是指已经进入初级工业化阶段的国家和地区根据其经济社会发展目标而发展壮大起来的，以传统生产工艺和加工技术为主的劳动密集型、资本密集型或资源密集型企业，如印染纺织、石油化工、水泥建筑、基建电力、钢铁冶炼、采矿制造、加工制造、皮革鞣制和食品饮料等产业领域内的企业。这类企业大多以第二产业为主，在 GDP 总量中虽然仍占据较高的比重，但是对 GDP 贡献逐年下降，成长趋缓。

有关传统企业的内涵官方并没有给出明确的定义，学者从不同角度对其内涵进行了界定，如表 1-1 所示。

表 1-1　部分学者对传统企业内涵的解读

序号	学者	对传统企业内涵的解读
1	马丁·威尔逊（2000）	传统产业是在高新技术产业形成之前就存在的产业部门，如食品加工业、纺织服装工业、农林畜牧业等
2	刘怡爽（2001）	传统企业自然就是身处传统产业中的企业
3	赵海霞（2001）	传统企业是指在运营上使用传统手段的企业。这类企业在利用信息技术提高效率、降低成本方面还有很大的发展空间
4	崔树银（2007）	传统企业是指在工业经济时代成长起来的从事生产制造和流通服务的经济组织
5	刘从珊（2016）	传统企业是指进行生产制造以及进行流通服务的各种经济组织
6	杨柔坚（2018）	与现代企业相比，传统企业是指管理理念、经营方式、生产方式和产品结构与现代企业有冲突，并按照特定方式经营的企业；相对于网络企业，是指信息产业出现以来以生产有形产品为主的企业
7	史诗（2021）	传统企业是指劳动力密集型的、以制造加工为主，市场需求相对饱和急需转型的企业

资料来源：笔者根据相关文献资料整理。

总的来看，传统企业涉及领域非常广泛，如煤炭、冶金、机械、石油、纺织服装、皮革羽绒、木材、造纸、印刷、烟草和食品饮料等行业企业。有关传统企业的内涵主要基于三个层面进行界定：一是从组织结构层面来看，一般实行金字塔型的层级制结构；二是从运营方式来看，经营管理和交易活动较为传统；三是从产品和服务来看，生产和经营实体产品。可见，传统企业主要是指以加工制造业为主的企业，在工业体系中发挥着重要的基础作用。这类企业管理理念较为传统，以有形产品生产为主要内容，依靠规模经济制胜，是网络化、智能化和数字化程度不高的企业。

2. 传统企业的特征

传统企业涉及行业众多，影响范围广，特征显著，如表 1-2 所示。

表1-2 传统企业的主要特征

序号	特征	特征描述
1	资源依赖性	依靠自身资源实现发展，资源依赖性较为明显
2	劳动密集性	主要依靠体力劳动，技能要求低
3	技术滞后性	技术创新性不强，技术迭代慢
4	供给过剩性	市场需求相对饱和，存在供给过剩
5	成长趋缓性	市场需求弹性小，成长缓慢

（二）传统企业演化

我国传统企业主要是指新中国成立以后随着工业化进程的推进而发展起来的一种资源组织方式。历经70多年的发展，传统企业从小到大、从弱到强，如今已经成为门类齐全、规模庞大的企业群体。在发展过程中，主要经历了如下五个发展阶段：

1. 国民经济的恢复阶段（1949~1952年）

新中国刚刚成立时，我国的工业基础非常薄弱，不仅企业种类少，而且企业规模也非常小。企业主要以轻工纺织业为主，钢铁冶炼、石油化工和先进制造等产业基础较为薄弱。新中国成立之后，我国的工作重心开始转向经济建设上来，启动了"一五"计划，标志着具有中国特色的现代化模式的全面启动，也为传统企业发展开启了大门。到1952年，国民经济总收入比1949年增长40%，标志着我国经济社会发展进入快速恢复时期。

2. 初步工业化阶段（1952~1978年）

随着国民经济的恢复，我国经济社会逐步走上了工业化发展之路。在这个阶段，由于自身工业基础薄弱，而国际形势又十分严峻，企业在相对封闭的环境中发展。为了快速实现工业化，此期间的企业主要以重型工业为主。到1978年，虽然历经曲折，我国以传统企业为主的工业企业生产总值已经占到GDP总量的44.3%（国家统计局国民经济综合统计司，1999），初步实现了初级阶段的工业化，为改革开放以后的现代化发展奠定了坚实的产业基础。

3. 产业结构轻型化调整阶段（1978 年至 20 世纪 90 年代初）

党的十一届三中全会之后，我国开始走上了改革开放之路，快速进入工业化中期发展阶段。在这一阶段，通过产业结构的优化调整，基本形成了合理的产业结构布局。到了 1990 年，我国轻工业产值在工业产值中的比例已经占到了 49.4%（国家统计局国民经济综合统计司，1999），形成了重工业和轻工业并存的局面。在这一阶段，我国各类加工类和轻纺业迅速发展，纠正了改革开放之前以重工业为主的产业结构现象，为深化改革开放和经济体制改革创造了条件。

4. 高加工工业和高新技术产业快速发展阶段（20 世纪 90 年代初至 2017 年）

进入 20 世纪 90 年代以后，尤其是全面建立社会主义市场经济之后，我国产业结构进一步调整，传统的以加工为主的轻工业产值占比持续下降，高附加值的高加工工业和高新技术产业的迅速发展标志着我国传统企业发展进入新的阶段。进入 21 世纪之后，尤其是 2001 年 12 月 11 日我国正式加入世界贸易组织（WTO）之后，我国传统企业迎来了难得的发展机遇，实现了快速发展。如今，虽然与美国、德国和日本等发达国家相比，我国在高新技术产业领域内的发展水平和发展实力仍然存在差距，但我国传统产业所积累的整体工业基础已经初步达到了发达国家的初期水平。

5. 数字化转型阶段（2017 年以来）

随着我国数字技术的崛起及其商业化应用，李克强总理在 2017 年政府工作报告中首次提出"数字经济"的概念，要求各大领域加快发展"互联网+"，做优做强数字经济。正是这一年成为我国传统产业数字化转型的元年。在这之后，随着数字经济战略的全面实施，数字技术与传统企业的快速融合让传统企业的产业结构和产业布局再一次得到优化和调整。在这样的背景下，传统企业如何借助数字技术实现转型发展不仅成为传统企业加快自身转型发展的需要，还成为我国加快高质量发展、实现共同富裕目标的重要举措。

（三）传统企业与其他企业的关系

传统企业不仅是我国主要的市场经营主体，更是我国发展高新技术产业和战略性新兴产业的重要产业基础。从这个角度来看，传统企业与高新技术企业和战略性新兴企业都具有紧密的关系。

1. 传统企业与高新技术企业

传统企业是以传统生产和加工技术为主的劳动密集型企业；而高新技术企业则是以当代高精尖技术为基础，持续进行技术开发与技术成果转化、拥有核心自主知识产权的知识和技术密集型企业。不同于传统企业，高新技术企业通常前期资金投入多、技术开发难度大，主要以一种或多种高新技术及其产品的研究、开发、生产和服务为主。传统企业与高新技术企业紧密相关，传统企业为发展高新技术企业提供技术基础、资金积累、人力保障及其他相关物质资源。随着高新技术的持续发展，高新技术企业所具有的人才和技术优势也为传统企业转型发展提供人才、资金和技术支持，对于高新技术企业持续发展起到逆向支撑和引导作用。

2. 传统企业与战略性新兴企业

传统企业以加工制造为主，而战略性新兴企业主要以战略性的新兴技术的诞生和应用为标志。不同于传统企业，战略性新兴企业是指我国全面摆脱计划经济束缚之后，在市场经济环境中发展壮大起来，具有战略意义的战略性新兴企业。虽然两类企业的产生条件不同，但战略性新兴企业的发展离不开传统企业的支撑，而战略性新兴企业的新兴技术也为传统企业的转型发展提供了技术支持，两者之间相辅相成、彼此促进，呈现螺旋式上升的发展态势。

二、传统企业的地位与贡献

传统企业作为我国工业经济的主体，在物质资料生产、就业岗位提供、经济增长、工业体系构建和转型发展等方面发挥了重要作用。

（一）物质资料的生产者

作为物质资料的主要生产者，传统企业为我国经济社会发展提供了重要的原材料、半成品、能源动力和机器设备等物质生产资料。在生产领域，高新技术企业和战略性新兴企业都是在传统企业发展的基础上实现的发展。在消费领域，传统企业是满足老百姓物质生活需要不可缺少的重要市场主体，生产和提供了多数老百姓生活必需品。进入数字经济时代，虽然传统企业的生产方式、生产技术和企业组织结构等发生了根本性改变，但传统企业的重要性并没有发生根本性改变，也不会因为高新技术企业和战略性新兴企业的崛起而消失。

（二）就业岗位的提供者

作为人口大国，就业问题不仅事关我国 4.9 亿个家庭，14 亿多人的收入，还关系到全社会的稳定，是重大民生问题。历经 70 多年的发展，我国传统企业产业结构不断优化，不仅积累了大量的财富，而且还解决了我国大量的劳动力就业问题，为我国加快高质量发展、实现共同富裕创造了条件。虽然随着"双创"活动的开展和乡村振兴战略的实施，传统企业在解决劳动力就业方面的贡献有所下降，但仍然是我国劳动力就业人数最多的领域，远高于高新技术企业和战略性新兴企业对劳动力的吸纳能力。同时，由于传统企业，尤其是纺织服装、皮革鞋帽、塑料制品、食品加工、化工原料及化学制品、金属制品、非金属矿物制品等产业企业对劳动力的技能要求不高，能够通过较短时间的培训达到岗位所需的技能标准，降低了员工入职门槛，传统企业成为我国劳动力就业的重要领域。

（三）经济增长的贡献者

随着我国工业化进程的加快，作为国民经济的主要支柱，传统企业为我国经济社会作出重要贡献，是我国经济增长的重要贡献者。传统企业的转型发展确保了我国成为世界上产业门类最为齐全和工业体系最为完整的国家。虽然近年来全球高新技术企业和战略性新兴企业发展迅速，但是从对国民经济增长的贡献来看仍不如传统企业的贡献。可以说，当前及今后很长一段时间，传统企业仍将是我国保持经济持续健康发展、实现"十四五"规划和 2035 年远景目标的重要保障。

（四）工业体系的参与者

工业体系尤其是现代工业互联网是现代企业发展的根基。要成为制造强国，就要加快传统企业转型发展，打造更加完整的工业体系和更加高度自主的产业链。改革开放以来，尤其是创新强国战略实施以来，我国科技创新能力持续提升，从早期的模仿创新到如今越来越多的自主创新，传统企业发挥了重要作用。但从总体来看，我国传统企业的自主创新能力仍然比较薄弱，尚难以完全融入西方工业化国家主导的市场体系，需要鼓励、引导更多的传统企业参与到我国现代工业体系建设中，为传统企业通过转型发展创造条件。同时，传统企业是战略性新兴企业发展的基础，其生产能力和生产水平的提高也要以传统企业的生产和加工工艺的提高为前提。

（五）转型发展的践行者

我国作为传统企业占主导地位的国家，要实现企业结构整体升级，就需要进一步加大传统企业改造升级步伐，通过数字技术应用实现转型发展。在数字经济时代，传统企业的转型发展不是对过去经营管理模式的全盘否定，也不是让其自生自灭，而是在现有基础上借助数字技术进行改造提升。通过技术改造升级，传统企业不仅可以借助新技术获得新的发展优势，还可以向高新技术企业或者战略性新兴企业领域转型。近年来，我国不少传统企业就是利用数字技术，通过加快信息化建设和智能化改造等方式，拓展了自身发展空间，提高了自身核心竞争力，实现了转型发展。另外，传统企业的转型和结构调整也为高新技术企业和战略性新兴企业发展壮大提供了更好的产业基础。

三、数字化与数字化转型

数字化和数字化转型需要数字技术支持，数字技术的快速崛起为传统企业的数字化发展和数字化转型提供了新的机遇和动力。

（一）数字化

1. 数字化的内涵

计算机技术的发展使人类第一次可以利用"0"和"1"编码技术实现对声音、文字、图像和数据的编码、解码。通过对生产过程中的各类信息的采集、处理、贮存和传输，实现了生产过程中产生数据的标准化和高速处理。数字化作为一个专业术语，其本义是指将连续变化的"输入"转变成可以度量的数字和数据，然后通过数字化模型转换成为有价值的"输出"的过程。在这个过程中，可以利用大数据、物联网、云计算、人工智能及现代通信、移动和社交媒体等数字技术将现实世界与虚拟世界进行"连接"，从而建立"关系"，实现连接"发展"。如今，数字化已经成为人类社会从工业化时代转向数字经济时代的分水岭。

通俗地说，数字化就是将复杂多变的信息转变为可以度量的数字、数据，再以这些数字、数据建立数字化模型，将其转变为一系列二进制代码，引入计算机内部并进行统一处理，这就是数字化的基本过程。就传统企业而言，数字化就是通过数字技术的植入、改善及应用，引导传统企业的生产方式、管理过程和组织结构产生持续变革的过程。在这个过程中，传统企业借助数字技术实现了新的发展。

2. 数字化的特征

（1）连接。"连接"是数字化的首要特征。在数字化时代，"连接"的思维和能力将取代传统的"拥有"的思维和能力。传统企业不再为了"拥有"某些东西去付出，而是愿意为了得到某些东西去"连接"，这就彻底颠覆了之前的发展模式和管理思路。

（2）共生。"共生"是数字化的显著特征。在连接的基础上，运用数字技术能够将我们的现实世界通过"数字孪生"（Digital Twin）技术重构成为一个数字世界。通过"数字孪生"，传统企业能够借助数据交换功能动态识别自身需要开展的变革，从而采取相应的应对措施。

（3）实时。"实时"是数字化的本质特征。数字化不是从一个时点到另一个时点，而是同步。在"实时"的基础上，传统企业能够在第一时间获得需要的信息，能够在第一时间进行优化调整。

（二）企业转型

企业转型最早可以追溯到新古典经济学家马歇尔的"企业发展规模受其

自身所处行业的竞争状况的限制"的思想，但直到 20 世纪 20 年代末，国外学者才开始重视传统企业转型的相关研究。在这个时期，技术密集型企业和知识密集型企业已经成为市场的主导，面对当时金融危机对传统企业产生的巨大冲击，技术升级成为传统企业的明智选择。20 世纪 80 年代以来，随着企业转型升级实践的增加，有关"企业转型"这一现象越来越受到理论界和企业界的关注。理查德·福斯特（2017）从技术演化 S 曲线角度分析了产业变迁和公司的转型问题。Ghemawat 和 Nalebuff（1990）指出，转型就是在核心竞争力的基础上实施的变革。这也就是在公司核心竞争力前提下，对公司业务组合、组织结构、流程制度、管理风格和公司文化的适当选择的过程。Shaheen（1994）则认为，企业转型主要包括企业改造、组织文化的重新设计以及战略与产品的、企业核心能力的新定位与新变化。

国外关于企业转型的代表性理论有：一是 Burgelman 和 Grove（1996）提出的战略转折点理论，该理论指出，竞争环境的不可预测性会使企业的战略意图和战略行动之间产生不一致，即"战略矛盾"；二是扬·莫里森（1997）提出的"第二曲线"理论，该理论认为，第二曲线是当企业面对未来的新技术、新消费者、新市场时所进行的一场彻底的、不可逆转的变革，并由此而展开一次全新的企业生命周期。詹姆斯·迈天（1999）指出，企业转型是企业为适应环境的复杂变化需要从一条产业价值链进入另一条产业价值链，从而对企业进行彻底的改造和重建，或者选择一种新的业务类型的过程。

国内学者有关企业转型的研究要晚于国外。李烨和李传昭（2004）认为，我国企业应在战略导向下，实施以业务转型为轴心和先导的企业再生式转型。肖丕楚（2005）以我国传统优势企业为例，认为传统优势企业转型是重组式转型、再造式转型、革新式转型和再生式转型的集成和统一。根据这项研究，肖丕楚认为，企业转型的目的是获得新生和复兴，因此要推进企业管理理念、思维方式、价值观以及发展战略、组织结构、行为方式、运行机制等在内的全方位、革命性变革。余呈先（2012）认为，企业转型是企业在内外部驱动因素的共同作用下，为重塑核心竞争力、保持企业持续发展，而对企业研发、生产、经营和管理的多个职能层面进行根本性的调整，从而达到新的企业形态的过程。王晓燕（2016）认为，企业转型是通过商业模式、管理模式、资本模式和心智模式转换来不断实现价值和创新以适应市场环境的变化，从而达到持续增长的目标。

（三）数字化转型

随着数字技术的发展，数字技术的导入不仅增强了传统企业的数字化能力，还增强了传统企业的核心能力。在这个过程中，企业内部软硬件设施的数字化转型和智能化改造是传统企业迭代发展的重要举措。

1. 数字化转型的内涵

随着数字经济的发展，有关数字化转型的内涵引起业界和学界的广泛关注，但有关对数字化转型的内涵尚未达成一致意见。Westerman 等（2011）认为，数字化转型是数字化技术在企业中的具体作用，Li 等（2018）也认为，数字化转型是信息技术变革促成的转型。国内学者肖旭和戚聿东（2019）则从产业层面将数字化转型定义为借助数字技术提升生产的数量以及效率的过程。这些研究都强调数字化转型是在数字化技术发展的前提下如何进行数字化转型。显然，数字化转型不是简单的数字技术的应用，其关键在于传统企业战略转型，因此要通过整体"转型"而实现发展，这种转型会涉及传统企业的组织变革和组织转型，会带来全新的商业模式，提供新的运营渠道，给客户带来新的体验。

数字技术是数字化转型的基础，具有其特殊重要性。传统企业在数字技术的支持下创造适合传统企业发展的数字化产品，构建适合传统企业发展的数字化平台，使其成为支撑与推动传统企业数字化转型的起点。数字化转型已经成为传统企业借助数字技术实现转型发展的主要途径和必由之路。也就是说，数字化转型是指使用数字技术重塑传统企业业务流程、生产方式、企业文化和客户体验，构建以数据为核心的价值创造体系，提升市场竞争力以适应不断变化

的业务需求和市场变革的过程。

2. 数字化转型的特征

（1）变革性。系统变革是数字化转型的主要目的。数字技术对传统企业的生产要素产生了系统性影响，需要进行系统性的变革。在工业社会，资本、土地、劳动和企业家等资源是传统企业核心的生产要素；而进入数字社会之后，IoT（物联网）、云计算、AI（人工智能）、区块链等数字技术已经成为全新生产要素。因此，传统企业要运用数字技术对其战略、人资、生产、营销、管理和文化等经营环节开展系统性变革，推动传统企业数字化转型。

（2）重构性。重构价值体系是数字经济时代传统企业应用数字技术需要达成的目标，即转型发展的根本目的。在这个过程中，传统企业要重新打造数字化价值传递路径、优化新的数字化价值获取方式、提升新的数字化价值创造能力、完善新的数字化价值支撑机制和引导新的数字化价值体系转变等路径，形成具有数字化特征的核心价值观和企业使命。

（3）创新性。数字能力是传统企业要实现创新发展需要重点提升的能力。传统企业要加大数字技术的创新应用，进一步增强传统企业在推进数字化转型过程中所需的数字能力。通过数字技术应用创新，深入贯彻落实数字化转型的思想和数字化转型的理念，动态响应客户个性化、定制化的消费需求，主动赋能各大职能部门，尤其是核心业务板块加速数字化转型，进一步拓展传统企业发展空间。

（4）支撑性。数据支撑是传统企业成功开展数字化转型的重要保障。传统企业要加强自身信息化水平，增强经营管理过程中数据的采集与应用能力，加强数据治理能力建设，发挥数据的支撑功能，实现全流程、全方位、立体化的数据管理，提高数据的使用效率。同时，传统企业还要利用数字技术打通各项业务联系，通过构建数据交易平台和数据确权机制，创新商业模式，研发生产新的产品，提高全要素生产效率。

（四）数字化转型发展阶段

数字化转型是在信息化发展的基础上对数字技术的深入应用。我国传统企业经过多年的"两化融合"（工业化和信息化）发展，已经积累了较好的"两化融合"发展经验。在此基础上的数字化转型主要分为以下三个阶段：

1. 数字化转换阶段

该阶段主要源于20世纪80年代以来信息技术的推广应用。这种转换主要是由 ICT 技术（信息与通信技术）驱动，如会计电算化曾经是传统企业加强财务向信息化方向转型的重要手段，也是早期财务领域的数字化，其本质是对各项业务活动结果的再存储与管控，是传统企业财务数据信息化的过程。这个阶段主要基于技术视角，重点关注财务数据的科学性和规范性，通过信息记录的方式优化传统企业的业务流程和业务结构，旨在通过提升业务效率的方式实现业务数据化。在该阶段，主要对传统企业的业务流程和业务结构进行优化，其业务模式本身并没有发生根本性改变。

2. 数字化提升阶段

数字化提升阶段始于20世纪90年代以来互联网技术的商业化应用。这种提升主要是受互联网技术驱动，传统企业通过导入 ERP 系统实现了进、销、存、人、财和物等各个流程的数字化。这个阶段是在信息化转换的基础上，运用智能设备、智能传感器和视觉识别系统，全程自动采集传统企业订单接收、研发、采购、生产制造、产品交付和售后服务等全过程生产数据，然后通过数据集成、数字分析和数字共享等方式获得有用的数据信息指导企业经营决策。在这个阶段，各个环节的数字化过程就是将问题数据化，通过数据记录、分析和重组，形成数字孪生，将数据贯穿在传统企业的各个业务环节之中，从而优化传统企业自身管理，提升传统企业自身价值。在这个阶段，主要是对传统企业的数据获取方式进行了优化提升，其业务模式没有发生根本性改变。

3. 数字化转型阶段

数字化转型阶段始于21世纪初以来数字经济的快速崛起。这种转型主要是基于数字技术驱动，如传统企业冲压、锻造、成型等设备进行智能化改造的方式实现业务数字化。该阶段是在信息化和数字化高度融合的基础上，运用能够自动校正、自动适应和自我调整等功能，把烦琐的工作转换成数据符号，通过数字化自动控制程序组织生产制造。在转型过程中，传统企业依托智能OS、智能传感、物联网、视觉识别和语音交互及深度学习等数字技术彻底颠覆传统企业生产制造方式。在该阶段，主要是对传统企业自身的业务流程和业务结构进行根本性改造，其侧重点在于业务转型，因此其业务模型发生了改变。

四、数字化转型的基础

数字化转型离不开数字技术的应用，需要数字化产品和数字化平台作为转型基础。

（一）数字化技术

数字化技术（Digitization Technology）是指运用"0"和"1"编码，通过光缆、计算机和通信卫星等通信设备设施传输、表达和处理数字信息的技术。如今，数字技术已经深嵌到许多组织的产品、服务和运营中。当前，国内大数据、5G、人工智能、工业互联网等数字技术已经有了较好的积累。新一代数字技术的数字化、网络化以及智能化特点更加明显。传统企业要充分应用数字化技术加快构建动态的数据处理模型，获取企业经营管理过程中所需的各类数据，通过分析与综合，发挥数据资源的功能和价值。

（二）数字化产品

数字化产品（Digitalized Product）主要是指与数字化相关的产品。这类产品能够在网络平台上传输，如信息、计算机应用系统软件、视听娱乐产品等。数字化产品的主要特征表现在产品本身是无形的、生产过程往往是虚拟的、收益模式是自由的和营销呈现网格化状态。数字化产品为传统企业各个维度的数字化转型提供了支持。在数字经济时代，数字技术已经深嵌到许多组织的产品、服务和运营的核心之中，并从根本上改变了产品和服务创新的性质。

（三）数字化平台

数字化平台（Digital Platform）是传统企业开展数字化转型的重要载体，

主要由提供数字化转型产品和数字技术服务的企业组成。该平台以分层模块化架构为基础，实现通用软件与其他专用软件融合。通过该平台，传统企业将实现与产业链上下游企业实时互动，与客户建立起动态沟通。对传统企业来讲，数字平台是依托数字技术，整合行业内外资源的重要途径。

五、数字化转型的功能

数字化已经成为传统企业调整发展战略、提升企业效率、增加企业利润、实现转型发展的重要抓手。作为应对高质量发展的重要措施，数字化转型是加快传统企业供给侧结构性改革，实现传统企业高质量发展，破解"用工荒"困境和助力数字经济发展的重要抓手。

（一）深化供给侧结构性改革

供给侧问题已经成为我国传统企业实现转型发展需要重点解决的结构问题。一方面，传统企业生产的产品不能有效满足客户在线化和个性化需求，即有效供给不足；另一方面，许多传统企业产能过剩，其生产活动过程中所形成的市场价值难以兑现，造成经济运行过程中恶性循环。通过数字化转型，传统企业要以生产信息化、生产设备智能化和生产过程数字化为目标深化供给侧结构性改革，持续优化产业链和供应链结构，增强个性化、小批量供应能力。

（二）实现高质量转型发展

由于我国工业化时间较短，工业基础较为薄弱，与欧美发达国家的企业发展相比，我国传统企业创新能力较弱，资源环境存在约束，原材料和劳动力成本持续上涨，产品附加值低，核心竞争力不强。随着新时代我国经济增长方式的调整，数字化转型是传统企业实现高质量发展的重要机遇。通过数字化转型，不仅能提高产品生产制造效率和产品质量，还能进一步增强产品生产制造环节的灵活性与精细度，为高质量发展夯实基础。

（三）破解"用工荒"困境

随着新一轮产业革命的兴起和"双创"（大众创业、万众创新）活动的深入开展，越来越多的年轻人选择电商、网约车、外卖、快递等新兴产业领域创业就业，不愿意进工厂从事产品生产工作，造成传统企业劳动力短缺，出现"用工荒"的现象。与此同时，许多传统企业通过"两化融合"，实现了在生产过程中的信息化和工业化深度融合。在这个过程中，虽然许多传统产业通过引进智能机器设备取代了不少普工岗位需求，但是仍然取代不了智能设备的维护、物料投递、生产过程数据录入及分析处理等专业技术岗位需求，一"匠"难求，找不到、招不来、留不住成为不少传统企业人资工作的真实现状。

（四）助力数字经济发展

随着数字技术的发展，近年来，数字经济在我国 GDP 总量中的占比不断提升。随着越来越多的数字技术应用到传统企业之后，传统企业将为数字经济持续发展作出更大贡献。可以说，数字化转型已经成为数字技术应用的重要场景和平台，数字化转型的成效不仅是传统企业数字化的重要体现，还是新时代数字经济发展的重要内容。

六、传统企业数字化转型的现状

数字化转型是传统企业当前及今后一段时间的发展战略、商业模式、产品布局、业务规范、营销渠道和企业文化等，需要进行系统变革。近年来，我国传统企业数字化程度不断提升，各种应用场景的出现为转型发展增强了信心、提供了动力，已经成为新时代经济发展新旧动能转换的重要路径，但多数传统企业在经营管理过程中仍存在战略短视行为，存在不重视数字化人才培养，没有形成数字化文化，没有按照数字化要求开展营销、经营和生产等问题，导致不少传统企业陷入经营困境，甚至是破产清算。面对数字技术的发展，尽管多数传统企业有着强烈的数字化转型意愿，但数字化人才短缺，可用于数字化改造的资金不足，导致"心有余而力不足"。主要表现在以下几个方面：

（一）数字化战略意识不强，数字化转型缺乏战略引领

战略是传统企业推进数字化转型的指针。数字化转型不仅是传统企业简单

的技术更新，更是智能设备引进、发展战略、经营理念、组织结构、运营模式等全方位的变革，需要企业高层具有清晰的战略目标，全局谋划，做好顶层设计。当前，多数传统企业自身创新能力弱，技术含量低，产品附加值不高，导致数字化战略意识不强，战略引领能力较弱。其主要表现为：一是缺乏数字化战略思维，往往只顾及眼前利益、短期思想较为严重，导致数字化水平低，网络化、智能化基础薄弱；二是缺乏战略规划蓝图，虽然多数传统企业对推动数字化转型的意愿较为强烈，但是普遍缺乏清晰的战略数字化转型的总体规划、实施方案和具体实施路径，关注点主要在于生产端如何引入信息化系统，却没有从企业发展战略的高度进行长远谋划，造成企业内部难以达成数字化转型共识；三是存在替代现象，在推进数字化转型过程中不是正视自身短板，而是用盖新厂房、实施新项目、推动新工程等方式替代数字化转型。

（二）数字化人才数量不足，数字化转型缺乏人才支撑

人才是传统企业推进数字化转型的根本。多数传统企业由于数字化人才的数量缺乏，数字化人才质量不高，难以有效满足传统企业数字化转型需要。其主要表现为：一是数字化人才总量不足。传统企业员工人数普遍较多，但擅长信息通信、大数据和人工智能等数字化人才较少，仅有的数字化人才也主要集中在研发和生产领域，不利于传统企业整体转型。二是数字化能力较低。多数传统企业从高层到一线员工普遍存在数字化能力不足的问题，比如高层管理者缺乏对数字化转型的正确认知和相关知识，不知道要不要开展数字化转型；中层管理者缺乏数字化转型的实战经验和技巧，不知道如何开展数字化转型；基层管理者和一线员工缺乏数字化转型技能，不知道怎么开展数字化转型。三是数字化人才流失。多数传统企业因财力和认知等问题，不能满足数字化人才的薪资、工作时间和工作环境要求，造成数字化人才流失率较高，不利于传统企业数字化转型的推进。

（三）数字化生产重视不够，数字化转型缺乏生产响应

生产是传统企业推进数字化转型的核心。许多传统企业对数字化生产重视

程度不够、投入不足，数字产权和安全意识淡薄，不利于数字化转型。其主要表现为：一是数字化转型投入不足。许多传统企业，尤其是中小微型企业尚未认识到数字化的好处，对数字化转型也没有引起高度重视，在智能化装备和数字化应用软件方面投入不足，造成数字化生产工艺和加工工艺难以有效满足数字化转型需求。二是数字产权意识不强。在数字社会，数据不仅是指导企业推进数字化发展的生产要素，还是影响其能否成功赢得转型发展的关键资源。由于企业高层数字产权意识缺乏，存在数据获取、数据价值和数据产权等数字纠纷。三是存在数字安全隐患。不同于核心专利，数据可能以各种形式存在，以各种不同的形式流转。在这个过程中，一旦保密意识不强，就会造成数据流失。

（四）数字化营销观念不强，数字化转型缺乏营销支持

营销是传统企业数字化转型的关键。多数传统企业在营销上仍以产品为中心，推销心理较重，以客户需求为中心的营销观念不强，导致对客户的需求关注不多，难以满足数字化转型工作的推进。其主要表现为：一是尚未形成以客户为中心的营销理念。数字技术给传统企业营销活动带来了重大影响，但多数传统企业尚未形成以客户为中心的营销理念，不利于数字化转型活动的开展。二是缺乏数字化营销场景。在数字社会，与客户之间的沟通方式已经由线下转为线上，由原来的定期沟通转为实时动态沟通。由于与客户沟通过程中缺乏数字化沟通的场景，就会因缺乏数字化沟通渠道难以获得有效的数字化沟通数据，不利于客户关系建立与维护。三是缺乏数字化营销渠道。面对数字化时代信息的爆炸式增长，客户很难在信息海洋中找到需要的产品。如果没有数字化营销渠道，仍旧依靠粗放式的广告与客户建立联系将很难拓展营销渠道。

（五）数字化管理意识不强，数字化转型缺乏管理匹配

管理是传统企业推进数字化转型的抓手。传统企业对管理的重视程度差异较大，家长式管理、缺乏制度和流程的随意管理等现象仍在较大程度上存在。其主要表现为：一是转型标准难统一。传统企业因发展规模、所处阶段及实力

差异，数字化程度差异较大，造成数字化转型标准、奖惩机制和管理体制难以统一，尚未形成规范的数字化管理体系。二是奖惩机制不清晰。多数传统企业虽然已经形成了相应的奖惩机制，但因重视程度不够或者没有及时动态调整等，这些机制往往难以得到有效执行，最终仍凭借领导者的个人意志和企业盈利情况等作为员工奖惩依据。三是缺乏有效的管理机制。很多传统企业把数字化转型重点放在数字化技术和智能化设备引进方面，认为只要增强资金投入，购买更多的智能化设备和软件就能实现数字化转型。管理机制缺乏将会导致企业内部协同困难，难以打破原有部门、上下级边界和利益壁垒。

（六）数字化文化氛围不浓，数字化转型缺乏文化带动

文化是传统企业开展数字化转型的保障。多数传统企业在企业文化建设方面较为薄弱，更没有形成数字化文化氛围，导致数字化文化的功能没有得到有效发挥。其主要表现为：一是企业文化的敏捷性和适应性不强。数字技术要求传统企业要有快速响应数字化转型的文化机制和文化氛围，而多数传统企业对变化反响迟钝，响应能力较弱，缺乏敏捷性和快速适应的文化氛围。二是企业文化对数字化转型的支持性不够。多数传统企业的企业文化较为保守，对创新和变革的支持不够，企业创新氛围不浓，变革意识不强。三是企业文化包容性不强。不少传统企业是在家庭作坊、家族制企业的基础上发展起来的，企业文化具有浓厚的创始人烙印。这种文化烙印往往较为固执，包容性不强。

第二节　传统企业数字化转型实践与模式构建

欧美等发达国家在工业化时期得到了较为充分的发展，不仅积累了大量的物质财富，还积累了丰富的技术基础。在数字经济时代到来之际，这些国家很快就制定了适应自身发展的数字经济发展规划，并实现了较快的发展。目前，这些国家的数字经济在其国内 GDP 总量中已经占比较高，甚至已经超过 50%。

我国的经济发展始于改革开放之后，技术基础滞后于欧美等发达国家。虽然数字经济领域起步较迟，但发展迅速，成效明显，在 GDP 中的份额逐步提升。数字技术的不断突破与变革给传统企业带来的不只是先进的数字技术和自动化、智能化的生产设备，更重要的是带来了数字化管理系统的导入和企业上下员工思维观念的转变以及数字化转型理论与模式的重塑。

一、主要发达国家数字化转型的经验

（一）美国

作为数字经济大国，美国拥有充足的数字化人才，在高端先进制造业技术领域和战略性新兴产业领域拥有高端前沿技术。早在 2003 年，美国就提出了"数字孪生"（Digital Twin）的概念，其数字化转型能力和水平位于世界前列。其主要做法有：一是国家层面的产业支持政策，如《联邦大数据研究与开发战略计划》《为人工智能的未来做好准备》《国家人工智能研发战略规划》等。这类政策以开放创新为基础、以转型发展为主旨，为美国加快企业数字化转型提供了政策支持。二是企业层面的产业支持政策，如《智能制造振兴计划》《先进制造业美国领导力战略》等。这些政策为美国促进实体经济回流，振兴国内实体经济发挥了重要作用。正是国家和企业两个层面的产业支持政策极大地促进了美国传统企业依托数字技术实现了转型发展。

（二）英国

英国在数字经济发展方面强化了战略引领作用，提出了多项支持数字经济发展的数字化转型政策。在 2017 年颁布的《英国数字化战略（2017）》中，英国提出大力发展数字经济、加快数字转型、打造数字政府和发展数据经济等发展战略，为英国数字化转型进行全面部署、打造数字化强国进行了顶层设计。同时，英国还发布了《产业战略：打造适合未来的英国》《产业战略：人工智能领域行动》等政策文件，为企业加快科技创新和应用，促进英国人工智能发展提供了政策支持。

（三）法国

法国在经历了多年"去工业化"发展的阵痛之后，为加快其工业发展，制定了《利用数字技术促进工业转型的方案》等政策，为其加强其本土工业发展，重构新型工业中心的战略构想，让法国重返欧洲经济中心提供了支持。同时，法国还制定了加快数字化人才培养，促进创新要素、土地资源和工业园区等创业资源融合的相关措施，旨在让法国工业更具竞争力。

（四）德国

工业4.0计划是德国应对数字革命挑战的重要举措，更是德国工业经济发展的标志和象征。自德国2013年首次在汉诺威工业博览会上提出工业4.0计划以来，有关智能工厂、智能生产和智能物流的问题就引起了全世界的关注。在数字经济时代，网络系统和物联网等数字技术为工业4.0计划实现提供了基础。在德国，工业4.0计划使越来越多的传统企业通过开放创新平台、智能化联网战略和协同创新推进等措施，成为隐形冠军和行业领头企业。如今，在工业4.0计划的基础上，德国又提出了工业5.0计划，为德国传统企业实现转型发展提供了持续动力。

（五）日本

日本在数字化方面的规划源自2015年开始实施的《i-Japan战略2015》，该战略要求日本举国上下全面加强电子政务、电子医疗保健及教育和人力资源三大领域建设，为日本数字化转型奠定了坚实的基础。在日本，互联工业是其"社会5.0"的重要内容。以技术创新和工业互联为基础，日本提出了建设"超智能社会"的战略构想，为传统企业数字化转型创造了条件。同时，日本还成立了工业价值链促进会，发布了《日本制造业白皮书》，提出要通过人、设备、系统、技术等连接，创造制造业新的附加值的战略目标，为日本加快发展新一代工业价值链指明了方向。

二、数字化转型的理论

数字化转型理论主要集中在探究数字化转型的本质原因和数字化转型的未

来发展趋势上。在现有数字化转型理论中，主要有企业生态学、企业成长理论和数字经济理论等。

（一）企业生态学

企业生态学（Enterprise Ecology），是一门集企业学和生态学在内的交叉学科。该学科把企业与外部生态环境联系起来，主要研究企业与生态之间的相互关系及其作用机理。20 世纪以来，随着经济全球化发展进程的加快，现代企业环境变得越来越动态化和不确定，单一企业已经难以解决发展过程中的环境问题，也无法阻止企业之间的恶性竞争和违背商业道德的行为。在这种背景下，企业生态学应运而生。

保罗·霍肯（2007）系统探讨了现代商业活动与外部环境之间的关系问题，指出企业的发展离不开可持续的商业模式。Moore（1993）提出了商业生态系统的概念，认为企业不是单一组织，而是商业生态系统的成员。之后，肯·巴斯金（2001）提出了"市场生态"的概念，认为企业的发展需要健康的市场生态。

理查德·L. 达夫特（2021）在《组织理论与设计》一书中论述了组织生态系统演化的观点。国内有关专家学者在企业生态学方面的研究起步晚，成果较少，其中孙成章（1996）是较早把生态学思想用于我国经济管理研究的学者。之后，杨忠直（2003）在生态学和系统科学的基础上构建了企业的生态学理论体系。在这之后，有关企业生态学的研究逐步增多。

综上所述，国外学者更多强调企业与环境之间的互惠共生关系，需要良好的市场生态；而国内学者主要从企业进化、生态关系和生态战略等方面展开研究。不足之处在于国外学者没有对企业生态机理及生态战略展开深入的理论研究。在数字化转型过程中，传统企业要借鉴企业生态学理论，充分考虑外部环境因素影响，从而系统推进自身数字化转型。

（二）企业成长理论

在传统经济学理论中，企业的成长被看作是看不见的"黑匣子"。伊迪丝・彭罗斯（2007）构建了"企业资源—企业能力—企业成长"的研究框架，揭示了企业成长的内在动力。根据彭罗斯的研究，企业内部资源是企业成长的关键。正是这样的研究使彭罗斯成为企业成长理论的奠基人。传统企业在数字化转型过程中可以将数字技术作为企业成长的一项重要资源加以利用，通过数字化转型形成自己独特的能力，从而实现企业成长。

（三）数字经济理论

数字经济（Digital Economy），也叫智能经济，其内涵较为宽泛，由唐・泰普斯科特在20世纪90年代中期提出。作为一种经济形态，其本义是指直接或间接利用数字技术实现经济增长的方式。从这个角度来讲，所谓数字经济是指应用现代数字技术推动传统企业的生产力发展，实现数字技术与传统企业各环节高度融合，全面提升传统企业全要素生产率的过程。

数字经济受三大定律支配，如表1-3所示。

表 1-3　影响数字经济发展的三大定律

序号	定律名称	内容描述
1	梅特卡夫法则	网络的价值等于网络节点数的平方
2	摩尔定律	芯片的数据处理能力每隔18~24个月，其性能就会翻一倍，但芯片价格却会下降一半
3	达维多定律	进入市场的第一代产品能够自动获得50%的市场份额，因此，企业要不断淘汰这样的产品才能更好保持市场份额

当前，数字经济的重要性不言而喻，传统企业要借助新兴数字技术，加快自身数字化转型，进一步优化自身资源配置，加快产品迭代，打造数字化产品，增加产品附加值，适应时代发展需要。

三、传统企业数字化转型

任何转型都离不开创造价值，传统企业数字化转型的根本目的就是增强这种价值创造能力，也就是保持或创造持续盈利与发展的能力。如今，传统企业数字化转型的问题已成为生态系统学、企业成长学和数字经济学等领域的重要研究内容。近年来，国内外与数字化转型相关的文献数量也在显著增加。虽然这些研究成果开辟了崭新的研究领域，丰富了我们对传统企业数字化转型问题的认知和理解，但是不同的国家和地区由于数字经济发展程度参差不齐，国内外学者对传统企业数字化转型的内涵、前因后果等问题的认识仍存在差异。钱晶晶和何筠（2021）认为，对于传统企业而言，数字化转型并非易事。范德成和王娅（2022）以汽车制造企业为例，认为数字化转型会增加传统企业研发人员投入，但却抑制了研发资金投入；政府补助对传统企业数字化转型中的创新产生了积极影响，但抑制了企业的创新。当前，有关传统企业数字化转型方面的研究，国内学者主要从以下四方面进行了研究和探讨：

（一）数字化转型主体

有关传统产业数字化转型主体的研究主要集中在宏观、中层和微观三个层面。从宏观层面来看，这些学者认为数字化转型是一种社会行为，应将视角聚焦于宏观层面，把国家、市场等作为数字化转型研究的主体。从中观层面来看，数字化转型应该立足于产业，要加快推进产业数字化转型。近年来，有关产业数字化的研究引起了业界、学界和政界的广泛关注。从微观层面来看，这些学者认为，数字化转型的最终执行者是企业，应该将企业作为数字化转型研究的主体。

（二）数字技术范畴

传统企业数字化转型的基础涉及数字经营管理能力，是通过外部数据和数字技术相互作用而引起的传统企业内部各经营环节的转型。不同学者关于数字技术范畴的问题展开了深入研究，有些学者认为数据中台是数字化转型的关键，也有些学者认为物联网、云计算和人工智能等数字技术是传统企业能够实现数字化转型的重要前提，其争论的焦点在于使用哪些技术可以称为数字化转型。

（三）数字化转型领域

在数字经济时代，数字技术在改变传统商业模式的同时，对传统企业产生了巨大影响，颠覆了传统企业原有的生存状态。一些学者认为数字化转型的目的在于业务流程的优化改进；另一些学者则认为数字化转型是组织结构的变革。

（四）数字化转型效果

数字化转型对传统企业的业务流程、组织形态和生产效率等带来了根本性改变，产生了颠覆式影响。在这个过程中，有学者认为，传统企业通过业务模式重构、组织结构变革和管理方式创新等方式实现了转型发展；也有学者认为，传统企业通过先进智能设备引进、自动化生产车间改造等方式实现了转型发展。

基于上述分析，所谓传统企业数字化转型是指在适应新时代发展过程中，传统企业借助现代数字技术对其原有的已经成熟而且稳定的产品生产技术、业务管理流程、人资管理方式和营销体系等经营内容进行多角度、全方位、全链条的改造过程，是数据驱动的战略、人资、生产、营销、管理和文化等环节的全面优化和改善，最终目的在于进一步增强传统企业的核心竞争力。

四、数字化转型的层次

数字化已是当前经济社会发展中不可逆转的趋势。在这个趋势中，传统企业要通过数字技术的推广应用，支持其组织结构变革和业务流程再造，适应VUCA（Volatility，易变性；Uncertainty，不确定性；Complexity，复杂性；Ambiguity，模糊性）环境发展需要。这个过程可分为三个层次：

（一）意识和认知转型

意识和认知转型是传统企业数字化转型的初始阶段，也是个体意识和认知朝着数字化方向转型的第一步。意识和认知转型的关键是企业高层思维方式的转变。如果企业高层没有意识和认知到数字化转型的重要性、必要性和紧迫性，那么数字化转型将会成为"镜中月，水中花"。可以说，企业高层对数字化转型认知的高度和对数字化转型的理解深度直接决定了传统企业数字化转型

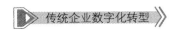

的推进程度及实施成效。

（二）生产方式和应用场景转型

生产方式和应用场景转型是传统企业数字化转型的核心环节，也是对传统企业能力和实力的挑战。在这个过程中，传统企业一方面可以根据业务需求、市场需求和趋势变化引进智能设备和智能生产控制系统，改变原有生产方式，提高全要素生产效率；另一方面可以利用数字化转型的工具和方法，通过引进自动化流水线生产，打造数字车间、无人车间等方式扩大数字技术应用场景，推进生产环节数字化转型。

（三）发展战略和盈利模式转型

发展战略和盈利模式转型是传统企业进入数字化高级阶段的标志。该阶段既是数字化转型的顶层设计，也是企业高层重点关注的内容，更是数字化转型成功的关键。企业高层要有战略决心，能够从客户角度出发，通过植入数字化转型理念，明确产品服务对象，实现传统企业战略、组织、流程、业务和交付模式等环节的全方位转型。

五、基于"六个维度"的传统企业数字化转型模式构建

传统企业来自不同行业、具有不同规模实力、处于不同发展阶段，其数字化转型要以企业生态学、企业成长理论和数字经济理论等为指导。数字化技术为传统企业变革提供了动力，也为传统企业发展带来新的机会。通过数字化转型，全面增强数字化软硬实力。

（一）战略数字化转型维度

在战略方面，数字化转型是传统企业发展战略的转型过程，更是企业高层思维模式的优化和发展格局的扩大过程。在这一过程中，基本的硬件转型固然十分重要，但从根本上来说战略数字化转型与数字技术本身无关，而是与传统企业的商业模式、创新流程和战略战术的持续数字化演变有关，是战略转型的过程。在数字化转型过程中，为更好地适应快速变化的数字化环境，传统企业

需要优化战略，制定数字化发展战略。

（二）人资数字化转型维度

在人资方面，数字化转型是数字化人才的引进、培养和使用过程。这里的数字化人才既包括数字化技术转型人才，也包括数字化领导力转型人才。在数字化转型阶段，传统企业往往要设立首席数字官这一新的职位，挑选合适的数字化转型人才作为数字化转型的"领航员"，指引企业数字化转型工作。同时，还要挑选具有数字领导力的管理人才、具备数字化思维的骨干员工，打造科学合理的数字化转型团队，才能有效推进传统企业数字化转型。

（三）生产数字化转型维度

在生产方面，数字化转型是传统企业将数字技术引入生产过程，通过引进智能设备、改造落后生产线、打造智能车间的方式优化人资配置，提高车间生产效率的过程。通过生产数字化转型，不仅能够优化传统企业产品生产加工流程，还能够及时动态监控车间生产管理状态。

（四）营销数字化转型维度

在营销方面，数字化转型是传统企业运用数字技术洞察客户心理、了解客户需求、树立客户中心意识。通过转型，传统企业要改变客户服务意识，变革营销模式，通过局部试点，进一步增强获客能力，然后组织开展客户营销。

（五）管理数字化转型维度

在管理方面，数字化转型既是颠覆性的管理变革，也是管理流程的重塑。数字化管理是数字社会中的数字生产力。数字化提高了管理效率，实现了数据自动化，是科学制定管理决策的重要过程。数字化管理作为一种生产力，是传统企业加快数字化转型的重要内容和主要保障。

（六）文化数字化转型维度

在文化方面，数字化转型是传统企业将数字技术的思维和理念用于企业文化建设，为传统企业推进数字化转型营造良好文化氛围。通过文化数字化转型，企业文化突出以客户为中心，围绕客户需求推进文化变革，会让企业文化

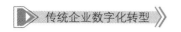

变得更加包容。

综上所述，在数字化转型的六个维度中，可以将战略维度、文化维度和管理维度归结为传统企业数字化转型的软实力，属于数字化转型"虚"的方面；将人资维度、营销维度和生产维度归结为传统企业数字化转型的硬实力，属于数字化转型"实"的方面。传统企业数字化转型要从软实力和硬实力两方面入手，构建基于"六个维度"的传统企业数字化转型模式，如图 1-1 所示。

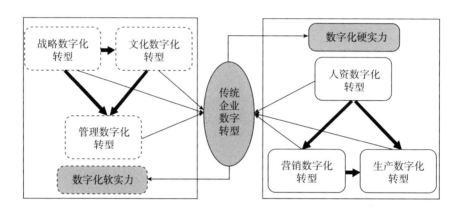

图 1-1　基于"六个维度"的传统企业数字化转型模式

根据这个转型模式，传统企业不仅要推进战略、管理和文化数字化转型，形成"战略—文化—管理"反三角；还要推进人资、营销和生产数字化转型，形成"人资—营销—生产"正三角。通过正反两个铁三角，构建"虚实一体"的数字化转型模式，共同推进传统企业数字化转型。

第三节　传统企业数字化转型内容与趋势

为更好地应对传统企业自身竞争压力，实现高质量发展，做优做强数字经济，就需要迎合时代潮流，明确传统企业数字化转型内容，掌握数字化转型技术，坚持数字化转型原则，系统开展数字化转型，并把握数字化转型发展趋势。

一、数字化转型的技术

数字化转型技术既是传统企业开展数字化转型的前提，也是传统企业数字化转型成功的关键。在众多数字化转型技术中，核心技术主要有：

（一）物联网技术

物联网（Internet of Things，IoT），是指这个世界上各种各样的东西彼此相连成网之意，属于数字化体系架构的物理层。在这个网络中，借助全球定位系统、现代信息传感器、激光扫描器、射频识别技术和红外感应器等智能装置与数字技术，能够将上述各种信息传感设备与通信网络实时、动态、无缝结合，达到零延滞效果。通过物联网，传统企业可以随时随地实现人（人员）、机（机器）和物（物料）的实时配合。物联网为数字化转型提供了重要的技术支持。

（二）云计算技术

云计算（Cloud Computing），作为一种分布式的计算技术，其本义是指将大型计算处理程序自动分拆成若干个小程序，再交由多部服务器组成的系统进行处理和分析，然后将处理结果传给用户的过程。在处理过程中，该系统经过数据搜寻、数据计算和数据分析实时传回数字结果。云计算解决了传统运算效率低、运算速度慢的问题，已经成为数字化发展的重要数字技术。需要注意的是，云计算虽然能够在短时间内完成大规模运算，也具有长期的数据存储功能，但云计算因为是单一资源中心，在运算过程中可能会遭遇网络拥塞、高延迟和可靠性无法保证等困境。传统企业借助云计算技术可以节约 IT 基础设施建设成本，能够快速搭建数字化应用模块，能够及时推进数字化业务变革。同时，通过 IT 云化，还可以大幅提升传统企业 IT 基础设施的灵活性和可扩展性。

（三）雾计算技术

雾计算（Fog Computing），是云计算的进一步延伸，其本义是基于"雾是更贴近地面的云"的概念演变。在该模式中,数据的存放、数据的处理和应用程序的分布在更靠近网络边缘的智能设备中,离地面更近,与我们关系更加紧密。不同于云计算,雾计算分布在传统企业研发、采购、生产、销售、筹资等经营环节之中。雾计算既可以使用路由器、交换机、网关等网络设备,也可以使用服务器等本土设备。这些设备功能虽然远小于数据中心的设备功能,但根据长尾理论,其庞大的设备数量可以有效弥补单一设备功能不足的问题。对传统企业来讲,通过雾计算,可以实现客户消息的实时过滤和聚合功能,也可以匿名处理客户数据,提供临时的数据保存,从而有效弥补了云计算的不足。

(四)大数据技术

大数据(Big Data),是指数据体量非常大的数据,也叫海量数据,通常是无法通过常规软件在短时间内完成处理的数据。李军(2014)认为,大数据同过去的海量数据有所区别,具有 4V 特征,即 Volume(体量大)、Variety(多样性)、Value(价值密度低)和 Velocity(速度快)。在云时代,随着移动互联网速度的提升、移动终端和数据传感器数量的增加和质量的改善,各类数据快速增长,形成海量数据,为传统企业转型发展提供机会。通过大数据的分布式数据分析,传统企业能够在短时间内获取有用的数据资料。

二、数字化转型的原则

数字化转型对传统企业来说是机遇更是挑战。为确保数字化转型的预期成效,传统企业要坚持如下原则:

(一)全局性原则

全局性原则是传统企业数字化转型的首要原则。对传统企业来说,任何修修补补,或者局部的转型都无济于事,只有坚持全局性原则才能达到预期目标。传统企业在数字化转型过程中需要全局思维,全盘布局。

(二)创新性原则

创新是传统企业数字化转型的关键。无论是发展战略、人资管理、生产方式、营销模式、管理思路和文化支持都需要进行全面创新。从这个角度来讲，创新是数字化转型的灵魂，传统企业在数字化转型过程中要坚持创新性原则。

（三）阶段性原则

阶段性原则主要是考虑到传统企业自身规模差异较大，难以同步推进。因此，数字化转型需要逐步推进，传统企业要根据自身实力、发展阶段和转型目的分阶段实施数字化转型。

（四）开放性原则

在一个耗散结构中，熵增原理表明熵增是一个不可逆的过程。随着数字技术的崛起，技术的外溢势必引起传统企业的熵增，因此，传统企业在数字化转型中离不开外部支持，传统企业在数字化转型过程中要坚持开放性原则。

（五）优先性原则

在数字化转型过程中，要坚持优先性原则，针对影响数字化转型的瓶颈、痛点和难点等重点优先开展数字化转型。在转型过程中，要优先组织开展运营模式、资源配置、产品研发、组织结构、客户服务、客户体验和产品交付等现状调研，仔细梳理影响数字化转型的问题顺序，根据问题的重要性和紧迫性所构成的四象限原则来推进数字化转型的范围和程度，提高数字化转型成效。

（六）协同性原则

协同性原则是传统企业推进数字化转型的重要原则。传统企业各项业务运行是有机关联的，需要通过有效协同解决。在转型过程中，要打破传统思维局限，运用协同性改革思路，一切以更好地运行和支撑业务作为梳理优化方向，找到问题根源进行改善提高。划分清楚业务流程之间的权责界限，剔除不合理的工作节点，实现流程规范化。

（七）包容性原则

数字化转型作为一种颠覆式改变，势必会造成参与各方的不适。其在推进过程中需要更多的包容，允许试错，在迭代中前进的包容文化是数字化转型的重要原则。传统企业在数字化转型过程中要坚持包容性原则。

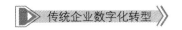

传统企业数字化转型

三、数字化转型的内容

价值创新和价值重构是传统企业加快数字化转型的主要任务。要实现这一目标，数字化转型除了引进自动化生产线、安装智能化生产设备，还要优化企业各项业务流程，推进管理创新，构建管理中台，打造数字化制造中心，获取生产运营数据，创造、传递并获取数据价值。传统企业数字化转型不仅是车间生产设备的智能化、生产过程的自动化，还要从战略布局、人才队伍建设、生产组织、营销渠道、管理方式和企业文化等方面进行系统性统筹部署，加快数字化转型。

（一）导入数字化战略，推进战略数字化转型

在工业经济时代，传统企业主要通过规模生产降低成本，提高效率，并依靠技术壁垒构筑封闭式价值体系来获得竞争优势。进入数字社会之后，这种发展方式已难以适应数字经济时代要求，传统企业要与合作伙伴建立动态竞争合作关系，通过"共创、共建、共享"的价值创造方式实施数字化转型战略，进一步提高竞争优势的可持续性和战略的柔性，从而实现共同发展。

数字化转型是持续渐进的、螺旋式上升的过程，需要客观分析内外部环境条件、转型过程中可能面临的压力，从顶层设计入手，做好战略数字化转型顶层架构与实施路线图的设计，制定强有力的数字化转型战略。这里的战略转型是指传统企业在数字化转型过程中由封闭的、静态竞争的战略转向"共创、共建、共享"的开放的、动态竞争合作的战略并形成新的价值主张的过程。切实可行的数字化转型战略是传统企业数字化转型的关键。要根据数字化战略提炼数字化转型战略，调整传统企业商业模式，推动其从以产品为中心的战略向以客户为中心的战略转变。转型战略制定之后，坚持"一张蓝图绘到底"，做好战略宣贯、分解、实施和跟踪，确保战略落地实施。在转型过程中，要根据成效及时调整、优化数字化战略。

（二）培养数字化人才，推进人资数字化转型

在工业经济时代，传统企业基于技术和营销渠道等壁垒形成相对稳定的人

力资源能力管理体系，但由于业务与能力无法分割，传统企业人资管理较为刚性，人资作用难以充分发挥。在数字经济时代，传统企业能够通过人资数字化转型实现业务与能力的解耦，形成柔性的数字化人力资源管理能力体系，支持传统企业实现转型发展。

数字化人才是传统企业推进数字化转型的关键，传统企业要以转型战略为导向，按照数字化人才培养目标与数字化人才培养要求构筑数字化"人才巢"、加大数字化人才的引进和培养、提高人才的数字化素质。数字化转型是一把手工程，企业高层在保障数字化转型所需人财物的同时，还要带头开展转型工作，践行数字化转型。这里的人资转型主要是指传统企业在数字化转型过程中由刚性、封闭的传统人资能力体系向柔性、开放的数字人资能力体系转型，形成以价值创造和价值传递为核心的数字化人资评价体系。传统企业要建立健全人才激励机制，通过轮岗交流、竞聘上岗、挂职锻炼等方法培养人才；通过评选"数字化转型工匠""数字化转型团队"等人才称号，激励数字化转型人才，在企业上下形成"能进能出、能上能下"的人才使用氛围。

（三）组织数字化生产，推进生产数字化转型

根据"两山"（绿水青山就是金山银山）理论，绿色、安全、节能和环保等理念要求传统企业必须要加快转型。数字化在产品加工制造、车间生产线规划布局和流程管理等方面的作用日益凸显，为传统企业实现发展提供了可能。因此，传统企业要借助数字技术推进生产现场数字化转型，推进生产车间各道工序之间向协同高效、响应快速和环保智能的方向发展，努力打造绿色工厂和智慧车间。在这个过程中，一方面要加快传统企业生产现场老旧设备的智能化改造和智能生产系统的安装进度；另一方面还要加强各生产环节的数据收集、数据分析和利用程度。因此，要通过生产数字化转型，打造环保智能工厂，要攻坚数字化前沿技术、核心技术和"卡脖子"技术，打造传统企业数字化转型的"智慧人脑"。要通过生产数字化转型，加强安全生产管理、产品质量管理和职业健康管理，形成生产数字化转型对标机制，提高传统企业生产管理

水平。

（四）开展数字化营销，推进营销数字化转型

数字化的核心是数据，通过数字化转型，能够获得实时的、可靠的、有关联的和可分析的营销数据，这为传统企业开展营销转型夯实了基础。这里的营销转型主要是指营销方式的转型。通过转型，打破封闭的、以产品为导向的静态传统营销模式，打造开放的、以客户需求为导向的动态营销模式，实现垂直业务体系向开放式业务体系转型，形成以价值获取为核心的营销新模式。通过营销数字化转型，营销内容数字化、营销手段自动化、客户关系管理社交化、产品销售监控全生命周期化和营销业绩考核动态化成为当前数字化营销工作的重中之重。随着云计算技术的发展，网民"云购物"热情高涨，直播带货、网红直播等营销方式走红。营销数字化转型颠覆了传统的营销观念，营销不再仅仅是营销人的事，从高管到一线员工都可以加入营销队伍中。在这样的时代，企业市场部、品牌部、研发部、人资部、行政部和生产部等不再各自为政，而是进入全员营销、人人营销的时代。在这个时代，在客户的竞争更加激烈、客户的需求日益个性化、市场的空间逐渐见顶的趋势面前，传统企业在营销方面所面临的挑战越来越大。进入数字经济时代以后，随着数字技术在营销推广中的普及应用，"数字化"一词成为营销界的常用词汇，比如，"以线上为主，线下为辅""线上线下结合""线上推广""网红直播""内容营销""抖音营销"等成为不少传统企业加快营销数字化转型的重要诉求。传统企业要构建客户需求牵引、数字能力赋能的开放式业务体系，加快新技术、新产品、新模式和新业态培育，拓展营销渠道。

（五）实施数字化管理，推进管理数字化转型

企业上下乌烟瘴气、人际关系紧张、协作能力不强、员工向心力和凝聚力不强等问题看似是员工的素质问题，但其实质是管理问题。在转型过程中，传统企业如果不能从管理上革新，仅在技术上发力将会陷入无法协调的困境而难以自拔。要解决这一问题，就要从管理入手，通过管理数字化转型，实现传统企业转型发展。这里的管理转型主要是指传统企业通过数字化转型实现自上而下的、封闭式的刚性管理向自下而上的、开放式的柔性治理转型，形成数据引领的管理机制。通过数字平台，消除管理罅隙，打通管理链条，实现管理无缝衔接，实现数据共享，从而提升管理效率。在这个过程中，要消除信息孤岛，构建适应传统企业数字化转型的组织架构体系，优化流程管理，提升资源利用效率，打造实时协同优化的智能生产管理体系。与此同时，在管理转型过程中，要推进组织结构变革，打造扁平化的组织结构、构建网络化的人际关系、设置灵活性的组织规模，减少管理层次，缩短沟通距离，提高管理效率。此外，传统企业还要推进传统的以 KPI 为核心的绩效管理改革，建立以目标与关键成果法（OKR）为核心的绩效评估与激励机制。

（六）构建数字化文化，推进文化数字化转型

传统企业数字化转型之所以不尽如人意，主要原因在于没有从文化高度进行转型。文化管理作为企业管理的最高层次，要紧跟时代发展需要。在文化转型过程中，要融入数字化的要素，系统规划企业文化，形成数字化的文化，指导传统企业转型。数字化转型需要每位员工主动参与、彼此协同，要有协同文化支持。同时，要加强具有数字化内涵的企业文化，首先要从企业高层开始，在企业上下营造一种热爱数字化、支持数字化、全身心投入数字化转型的文化氛围。在进行文化数字化转型之前，传统企业要分析原有企业文化是否与数字化转型战略匹配，能否确保数字化转型战略落地。

在此基础上，传统企业要清楚文化数字化转型的目的在于培养数字化思维模式与数字化工作习惯，推动企业员工行为向数字化方向转变。在培育、重塑数字文化的同时，要特别注意一线员工与外部客户的感受和意见反馈，确保传统企业文化数字化转型成效。

四、数字化转型的步骤

传统企业既是我国工业经济的基本盘，也是劳动力就业的主阵地，其重要

性不言而喻。传统企业数字化转型是从简单到复杂、从局部到整体、从被动到主动的持续推进过程。在这个过程中，传统企业要遵循如下步骤：

（一）转型调研，制定数字化转型方案

组织开展数字化转型调研，制定数字化转型总体方案。调研既是了解传统企业数字化现状的重要手段，也是培养数字化思维、提高数字化素养的有效举措。在这个阶段，参与调研的人员要实事求是，准确掌握企业数字化转型情况，尤其是行业内龙头企业的数字化转型情况。在此基础上，结合自身发展现状和所处阶段，制定科学的、前瞻性的数字化转型总体方案，指导企业数字化转型。

（二）数字赋能，组织数字化转型实践

根据数字化转型内涵，导入数字化设备和数字化操作系统，组织数字赋能。赋能既是传统企业开展数字化转型的重要步骤，也是重要的环节。在这个环节，传统企业要通过必要的资金投入，导入数字化设备和数字化操作系统，打造智能车间和智能工厂，完成数字化硬件改造。在此基础上，组织开展数字化赋能实践，如通过数字技术的使用，降低劳动强度、减少岗位人数、提高生产效率、培育数字化的企业文化、增强全体员工的数字化意识和对数字化转型的信心和决心。通过对产品数字化赋能快速提升产品的数字化功能和性能，改进客户体验，提高产品附加值。

（三）方案优化，优化数字化转型方案

在转型实践的基础上，分析诊断数字化转型成效，进一步优化数字化转型工作方案。优化和改善是传统企业数字化转型的重要环节。在数字化推进过程中，通过不断优化和改善，不断提升数字化转型方案。这个步骤中，可以利用数字化建模技术对数字化过程可能存在的问题进行改善和优化，主要方法有专家咨询法、调查问卷法、企业访谈法等，征询数字化转型方案意见和建议。通过不断的优化和改善，缩短传统企业各项工作流程，减少人力资源配置，降低能源能耗，提升生产和管理效率，增强转型业绩。

（四）组织实施，贯彻数字化转型方案

组织实施既是传统企业数字化的核心环节，也是重要的目的。在这个过程中，要提高对数字化转型的必要性和紧迫性认识，确保转型方案的深入贯彻落实。经过数字化转型的调查、赋能和优化，增强数字化转型自觉性，为传统企业转型发展创造条件。通过数字化转型方案实施会进一步拓展传统企业发展空间，提高传统企业产品附加值。

（五）效果评估，衡量数字化转型成效

效果评估是衡量数字化转型工作好坏的重要手段。要想科学评估传统企业数字化转型实施成效，就要有科学的数字化转型效果评估依据，否则就不知道从哪里开始评估。数字化转型评估指标主要有生产效率指标、数字化转型投资回报率指标及产品合格率指标等。

（六）流程再造，实现数字化转型发展

流程再造是传统企业"修炼内功"的重要途径，自从彼得·圣吉（Peter Senge）于 20 世纪 90 年代提出来以后就引起了广泛的关注。在数字化转型过程中，流程再造既是传统企业向数字化方向发展的重要步骤，也是传统企业实现转型升级的高级阶段。流程再造主要有两条途径：一是核心业务不变的业务和流程再造。在保持核心业务的前提下，通过业务和流程再造，优化传统企业组织架构和管理流程，释放传统企业数字化生产力，增强企业活力。二是抛弃或转变原有核心业务的流程再造。通过并购、融合、创新等跨界方式，打破传统企业原有业务和管理边界，再造商业模式。通过再造，传统企业原有核心业务逐渐被抛弃或者进行转变。

五、数字化转型的注意事项

传统企业数字化转型以数字化技术为前提，但其本质仍是生产转型，而生产转型就要以战略为主导、以营销转型为指引、以人资转型和管理转型为保障、以文化转型来促成。因此，传统企业在数字化转型过程中需要注意以下几个问题：

（一）数字化转型是一把手工程

数字化转型不是面子工程，而是一把手工程。在谋划数字化转型过程中要明确数字化转型目标，预先分析和考虑该对哪些环节进行转型。通过转型，能解决什么样的数字化问题，产生什么样的数字化转型效果。只有企业一把手全面深入理解数字化转型的重要意义和主要方法，才能在企业内部增强数字化转型凝聚力。同时，也只有一把手转变思想，才能真正形成以客户需求为中心、以人才为依托的数字化转型格局。

（二）数字化转型的基础是数据

数字化转型离不开数据支持，数字化的过程就是通过各种技术手段收集行业趋势、市场变化、客户使用产品、企业日常运营和创新等数据，形成行业发展趋势及市场变化、产品、客户及企业日常运营等数据，为传统企业转型发展提供决策依据。

【案例分享】

案例1：浙江久立特材科技股份有限公司数字化转型[①]

浙江久立特材科技股份有限公司是国家高新技术企业，主要从事工业不锈钢及特种合金管材、线材和棒材等产品的研发与生产工作。2020年8月，公司导入办公自动化（Office Automation，OA）、系统应用及产品（System Applications and Products，SAP）、质量管理体系（Quality Management System，QMS）等数据技术，启动数字工厂建设，向数字化转型迈出了关键的一步。

（一）战略数字化转型

在战略数字化转型过程中，为进一步提高企业的核心竞争力，公司高层运用数字技术实施工装设备自动化和智能化升级战略。公司是浙江省"未来工

---

① 本案例由笔者根据浙江久立特材科技股份有限公司提供的素材编写。

厂"，在世界行业细分市场中综合排名第三。通过战略数字化转型公司找准了在行业中的发展定位。

（二）人资数字化转型

通过人资数字化转型，生产车间大幅减轻了工作强度，减少了生产工人的使用数量。同时，因数字技术的普及应用，减少了研发人员、营销人员、行政管理人员及其他辅助人员的使用，提高了人资工作效率。通过人才数字化转型，数字技术在企业人才管理方面得到更加人性化的应用。

（三）生产数字化转型

通过生产数字化转型，公司开发了 IoT-制造中台-SAP-BI 多层级生产系统。该系统打通了 OA、质量和工艺等环节数据对接，为生产决策提供了端到端的数据支撑。生产车间导入了 MES 系统，打通了无缝管不同道次、钢种、规格和客户的数据壁垒，实现无缝管拉、轧、拔、扩等工序协同制造。数字孪生技术和 3D 建模技术的采用为车间生产提供了最优的工艺参数及技术要求，实现了生产过程的实时动态控制。

（四）营销数字化转型

公司在营销数字化转型过程中，主动与数字化科技公司合作，联合研发了公司数字化采购平台，打通了 ERP、WMS、QMS、MES 等数字化软件系统，实现了"供应商管理—寻源—订单管理—送货管理—对账结算"的全流程闭环式数字化采购系统，加快了公司营销数字化转型。随着营销数字化转型的推进，近年来公司销售额稳步增长。

（五）管理数字化转型

在管理数字化转型过程中，公司以条码为载体，打通了生产物流与仓储物流数据，共享生产和物流信息，提升库存利用率；通过远程监控了解现场作业情况，合理安排资源，提高管理精细化程度。即数字化技术的推广应用大幅提高了公司的管理效率，有效地降低了公司的各项管理成本，提高了公司的盈利水平。

（六）文化数字化转型

在文化数字化转型过程中，为紧跟时代发展需求，进一步提升公司在行业中的影响力，公司以数字化作为动力引擎，以云计算和人工智能等数字技术为核心，通过数字化转型，加快企业文化建设，引领行业发展，增强公司在行业中的领导力。

案例2：久盛地板有限公司数字化转型①

久盛地板有限公司主要从事实木地暖地板和实木地板研发、制造和销售。该公司是实木地板行业《国家标准》及《国际标准》的"双标准"起草单位，承担多个国家科技项目研究。

（一）战略数字化转型

在战略数字化转型过程中，公司以市场发展为导向，深入实施大数据、"互联网+"战略，实现了从硬件驱动转变为数据驱动的战略转型与商业模式调整，公司高层成为数字化转型的"引领者"，带领公司稳步推进数字化转型，实现公司转型发展。

（二）人资数字化转型

公司根据人资数字化转型需要，调整组织结构，公司高层负责抓数字化转型，并分别成立由营销、行政和生产等部门在内的数字化推进小组，助推公司数字化转型。

（三）生产数字化转型

在生产数字化转型过程中，公司全面导入MES系统，构建了以APS排产、计划管理、生产执行、物料管理、质量管理、设备管理等为核心内容的生产信息化管理系统，为企业打造一个全面、可靠和可行的协同型制造管理平台，实现了公司制造供应链数字化运用。

---

① 本案例由笔者根据久盛地板有限公司提供的素材编写。

（四）营销数字化转型

在营销数字化转型过程中，公司通盘考虑、系统规划、着眼未来。公司2016年启动全渠道营销平台项目以及BI系统建模工作，全面引进互联网移动CRM系统、深信服桌面云平台、阿里云平台。2018年全面导入阿里云大数据分析、MES系统、全域电销平台、O2O、数字化绩效与预算管理，全面质量管理QIS。在此基础上，公司全面构建了以ERP、OA、HR、MDM（Mobile Device Management，移动设备管理）等为后台，以经销商、售后及品牌推广和业务经理等为前台，以客户、订单、营销、库存、商品、结算、渠道和物流等中心构建CRM系统。这些策略的实施都是数字化的具体表现。

（五）管理数字化转型

在管理数字化转型过程中，公司以核心业务数字化转型为目标，导入ERP、OA等应用软件和管理系统，加强从接单到产品研发、物料采购、产品生产、质量检验、产品出入库和售后服务等在内的全流程管理数字化转型。

（六）文化数字化转型

公司以市场发展为导向，建立起与数字化转型相适应的企业文化，加大公司中高层管理人员数字化领导力培养，推进公司数字化转型。

※思考与探索

2020年5月13日，国家发展改革委网站发布了《数字化转型伙伴行动倡议》，提议政府和社会各界要联合起来，共同构建"政府引导—平台赋能—龙头引领—机构支撑—多元服务"的联合推进机制，以带动中小微企业数字化转型为重点，在更大范围、更深程度推行普惠性"上云用数赋智"服务，提升数字化转型服务供给能力，加快打造数字化企业，构建数字化产业链，培育数字化生态，形成"数字引领、抗击疫情、携手创新、普惠共赢"的数字化生态共同体，支撑经济高质量发展。

请结合本章内容的学习，以传统企业为例，谈谈你对传统企业数字化转型的理解。

【参考文献】

［1］［美］保罗·霍肯．商业生态学：可持续发展的宣言［M］．夏善晨，余继英，方堃，译．上海：上海译文出版社，2007.

［2］陈冬梅，王俐珍，陈安霓．数字化与战略管理理论——回顾、挑战与展望［J］．管理世界，2020，36（5）：20+220-236.

［3］陈江勇．传统企业转型升级的影响因素研究［D］．中南大学硕士学位论文，2012.

［4］陈凯华，冯泽，孙茜．创新大数据、创新治理效能和数字化转型［J］．研究与发展管理，2020，32（6）：1-12.

［5］崔树银．电子商务环境下传统企业流程变革研究［D］．同济大学博士学位论文，2007.

［6］范德成，王娅．传统企业数字化转型对其创新的影响研究——以汽车制造企业为例［J］．软科学，2022，36（6）：63-70.

［7］冯雪飞，董大海，张瑞雪．互联网思维：中国传统企业实现商业模式创新的捷径［J］．当代经济管理，2015，37（4）：20-23.

［8］国家统计局国民经济综合统计司．新中国五十年统计资料汇编［M］．北京：中国统计出版社，1999.

［9］黄丽华，朱海林，刘伟华，等．企业数字化转型和管理：研究框架与展望［J］．管理科学学报，2021，24（8）：26-35.

［10］吉峰，张婷，巫凡．大数据能力对传统企业互联网化转型的影响——基于供应链柔性视角［J］．学术界，2016（2）：68-78+326.

［11］［美］肯·巴斯金．公司DNA——来自生物的启示［M］．刘文军，译．北京：中信出版社，2001.

［12］李燕萍，苗力．企业数字领导力的结构维度及其影响——基于中国情境的扎根理论研究［J］．武汉大学学报（哲学社会科学版），2020，73（6）：125-136.

［13］李载驰，吕铁. 数字化转型：文献述评与研究展望［J］. 学习与探索，2021（12）：130-138.

［14］李军. 大数据：从海量到精准［M］. 北京：清华大学出版社，2014.

［15］李烨，李传昭. 透析西方企业转型模式的变迁及其启示［J］. 管理现代化，2004（3）：42-45.

［16］［美］理查德·L. 达夫特. 组织理论与设计（第12版）［M］. 王凤彬，石云鸣，张秀萍，等译. 北京：清华大学出版社，2021.

［17］［美］理查德·福斯特. 创新：进攻者的优势（修订版）［M］. 孙玉杰，王宇锋，韩丽华，译. 北京：北京联合出版公司，2017.

［18］刘从珊. 基于互联网视角的传统企业转型路径研究［D］. 天津商业大学硕士学位论文，2016.

［19］刘怡爽. 传统企业介入电子商务的风险分析［D］. 黑龙江大学硕士学位论文，2001.

［20］卢彦. 互联网思维2.0：传统企业互联网转型［M］. 北京：机械工业出版社，2015.

［21］［英］马丁·威尔逊. 信息时代：运用信息技术的成功管理［M］. 施昌奎，译. 北京：经济管理出版社，2000.

［22］马晓东. 数字化转型方法论：落地路径与数据中台［M］. 北京：机械工业出版社，2021.

［23］钱晶晶，何筠. 传统企业动态能力构建与数字化转型的机理研究［J］. 中国软科学，2021（6）：135-143.

［24］史诗. 传统企业转型背景下跨行业并购绩效研究——以科斯伍德并购龙门教育为例［D］. 北京交通大学硕士学位论文，2021.

［25］孙成章. 现代企业生态概论——企业五五五管理法［M］. 北京：经济管理出版社，1996.

［26］孙育平．企业数字化转型的特征、本质及路径探析［J］．企业经济，2021，40（12）：35-42.

［27］王晓燕．"互联网+"环境下传统企业转型研究［J］．经济研究导刊，2016（23）：12-14.

［28］王永贵，汪淋淋．传统企业数字化转型战略的类型识别与转型模式选择研究［J］．管理评论，2021，33（11）：84-93.

［29］肖丕楚．传统优势企业转型研究［D］．四川大学博士学位论文，2005.

［30］肖旭，戚聿东．产业数字化转型的价值维度与理论逻辑［J］．改革，2019（8）：61-70.

［31］［美］扬·莫里森．第二曲线［M］．张晓，译．北京：团结出版社，1997.

［32］杨柔坚．基于价值链重构的传统企业商业模式创新和价值创造研究［D］．南京师范大学博士学位论文，2018.

［33］杨忠直．企业生态学引论［M］．北京：科学出版社，2003.

［34］姚小涛，亓晖，刘琳琳，等．企业数字化转型：再认识与再出发［J］．西安交通大学学报（社会科学版），2022，42（3）：1-9.

［35］［英］伊迪丝·彭罗斯．企业成长理论［M］．赵晓，译．上海：上海人民出版社，2007.

［36］余呈先．企业转型过程中的知识转移影响机制研究［D］．华侨大学博士学位论文，2012.

［37］余呈先，郭东强．企业转型过程中外部知识转移的演化博弈分析［J］．科技进步与对策，2012，29（19）：125-129.

［38］［美］詹姆斯·迈天．大转变：公司构建工程的七项原则［M］．李东贤，等译．北京：清华大学出版社，1999.

［39］赵海霞．传统企业e化转型研究［D］．华东师范大学硕士学位论

文，2001.

［40］朱方明，肖丕楚，恩佳.西部传统优势企业转型与复兴［J］.科学·经济·社会，2005（1）：7-11.

［41］曾德麟，蔡家玮，欧阳桃花.数字化转型研究：整合框架与未来展望［J］.外国经济与管理，2021，43（5）：63-76.

［42］Berman S J，Bell R. Digital Transformation：Creating New Business Models Where Digital Meets Physical［R］.IBM Institute for Business Value，2011.

［43］Burgelman R A，Grove A S. Strategic Dissonance［J］.California Management Review，1996，38（2）：8-28.

［44］Ezeokoli1 F O，Okolie1 K C，Okoye1 P U，Belonw C C. Digital Transformation in the Nigeria Construction Industry：The Professionals'View［J］. World Journal of Computer Application and Technology，2016，4（3）：23-30.

［45］Firk S，Hanelt A，Oehmichen J，Wolff M. Chief Digital Officers：An Analysis of the Presence of a Centralized Digital Transformation Role［J］.Journal of Management Studies，2021，58（7）：1800-1831.

［46］Ghemawat P，Nalebuff B. The Devolution of Declining Industries［J］.The Quarterly Journal of Economics，1990，105（1）：167-186.

［47］Gray J，Rumpe B. Models for the Digital Transformation［J］.Software & Systems Modeling，2017（16）：307-308.

［48］Gurbaxani V，Dunkle D. Gearing up for Successful Digital Transformation［J］.MIS Quarterly Executive，2019，18（3）：209-220.

［49］Kamalaldin A，Linde L，Sjödin D，Parida V. Transforming Provider-customer Relationships in Digital Servitization：A Relational View on Digitalization［J］.Industrial Marketing Management，2020（89）：306-325.

［50］Koscheyev V，Rapgof V，Vinogradova V. Digital Transformation of Construction Organizations［C］.IOP Conference Series Materials Science and Engineering，2019：012010.

［51］Li L，Su F，Zhang W，Mao J Y. Digital Transformation by SME Entre-preneurs：A Capability Perspective ［J］. Information Systems Journal，2018，28 （6）：1129-1157.

［52］Moore J F. Predators and Prey：A New Ecology of Competition ［J］. Harvard Business Review，1993，71 （3）：75-86.

［53］Nandico O F. A Framework to Support Digital Transformation ［M］// El-Sheikh E，Zimmermann A，Jain L. Emerging Trends in the Evolution of Service-Oriented and Enterprise Architectures （Vol 111）. Cham：Springer，2016：113-138.

［54］Rogers D L. The Digital Transformation Playbook：Rethink Your Business for the Digital Age ［M］. New York：Columbia University Press，2016.

［55］Saarikko T，Westergren U H，Blomquist T. Digital Transformation：Five Recommendations for the Digitally Conscious Firm ［J］. Business Horizons，2020，63 （6）：825-839.

［56］Shaheen G T. Approach to Transformation ［J］. Chief Executive，1994：2-5.

［57］Singh A，Hess T. How Chief Digital Officers Promote the Digital Trans-formation of Their Companies ［J］. MIS Quarterly Executive，2017，16 （1）：1-17.

［58］Tapscott D. The Digital Economy：Promise and Peril in the Age of Net-worked Intelligence ［M］. New York：McGraw-Hill，1995.

［59］Ulas D. Digital Transformation Process and SMEs ［J］. Procedia Com-puter Science，2019 （158）：662-671.

［60］Westerman G，Calméjane C，Bonnet D，Ferraris P，McAfee A. Digital Transformation：A Roadmap for Billion-Dollar Organizations ［J］. MIT Center for

Digital Business and Capgemini Consulting, 2011（1）：1-68.

［61］Zinder E, Yunatova I. Synergy for Digital Transformation：Person's Multiple Roles and Subject Domains Integration ［M］//Chugunov A, Bolgov R, Kabanov Y, Kampis G, Wimmer M. Digital Transformation and Global Society. DTGS 2016：Communications in Computer and Information Science（Vol. 674）. Cham：Springer, 2016：155-168.

第二章
传统企业战略数字化转型

当前，我国传统企业数字化转型尚处于初级阶段，多数企业数字化转型效果不明显，其中不知道"想转什么""能转什么"和"应该怎么转"是传统企业数字化转型过程中最为困扰的三大问题。从战略层面来说，"想转什么"是传统企业数字化转型的初心，离不开传统企业的发展愿景；"能转什么"是传统企业数字化转型的基础，离不开传统企业自身拥有的资源和能力；"应该怎么转"则是传统企业数字化转型的动机，离不开传统企业对机遇的把握。

传统企业战略数字化转型并非易事，在战略数字化转型过程中，传统企业要围绕企业的愿景和使命，系统设计数字化转型战略，明确数字化转型的战略目标、战略方向、战略举措和战略资源需求。在数字化转型过程中，要以战略数字化转型现状分析、模式设计、内容探讨、路径分析和方法提炼为主线，从战略层面评估数字化转型成效。

第一节　传统企业战略数字化转型概述

战略既是传统企业数字化转型的重要环节，也是传统企业实现数字化转型发展的关键。面对新一轮科技革命和产业变革，传统企业如何依托数字技术加快战略数字化转型是传统企业在 VUCA 环境条件下能否实现持续健康发展的重要内容。因此，在战略数字化转型过程中要在了解数字化战略和战略数字化转型内涵的基础上，明确战略数字化转型的功能及当前传统企业战略数字化转型的现状。

一、战略数字化转型的挑战

数字化转型最大的挑战就是不确定性。传统企业开展数字化转型的最主要目的是更好地应对这种不确定性，因此，首先要从战略层面推进数字化转型。传统企业在推进战略朝着数字化方向转型的过程中，要对未来三五年甚至是更长时间的经营方向、运营管理模式及其相应的组织结构和资源配置方式等做出前瞻性的战略分析与判断。战略向数字化方向变革其实是传统企业借助数字技术再造企业核心竞争优势，实现新经济环境下的新发展过程，因此，会面临着以下挑战：

（一）网络化管理的挑战

传统企业的经营方式往往以一家企业为主，将生产与营销活动集于一身，产业链上下游企业处于被动的配合地位，关联企业数量少，关系较为简单。在传统企业内部，企业组织结构多为高耸式金字塔结构，从塔尖的 CEO 到塔底的一线员工分为若干层级，每一个层级的管理者均服从上一个层级的管理者，是典型的集权式管理模式。在进入数字经济时代之后，传统企业不再将经营过程中的所有环节集于一身，而是以更多寻求外部合作的方式实现转型发展。在这个过程中，企业员工（包括自由职业者、劳务派遣人员、企业合同制员工等）、战略合作伙伴、供应商与客户之间的关系发生了颠覆式改变，彼此之间不再是简单的服从与被服从、配合与被配合的关系，而是平等有序地连接在一起，组成一个具有自我造血功能的复杂关系网络。在这个关系网络中，如何让网络中的每一个网络节点与其他网络节点相互依存、紧密协作是传统企业战略数字化转型过程中面临的挑战之一。

（二）个性化服务的挑战

工业经济时代，传统企业的首要目标是扩大生产规模、增加产品生产能力，因此其显著特征就是大规模、标准化生产。与此相适应，传统管理以职能管理为核心，一级服从一级，不重视客户个性化需求。数字经济时代的到来彻底改变了这一切。在数字经济时代，个性化需求成为企业追求的目标。背靠背选购、全天候实时交易、无现金支付、线上线下一对一服务、专人快速递送、无理由退货等成为数字经济时代的消费时尚和消费趋势。如何通过战略数字化转型满足客户个性化需求成为传统企业面临的重要挑战。

（三）新技术整合的挑战

先进的数字技术可让员工拥有更多的业务发展机会，从而使企业保持市场领先地位，但同时也让员工肩负更大的责任、面临着更大的压力。在这种情况下，如何平衡两者关系，这就需要传统企业能够将员工需求更好地融入企业发展中来，这是一种挑战。比如，企业可以借助自身网络将企业以外的研发人员、供应商、生产商及分销商整合在一起。借助数字技术，传统企业可实现不同国家和地区的员工、外聘人员及合作伙伴同时在线办公，合作开发新产品，协同拓展新市场和新业务，构建之前无法想象的商业模式。这种模式的改变给传统企业制定数字化转型战略、推进战略数字化转型带来了挑战。

（四）低交互成本的挑战

交互成本是企业在协作过程中产生的成本支出。这种成本支出主要来自两大方面：一是企业内部协作的交互成本，即企业内部各部门之间、同一个部门内部工序之间相互协作时产生的成本；二是企业在物料采购、产品运输与销售等环节中与产业链上下游企业相互协作过程中产生的支出成本。高交互成本往往是企业看不见的利润杀手。通过战略数字化转型，大量重复性劳动被智能设备（机器人）替代，各种信息沟通可以实时进行，不仅能够大大节约人力物力交互运作成本，还能够提高各项业务的处理速度。可见，降低交互成本是传统企业需要从战略层面考虑的，这是传统企业在战略数字化转型过程中面临的挑战之一。

（五）数字化经营的挑战

在数字经济时代到来之前，代理商和经销商管理是核心，关系营销是重点，各类综合市场和专业市场蓬勃发展。而在数字经济时代，数字化经营颠覆了传统企业的业务与管理模式，电子化的订单处理方式让传统企业彻底摆脱了传统电话联络与纸质票据的困扰，而虚拟财务决算系统可使传统企业实时动态了解企业的销售与利润指标。从这个角度来看，传统企业普遍存在数字化转型的发展潜力。如何系统推进战略数字化转型给传统企业带来了极大的挑战。

二、数字化转型战略

"战略"（Strategy）一词作为军事用语，其本义是指挥作战的计划和谋略。近现代以来，"战略"一词在企业经营管理中得到了广泛应用，其主要是指在未来较长的一段时间内能够指导企业发展的具有前瞻性的理念或纲领性的文件。钱晶晶和何筠（2021）认为，传统企业要将数字化转型提升到战略决策层面。传统企业在数字化转型过程中要从战略高度着手谋划，制定数字化转型战略，引导数字化转型。

（一）数字化转型战略内涵

数字技术对传统企业发展带来了根本性的影响，制定和实施数字化转型战略已成为传统企业应对这种挑战的有力回应。从根本上讲，数字化转型的核心不是数字技术的引进和落地环节，而是传统企业在发展战略上的总体策划问题。传统企业需要从战略高度规划、协调和推进数字化转型工作。数字化转型战略对于传统企业开展数字化转型至关重要，需要传统企业事先做好前期调研、分析和预测工作。在战略数字化转型推进过程中，要根据数字化转型效果适时进行战略优化和战略调整。

所谓数字化转型战略（Digital Transformation Strategy），是一个跨领域的概念，其本义是指应用数字技术实现自身转型发展过程中的谋略和安排。数字化转型战略是指导传统企业开展数字化转型的顶层设计，为传统企业抢抓数字化发展先机、实现转型发展提供前瞻性和全局性的谋略。以数字化转型战略作为纲领性文件指导传统企业数字化转型将能大大提高数字化转型成效。从这个角度来讲，数字化转型战略是指传统企业利用数字技术推进企业组织结构、生产组织方式、运营管理流程、财务管理及客户关系等环节数字化的过程。

（二）数字化转型战略特征

传统企业数字化转型战略具有以下特征：

1. 前瞻性

数字化转型战略的前瞻性是指传统企业在推进数字化转型过程中能够以战略眼光审视数字化转型全局，能够立足现在，放眼未来，从企业全局出发，认清数字化转型中的当前机遇与未来挑战，准确分析在数字化转型过程中可能面临的不利环境和有利条件，从而做到高屋建瓴、未雨绸缪。在制定数字化转型战略过程中，要根据预测结果事先进行系统筹划，作出具体的数字化转型部署和安排，从而实现趋利避害，赢得数字经济时代发展主动权。

2. 全局性

数字化转型战略的全局性是指传统企业在制定数字化转型战略时要有全局思维，注意转型的整体性及转型的全过程性。这里的全局思维是指数字化转型战略要从系统层面出发，注意整体性，确保数字化转型利益的最大化。

3. 综合性

数字化转型战略的综合性是指传统企业在数字化转型过程中要把影响数字化转型的各种因素联系起来，综合考察数字化转型中的共同性和规律性。在数字化转型过程中，数字化转型战略目标是从各种复杂的甚至对立的影响因素中总结出来的，即使是相同问题，也可能有不同的数字化转型方案。数字化转型战略的综合性越强，传统企业数字化转型的成功率就越高。

4. 系统性

数字化转型战略的系统性是指传统企业要系统推进数字化转型，不能"头痛医头、脚痛医脚"。系统是相互联系、相互作用的事物组成的整体。在数字化转型过程中，传统企业要将数字化转型作为一个"系统"，制定数字化转型战略，系统推进数字化转型。

（三）数字化转型战略与其他战略差异

1. 数字化转型战略与 IT 战略

IT 战略是以 IT 技术为基础而建立起来的应用系统和基础设施，不考虑产品、流程和商业模式等转型，是单一部门转型的局部战略。而数字化转型战略是一种以客户需求为中心，系统关注企业产品、流程和商业模式变化和影响的跨部门的全面战略。不同于 IT 战略，数字化转型战略比 IT 战略更适合传统企业通过转型实现持续健康发展。

2. 数字化转型战略与业务战略

业务战略是企业生存、竞争发展之道，主要考虑如何从产品生产线的广度与特色、目标市场细分的方式与选择、产品销售的地理涵盖区域和竞争优势等方面发挥自身优势，实现企业盈利，其关注重心是如何整合资源，创造有价值的产品满足客户需求。而数字化转型战略是传统企业为更好适应数字经济时代发展而制定的如何向数字化方向转型的战略。与业务战略相比，数字化转型战略涉及企业经营过程中的各个方面的问题，不仅关注眼前利益，还要考虑通过数字化转型之后的未来状态，比业务战略更加系统与全面，更适合传统企业实现转型发展。

三、战略数字化转型

在数字经济时代，传统企业在实施数字化转型战略过程中要与合作伙伴建立动态竞争合作关系，实现共同发展。战略数字化转型是传统企业数字化转型的前提。对传统企业来讲，如果没有实现战略的数字化转型，其数字化转型就会难以推进。然而，传统企业在战略数字化转型方案制定过程中存在挑战。

（一）战略转型的内涵

所谓战略转型（Strategic Transformation），其本义是指战略层面上的方向

性改变。面对日益复杂多变的内外部环境，传统企业要通过数字化转型进一步
增强竞争优势的持续性和竞争战略的柔性。一般来说，战略转型往往是因为传
统企业在经营过程中出现颠覆式创新、根本性转折，或者灾难性后果，已经无
法通过常规手段予以优化调整而必须做出的响应。数字经济时代的到来让传统
企业在工业化时代制定的各种发展战略面临挑战。在响应这个挑战的过程中，
传统企业要运用数字技术对企业愿景和使命、组织结构和企业文化等方面做出
重大改变。对传统企业来说，这种转型需要对传统企业的原有发展战略进行重
新定位，对与该定位需要的资源与能力进行重新调整，对生产工艺、企业制度
规范和业务流程进行重新优化，对组织结构和职务内容进行重新设计，对企业
价值观和行为规范进行重新塑造。从这个角度来看，战略转型是指传统企业面
对内外部环境条件的根本性改变，通过数字化转型，对原有经营战略进行方向
性、根本性变革，并通过组织构成要素及要素间关系的变动，使其能够适应数
字经济时代的发展过程。

（二）战略数字化转型的内涵

战略数字化转型（Strategic Digital Transformation，SDT），既是战略转型的
重要组成部分，也是传统企业适应数字经济发展的主要应对策略。从字面含义
来看，战略数字化转型是指战略朝着数字化方向进行的根本性转变，目的是在
效率、有效性和利益相关者满意度方面实现可衡量的改进。

对传统企业来说，所谓战略数字化转型是指传统企业为应对数字技术对自
身发展所带来的影响和冲击，依托数字技术从根本上改变原有运营流程、人资
需求和技术规范，使其向数字化方向转型，使其能够更好地适应环境变化或克
服自身经营风险的过程。

（三）战略数字化转型的特征

根据上述内涵界定，传统企业战略数字化转型具有以下特征：

1. 长远性

在推动战略数字化转型过程中，需要对传统企业的现有组织结构、数字化

转型内容和数字化投入等问题进行通盘考虑，然后作出合理选择。这个选择事关传统企业未来生存与发展，具有长远性。对传统企业来说，从战略层面思考数字化转型，将能够最大程度地实现传统企业的未来发展目标。也就是说，战略层面的数字化转型更加关注传统企业的长远利益。

2. 整体性

战略转型是一个不可分割的整体，通过数字化转型，其为传统企业实现更加长远、持续的发展，具有整体性。为了实现整体发展，传统企业要有其独特的、不可或缺的功能和发挥各自不同的作用。具体来说，战略转型不是强调某一个环节的重要性，而是要整体制定发展战略，系统推进传统企业数字化转型。

3. 协同性

协同性是指功能互补、相互促进，具有"1+1＞2"的功能属性。一般来说，战略联合价值要高于单一战略价值。战略转型的协同性是指不同类型的数字化转型战略之间存在资源共享性，彼此相互促进，具有协同性。

（四）战略数字化转型的过程

战略数字化转型的关键是对转型全局的掌握。在发展战略中融入数字化转型战略的理念、数字化转型战略的工作方法和数字化转型战略的工作机制，是传统企业推进战略数字化转型的关键。在这个过程中，传统企业要加快实现"三个转变"。

1. 竞争合作关系转变

当前，市场竞争生态化趋势日益凸显，传统企业间的竞争焦点已经不再是单纯的数字产品和资源要素之间的竞争，而是已经上升到智能技术产品群、数字能力体系以及产业链、供应链和生态圈之间的多重竞争合作。为此，传统企业要跳出原有战略思维模式，构建共赢的战略思维，转变原有单一竞争关系，构建多重竞合关系，具体内容如表2-1所示。

表 2-1　传统企业多重竞合关系的构建

序号	竞合关系构建	特征描述
1	技术融合创新	综合应用各种数字技术、企业技术和管理技术，实现融合创新，形成具有数字化特征的新技术和新产品
2	模式创新转型	通过模式创新，推动传统企业合作方式、业务模式和商业模式等转型，形成新的竞合关系
3	业务改造提升	强化数据驱动，改造提升传统业务流程，培育壮大数字业务

2. 业务组织架构转变

在数字经济时代，原有以技术专业化分工为基础形成的垂直业务体系已经难以适应传统企业可持续发展需要。传统企业要以客户需求为基础，加快构建基于能力赋能的柔性业务架构。在这个过程中，传统企业要明确各业务场景的目标、具体过程和所需资源，重新设计传统企业业务架构，加快战略数字化转型。

3. 价值创造模式转变

在工业经济时代，因为技术具有壁垒，传统企业能够以自身所拥有的技术作为维系产品生产的纽带，可以在较长时间内获得该技术所带来的产品价值。数字技术的软件化、模块化和平台化的发展为传统企业依托数字化平台、以数据为纽带、以能力为牵引共建价值生态网络提供了可能，传统企业与其合作伙伴能够更加精准地挖掘客户需求、更大范围地进行资源整合、更加高效地提供个性化服务。

四、战略数字化转型的功能

战略数字化转型要以传统企业自身的价值为导向，回归到自身的商业本源。在战略数字化转型过程中，不是为了转型而转型，而是要把眼前利益和长远利益紧密结合起来，关注数字化转型之后的整体效果，即有没有保持或创造了持续的盈利能力。

传统企业战略数字化转型的功能表现在以下几个方面：

（一）指明数字化转型方向

方向引领未来，对传统企业来说，战略就是方向。战略数字化转型为传统企业开展数字化转型指明方向。战略转型不是追求大而全，也不是要求面面俱到，更不是不讲技术原理，而是强调传统企业在引导数字化转型过程中需要坚持的方向和重点。战略层面的数字化转型最主要的目的是为传统企业提供清晰的数字化转型目标。通过高举战略数字化转型大旗，传统企业才会更加清楚数字化转型的发力点，从而更好调动各种数字化转型资源、协同推进数字化转型。

（二）加快数字化资源整合

所谓整合，是指资源的优化和配置，能够获得整体最优的状态。资源整合既是传统企业战略数字化转型的重要手段，也是传统企业对资源来源、资源类别、资源结构和资源作用的识别与甄选过程。战略数字化转型能加快传统企业数字化资源整合。在这个过程中，传统企业要根据其发展战略和目标定位，寻求资源与客户需求的匹配点，进一步优化配置自身资源，巩固自身发展优势，促进传统企业相关数字化资源整合。

（三）增强企业核心竞争力

核心竞争力，也叫核心能力，由 Prahalad 和 Hamel（1990）提出，是指在应对变革与竞争的过程中能够战胜竞争对手的能力集合。核心竞争力是一个企业所特有的且竞争对手难以模仿的能力。这种能力会给企业带来比较竞争优势。随着战略数字化转型的推进，传统企业所拥有的资源以及配置与整合效率会得到提高，因此，其竞争力也会随之发生改变。通过战略数字化转型形成的数字化核心竞争力能够让传统企业在激烈的市场竞争中站稳脚跟，从而使其产品能够持续满足客户需求。

（四）确保企业的盈利能力

盈利能力通常是指企业的获利能力。这种能力也叫收益能力，或资金（资本）的增值能力。一般来说，企业的盈利能力与其利润率紧密相关。一家企业的利润率越高，往往意味着其盈利能力就越强。从这个角度来看，传统企业的盈利能力是指在一定时期（通常是指一年）内收益情况，主要包括营业利润率、资本收益率、净资产收益率和总资产报酬率等指标。从战略层面深入分析传统企业数字化转型之后的盈利能力，是确保传统企业持续盈利的重要环节。

（五）满足利益相关者需求

利益相关者的意见是经营决策者要考虑的重要内容。传统企业在推进战略数字化转型过程中要进行利益相关者分析。在战略数字化转型过程中，各方利益是战略数字化转型过程中需要考虑的关键问题，因为利益相关者不可能持有一致意见，其中一些人要比另一些人的影响力更大，这就要求传统企业在战略层面进行平衡。因此，战略转型需要找准切入点，而且这个切入点要能够满足利益相关者的需求。传统企业在战略转型过程中要进行利益相关者分析，确保利益相关者的利益实现。

五、战略数字化转型的类型

国内外学者从不同维度对战略数字化转型的类型展开了研究，具有代表性的研究如表2-2所示。

表2-2　传统企业战略数字化转型的类型

序号	代表性学者	研究维度	战略数字化转型类型
1	Tekic 和 Koroteev（2019）	数字技术应用和数字化运营商业模式	颠覆性战略、商业模式主导战略、技术主导战略和定制模拟战略
2	Jin 等（2020）	数据所有权和关键价值主张	新产品战略、新增值服务战略、定制化战略、产品嵌入平台战略和平台服务/产品战略
3	肖静华（2020）	企业转型幅度和转型速度	激进式战略、混合式战略、应激式战略和渐进式战略
4	王永贵和汪淋淋（2021）	数字化资源投入和组织适应性	变革依赖型、生态导向型、业务主导型和技术主导型四种转型战略

对传统企业来说，其战略数字化转型除受上述维度因素影响之外，更主要的是受数字技术和业务需求两个因素影响。数字技术与业务需求就像两个轮子一样驱动传统企业的战略数字化转型。其中，数字技术是指为传统企业推进数字化转型服务的相关数字技术的发育程度；业务需求是指传统企业各项业务工作对数字技术需求的迫切程度。数字技术越是成熟，传统企业越倾向于采取技术主导型战略数字化转型模式，而业务需求越是迫切，传统企业就越倾向于采取业务主导型战略数字化转型模式。因此，传统企业可以从数字技术和业务需求两个维度开展战略数字化转型实践。

传统企业战略数字化转型具体可以分为以下四种类型：

（一）业务主导型战略数字化转型

当主要依靠业务需求而不是数字技术来推动传统企业战略数字化转型时，将其转型方式称为业务主导型战略数字化转型。采取这种战略转型的企业多属于传统小微企业，由于小微企业自身的资源和能力不足，无法支撑传统企业在数字技术上的大量投入。同时，由于小微企业规模较小，组织结构灵活、简单，能够基于业务发展变化进行快速响应和调整。这类企业一般采用B2C（直接面向消费者销售产品和服务）的商业模式，通过第三方企业搭建数字化转型平台，推进战略数字化转型。

（二）自发跟进型战略数字化转型

当无法依靠数字技术或业务需求而主动开展战略数字化转型时，将其转型方式称为自发跟进型战略数字化转型。采取这种战略转型的企业通常是在行业内部属于组织惯性强、传统业务比重大的大中型企业。这类企业对数字技术依赖性不强，数字技术基础较弱，也没有太多的资源和精力投入数字转型的研发与应用上，因此，在转型过程中传统企业需要把重点放在新型数字技术开发和业务数字化转型上。这类传统企业具有长时间积累的优势，在战略数字化转型过程中由于业务庞大、种类复杂，其重点需要从自身业务切入。通过战略数字化转型，对传统企业的业务进行数字化赋能，从而实现转型发展。

（三）技术主导型战略数字化转型

当主要依靠数字技术而不是业务需求来推动传统企业战略数字化转型时，将其转型方式称为技术主导型战略数字化转型。采取这种战略转型的企业在企业内属于数字技术的探索者和践行者，愿意在数字技术的研发和应用上投入更多的资源和精力，以数字技术开发为主导，通过数字技术的普及应用展示传统企业未来的数字化发展图景，进而提升其运营效率。一般来说，重视技术研发的传统企业会更多采取这种转型方式进行战略转型。根据这种转型方式，传统企业会主动利用数字技术改进生产工艺和作业流程，持续提高产品生产效率。

（四）双轮驱动型战略数字化转型

当在战略数字化转型过程中同时依靠数字技术和业务需求协同推动传统企业数字化转型时，将其转型方式称为双轮驱动型战略数字化转型。一般来说，采取这种转型方式的企业在行业内属于龙头企业，是行业领头羊企业或隐形冠军企业，具有较为丰富的数字化转型资源和较强的数字化能力，数字化转型效果明显，能够引领行业企业发展。这类企业已经在行业内探索出适合自身发展的数字化转型战略，并能够针对外界环境的变化，对现有的商业模式进行优化，在保持现有的竞争优势下实现自身业务增长。这种转型方式更加注重数字化生态建设，能够携手合作伙伴和客户共建数字化生态圈，共同打造产业发展生态，实现企业和客户的全面可持续发展。

六、战略数字化转型的现状

随着数字化时代的到来，越来越多的传统企业意识到战略数字化转型的重要性，并着手开始数字化转型。在数字化背景下，传统企业战略数字化转型的出发点和目的已经发生显著的变化，尤其是数字化时代涌现出来的物联网、大数据、5G 等新兴数字技术和伴随而来的智能化、流水线生产方式与竞争格局使传统企业的战略转型呈现新的特点和规律。从这个角度来看，在数字化转型过程中能真正颠覆行业发展的传统企业少之又少，而能够利用数字技术和数字平台引领行业发展的传统企业也不多，更多的传统企业则要通过战略数字化实现转型发展。但一个不争的事实是，传统企业在战略数字化转型过程中还存在以下问题：

（一）数字化转型意识不强，缺乏战略数字化转型思维

很多传统企业虽历经多年发展，但其战略仍然普遍缺失。在转型过程中，由于战略短视，容易造成数字化转型的战略目标不清、技术能力不足和数字化人才短缺，导致战略数字化转型认知不到位，缺乏数字化转型战略思维。在这个过程中，因没有把数字化转型提到战略高度，会造成转型中存在随意性和短期性。战略思维的缺失会导致传统企业因过于追求短期经济增长目标而牺牲中长期发展潜力和市场机会。

（二）数字化转型目标不清，缺乏战略数字化转型愿景

愿景是传统企业对未来发展目标和存在意义的战略规划和战略设想，能够在较长时间内指引传统企业发展方向。传统企业由于对战略数字化转型的认知模糊，也不知道企业使命是什么，造成对战略数字化转型的目标认识不清，通常表现为，要么把目标和战略混为一谈，要么缺少清晰的战略数字化转型愿景，无法回答企业推进战略数字化转型的真正目的和意义，不利于传统企业数字化转型工作的推进。

（三）数字化转型方向不明，缺乏战略数字化转型规划

战略数字化转型规划是传统企业从战略层面推进数字化转型时所制定的发展规划。传统企业数字化转型的最大挑战是数字化转型方向不明，缺乏战略数字化转型规划方案，无法指导战略数字化转型。在数字化转型实践中，不少传统企业所选择的转型模式与其所制定的转型战略不匹配，即转型实践偏离了传统企业数字化转型战略，往往是想到什么就做什么，有多少资金就购买多少智能设备，有哪个方面的数字化转型人才就推进哪方面的数字化转型，不顾战略数字化转型的整体性，难以获得数字化转型的预期成果。

（四）数字化转型措施不详，缺乏战略数字化转型工具

随着数字经济的发展，数字化转型工具如雨后春笋般迅猛发展，但现有的

数字工具链整体处于消费互联网侧的数字工具多、产业互联网侧的数字工具少，比如研发、生产、供应链管理等企业端的数字工具较少，仍难以有效支持传统企业开展战略数字化转型。在转型过程中，传统企业缺乏合适的数字化转型战略工具，导致定位失误，阻碍了传统企业数字化转型。

第二节　传统企业战略数字化转型模式与内容

在数字化转型过程中，传统企业要从战略层面进行整体规划，不能仅关注局部的数字化转型，比如只是增添一些智能化设备，或者安装一些智能性应用软件。因此，传统企业要了解战略数字化转型的具体模式和主要内容。

一、战略数字化转型的目标

战略数字化转型是传统企业数字化转型的关键。在推进战略数字化转型过程中需要遵循以下目标：

（一）以战略规划为纲领

数字化转型是一种系统性的变革，会影响传统企业发展全局，需要从战略层面进行布局，要做好战略规划。数字技术的发展为传统企业转型发展提供了可能，传统企业在推进战略转型过程中要坚持以战略规划为纲领，制定可供选择的数字化转型战略，推进传统企业数字化转型。

（二）以客户需求为中心

数字技术给客户提供了更多的选择。通过移动互联网，客户只要动动手指就能够选择其他商家，因此传统企业在数字化转型过程中要从战略层面看到客户的这种需求变化。在推进战略数字化转型过程中，为了满足客户的个性化需求，可以从消费行为分析入手，根据客户消费心理，获取客户真实消费需求，选择多元化供应商，推出个性化、敏捷性产品线，满足客户的多样性需求。除了产品，还可以从体验入手，运用线下、线上和移动平台等方式增加客户体验，满足客户极致需求。

（三）以能力转型为根本

战略数字化转型离不开能力支持。能力转型是战略数字化转型能否成功的关键。在推进战略数字化转型的过程中，传统企业要以能力转型为根本，通过数字化战略，改善传统企业资源分配，优化传统企业战略决策。

（四）以组织变革为抓手

为加快战略数字化转型，传统企业要以组织变革为抓手，按照扁平化管理要求，全面提高数字驱动的组织变革能力。

（五）以人才培养为关键

战略数字化转型需要人才支持，尤其是数字化人才。因此，传统企业在推进战略数字化转型过程中要加强数字化人才引进、培养和使用。

二、战略数字化转型的模式

随着数字技术的推广应用，传统企业开始从战略层面推进数字化转型。战略数字化转型模式是指传统企业战略层面推进数字化转型的一般方式。在战略数字化转型过程中，传统企业要制定数字化转型战略，指导传统企业战略朝着数字化方向转型。

战略数字化转型的模式主要有：

（一）竞争合作型战略模式

竞争合作是指竞争与合作两种战略的结合，简称"竞合"，由拜瑞·内勒巴夫和亚当·布兰登勃格于1996年提出，是指两家相互竞争的企业在某些方面进行合作，能创造更大的价值。其英文为 Coopetition，是合作（Collaboration）和竞争（Competition）两个英文单词的简化。在推进战略数字化转型过程中，为更好适应快速变化和不确定的外部市场环境，传统企业要从单一的竞合关系向多重竞合关系转型，从资源要素的竞合向新型能力培养的竞合转型，从组织之间的竞合向包括供应链和产业链在内的竞合关系转型，形成适应传统企业在数字化时代开展竞争合作的竞争合作型战略模式。

（二）业务场景型战略模式

业务场景是指传统企业在战略转型过程中通过数字化作为连接器，将企业经营各个环节在时空上进行延伸。应用场景缺失是阻碍传统企业推进数字化转型的瓶颈。为形成支撑战略数字化转型的业务场景，传统企业要打破基于职能分工形成的垂直业务体系，打造以客户需求为导向的新型业务架构，构建适应数字化转型发展的业务场景型战略模式。

（三）价值创造型战略模式

价值创造是一个相对宽泛的概念，从财务角度来看，只要资本回报率高于资本成本，或者说收入高于支出就认为是创造了价值。战略转型过程中，为获取数字化转型的最大价值，价值创造是传统企业数字化转型的主要目标。传统企业要根据数字技术变革趋势，改变传统的单一价值创造模式，构建基于资源共享、快速迭代和协同发展的价值创造型战略模式。

三、战略数字化转型的原则

在数字社会，数据不再是可有可无，而是传统企业实现战略转型的重要推力。制定数字化转型战略就是要在数字化的大背景下，找到传统企业独特的战略定位，提高自身运营效率和竞争优势。

战略数字化转型原则如下：

（一）目标性原则

战略数字化转型要有明确的战略转型目标，要把转型旗帜鲜明地举起来，让全体员工明白战略转型的方向在哪里、如何转型、能够转到什么程度。

（二）系统性原则

战略数字化转型要有系统思维，需要进行系统设计。传统企业要从战略层面进行系统设计，要坚持以价值创造作为导向、以战略布局作为引领、以创新驱动作为要素、以平台支撑作为依托,形成战略数字化转型组合拳。

（三）连续性原则

战略数字化转型要有连续性,能够与原有战略衔接。在战略转型过程中,要从转型的关键问题入手开展研究,到提出数字化转型的战略纲要,再到形成战略数字化转型规划都要坚持连续性原则。

（四）关键性原则

战略数字化转型的规划不可能面面俱到,而是要突出重点,抓住关键。在战略转型过程中,传统企业要明确数字化转型的方向和数字化转型重点,即要把握战略数字化转型的关键。

四、战略数字化转型的联动机制

联动机制是指联合行动的机制,是指传统企业在战略转型过程中,要将影响数字化转型的各个维度都考虑在内。在转型过程中,传统企业要建立战略转型联动机制,系统考虑数字化转型的各个维度。这种联动机制包括两大类型:

（一）战略转型识别机制

传统企业战略数字化转型的识别机制要从可持续竞争合作的需求入手,通过业务场景转型和价值模式转型,生成战略数字化转型的价值主张。这种识别机制可分为两种:一是竞合优势识别。要充分应用 PEST（宏观环境或一般环境分析）、SWOT（基于内外部环境和竞争条件下的态势分析）等竞合分析工具,识别与其数字化发展战略相匹配的、差异化的竞合优势。二是业务场景和价值模式识别。根据竞合关系,识别与传统企业数字化转型相匹配的业务架构和业务场景,形成以"价值创造—价值传递—价值分享"为一体的战略转型模式。通过上述两类机制识别,提出战略转型的新型能力需求,可作为新型能力建设过程联动机制的输入环节。

（二）战略转型实现机制

传统企业战略数字化转型的实现机制要通过数字化转型的目标分解、价值创造和价值获取实现战略落地，并由此进一步提出改进需求。通过战略转型，传统企业获得新的发展能力和新的业务模式，实现两大过程的联动，获取新的竞合优势。传统企业基于战略转型识别和实现机制实现价值创造和价值获取。在此基础上，诊断分析并确认传统企业竞合优势获取情况以及战略数字化转型总体实现程度等。

五、战略数字化转型的内容

战略层面推进数字化转型是传统企业实施数字化转型的起点。传统企业的战略转型是一项系统工程，需要从企业高层到一线员工共同参与制定的过程。在这个过程中，要系统推进战略转型。具体来讲，传统企业战略数字化转型包括以下四项内容：

（一）制定数字化战略，推进战略规划数字化转型

战略数字化转型离不开战略转型规划。不同于传统企业原有的基于相对稳定的外部环境基础上做出的以定性描述为主、具有较强主观性的企业战略，数字化转型战略是建立在复杂动荡的外部环境的基础上做出的以大数据分析作为支撑的、具有较强客观性的企业发展战略。这种发展战略能够更精准地根据企业所处外部环境做出更加准确的反应，并具有明确的战略发展规划。在制定战略转型规划时，要突出以客户需求为核心，并包括以下内容：一是组织开展数字化转型评估。要从战略高度分析传统企业所处环境，基于传统企业所在行业特征及发展阶段量身定制数字化转型战略，并自上而下引导传统企业推进数字化转型。二是实施数字化经营管理体系。要突出最大化客户价值，构建数字化经营管理体系。三是转变组织结构。要按照扁平化组织结构要求调整企业组织结构。四是构建转型生态圈。要通过战略数字化转型要求，构建可持续发展的转型生态圈。

（二）增强核心竞争力，推动竞争优势数字化转型

为适应快速变化和不确定性的外部环境和激烈的市场竞争，传统企业要从

核心竞争力入手，从自身竞争优势方面推进战略数字化转型。传统企业在竞争优势方面的转型内容主要包括以下几点：一是将数字技术、企业生产技术和管理技术等融入传统企业战略转型中，形成新的竞争合作关系；二是创新转型模式，从战略层面推动传统企业跨部门管理模式、业务模式、营销模式和商业模式等变革创新，形成新的竞争合作关系，支持创新驱动、高质量发展的新模式；三是发挥数据驱动功能，将传统企业经营过程中形成的数据及外部获取的与传统企业发展相关的数据作为推进战略数字化转型的关键因素，驱动传统企业数字化转型和业态转变。

（三）延伸产业链链条，推动价值创造数字化转型

为创造战略数字化转型的最大化价值，传统企业要从价值创造模式入手加快战略数字化转型。传统企业在价值模式数字化转型方面要从转型的目标、内容和所需资源等方面通盘考虑，系统设计战略数字化转型场景：一是改变价值创造模式。在转型过程中，传统企业要从价值创造主体、价值创造方式和价值传递过程、经营方式等方面推进数字化转型，延伸价值创造方式，改变传统企业原有价值创造方式。二是改变价值分享模式。在转型过程中，传统企业要加快价值度量的方式、价值分配的机制和价值交换的模式等推进战略朝着数字化方向转型，适应数字经济时代的共享发展模式。

（四）布局情境化场景，推动市场业务数字化转型

为支持市场业务发展，传统企业在战略数字化转型过程中要加快业务场景数字化转型。传统企业业务场景数字化转型的内容主要包括以下几点：一是数字化转型战略目标。在战略转型谋划过程中，要明确数字化转型中各利益相关方的业务场景需求以及通过数字化转型能够达成的具有 SMART（Specific，具体的；Measurable，可以衡量的；Attainable，可以达到的；Relevant，具有一定的相关性；Time-bound，具有明确的截止日期）特征的数字化转型业务目标原则。二是数字化转型战略成果。在制定数字化转型战略过程中，要科学界定数字化转型过程中的各项业务构成、数字化转型的各项业务过程以及数字化转

型之后能够为各利益相关方提供的数字化转型交付物。三是数字化转型所需战略资源。在准备实施数字化转型之前，还要对数字化转型所需的人才数量、资金投入、数据类型及技术特点等资源进行详细说明。

第三节　传统企业战略数字化转型路径与方法

传统企业的数字化转型实践不容乐观，如何选择数字化转型战略路径是传统企业数字化转型实践和理论研究的重要环节。了解数字化转型的战略路径与具体方法对传统企业推进战略数字化转型具有重要意义。

一、战略数字化转型的路径

数字化转型对传统企业意味着什么？这是企业高层首先要回答并达成共识的问题。对传统企业来说，数字化转型是系统性和战略性工程，要做好顶层设计。然后，制定明确而连贯的数字化转型战略，并将其完全整合到整体的企业战略中，形成数字化转型战略。传统企业的顶层设计要在调查研究基础上，根据自身特点和客户痛点设计出科学合理的战略数字化转型方案，具体包括组织架构、企业文化、实施策略等方面的内容。如果整合不完善，任何后续转型措施都会出问题。然而，战略数字化转型制定对于多数传统企业都是挑战。传统企业战略数字化转型的路径主要有：

（一）拓展式战略转型

拓展式战略转型是指在原有战略基础上通过数字化转型技术拓展新的经营业务和新的市场方面的战略。传统企业数字化转型的战略目标是实现数字化经营的领跑，数据、科技和组织架构的调整是传统企业战略数字化转型之后的结果。当企业发展到一定规模时，为了更好满足员工、客户和股东需要，就需要在现有市场和业务基础上拓展新的市场和新的业务。通常来说，如果企业已经在某个细分市场上站稳脚跟，甚至成为该细分市场的隐形冠军，那么在相关领域延伸拓展就成为该企业有效的扩张途径。在数字经济时代，传统企业可以通过战略数字化转型加快业务拓展。

（二）多元化战略转型

多元化战略转型是传统企业为了进一步增强企业发展实力，或者是为了尝试新的发展领域，或者是为了避免某个行业可能的风险等目标所采取的应对措施。对传统企业而言，多元化容易陷入两个误区：一是机会导向型。在多元化过程中，不考虑该业务与原有业务是否有关联，也不考虑自己是否熟悉该业务，是一种跟风行业，只要有利可图，就会跟进。二是避重就轻型。不敢正视问题，而且选择回避。在数字化转型过程中，多元化战略转型是指传统企业通过数字化转型从单一业务转向其他行业或业务领域的战略。在战略数字化转型过程中，传统企业要成为该细分市场消费者心目中的龙头企业，应根据自身战略规划打造产业链，根据战略目标配置资源。同时，在战略转型过程中，各个业务之间还要存在逻辑关系，能够彼此支撑、相互映衬。

（三）聚焦式战略转型

聚焦式战略转型是传统企业集中人力、财力和物力实施战略数字化转型的重要途径。在战略转型过程中，传统企业要消除盲目追求大而全的毛病，要学会聚焦。对传统企业来说，由于盈利能力较弱，在推进数字化转型过程中要做出取舍，要企业把有限的人力、物力和财力等资源集聚起来，从而专注于智能化产品生产、智能化系统引进、智能设备替换、智慧车间改造或智慧工厂打造，通过聚焦增强传统企业实力。从这个角度来看，聚焦式战略转型不同于拓展式战略转型和多元化战略转型，而是以点带面、稳步推进、重点突破的战略转型思路。

（四）重组式战略转型

重组是指按一定流程对某些业务进行兼并或者股权进行转让，从而实现企业转型的目的。数字化时代对传统企业来讲是一个巨变的时代，为传统企业兼并重组提供了机会。从这个角度来看，兼并重组是企业经营管理过程中的重要行为。兼并重组是传统企业实现转型升级、实现发展的重要途径。在重组过程中，要购买优势业务或股权，打造健康的产业链。这类企业往往已经积累了大量的技术、经验和客户资源，已经或者可能会成为当今世界的隐形冠军。通过兼并重组，这些企业可以迅速掌握该企业的核心技术，让传统企业拥有核心专利，加快实现产品迭代，从而更快增强核心竞争力。

（五）升级式战略转型

随着消费升级，传统企业要通过数字化转型实现产品快速迭代。传统企业数字化转型是一个循序渐进的过程，需要从战略高度依次推进：一是产品线上化，评价反馈线上化。在原有线下产品的基础上，接入专业销售平台或自行开发销售系统，让产品上线，让客户能够在线上购买所需产品，并在线上及时对产品质量进行反馈、对线上服务进行评价。二是客户开发、维护和服务线上化。把客户开发、客户关系维护和客户服务工作上线，实现客户开发、维护和服务场景的无缝对接。三是管理线上化。通过数字化转型，将业务审批、资源配置和风险管控等工作上线，推进管理线上化。四是办公线上化。传统沟通效率低下，通过数字化转型，实现办公线上化，提高办公效率。五是数据线上化。通过线上化经营，不断获取标准统一的业务数据和管理数据，不断记录数字化转型决策过程，为战略转型和发展提供依据。

（六）差异化战略转型

差异化战略也叫特色优势战略，是指企业在产品的一个或多个方面发力，并获得独特优势而赢得竞争优势的重要手段。对传统企业来说，差异化战略的好处可想而知，一是可以避开正面冲突，减少产品正面竞争；二是可以提高产品价格；三是可以突出品牌个性，提高客户忠诚度。在战略数字化转型过程中，差异化战略转型的路径主要有：一是从战略层面上来说，要设计有差异的商业模式，有差异的品牌定位，从而与现有产品和品牌分隔开来。也就是说，通过战略转型，拓展新的市场空间，创造新的市场需求。二是从战术层面上来说，企业要按照蓝海战略要求，深入一线，定期走访，观察终端消费者的工作内容和生活方式。通过这种方式，了解终端消费者渴望解决的问题及对产品的期望，从而找寻那些"未被满足的需求"。

（七）特区式战略转型

特区式战略转型是借助经济特区的概念，将"敢闯、敢冒、敢试、敢为天下先"的特区精神融入战略数字化转型中。在战略数字化转型过程中，理念转变是传统企业转型的首要问题。传统企业通过数字化转型，要将眼光放远，要以客户需求为中心，不断拓展数字化业务。传统企业可以通过多种场景与客户建立直接的连接。一旦传统企业达成战略目标，就会全心全意地投入其中。

在转型过程中，要推进特区式战略数字化转型，坚定战略数字化转型的方针不动摇。为了降低企业数字化转型可能带来的风险，可以通过特区式战略转型，增强传统企业数字化转型成效。

二、战略数字化转型的方法

要推动传统企业数字化转型，不仅需要明确战略数字化转型路径，还要掌握数字化转型战略的方法。由于传统企业的外部环境在快速变化，因此战略数字化转型的方法就显得尤为重要。前瞻性的战略数字化转型方法能确保传统企业数字化转型持续推进。

（一）愿景使命推动法

愿景（Vision）是指企业在未来一段时期内的长远发展目标，也就是企业将来希望发展成什么样子？梦想是什么？能够取得什么样的地位和成就？使命（Mission）是指企业创立和发展的意义，也就是企业存在的目的是什么？能解决什么样的问题？有什么具体的意义？愿景和使命是传统企业推动战略数字化转型的核心。

（二）数字技术推动法

数字技术推动法是传统企业着手战略转型的重要诱因。在战略转型过程中，该方法既可以将数字技术植入传统企业的生产方式中，也可以对商业模式进行调整，还可以对管理模式进行优化。

（三）个人魅力推动法

个人魅力通常是指令人满意的地方，具体包括一个人的外在魅力和内在魅力。外在魅力就是能通过眼睛感受到的个人魅力，而内在魅力则是要通过具体了解才能发现的个人魅力。在这个过程中，个人魅力推动法是战略转型的重要影响因素。

（四）客户需求推动法

客户需求是指客户购买的原始动机。客户购买产品（服务）首先是他本人想要购买，是其隐性消费动机的体现，而不是表面的消费动机，因此，要通过战略数字化转型，形成以客户为中心的营销理念，让客户从展示的价值中看到购买动机。客户需求推动法是推动传统企业战略数字化转型的关键。

（五）竞争对手推动法

通常来说，所谓竞争对手是指在某一行业或领域内，具有与本企业相同或相似的人力、技术、产品、渠道和品牌等资源，提供功能相同或相似的产品或服务，争夺相同或类似顾客，影响本企业发展的其他企业。在战略数字化转型过程中，竞争对手推动法是传统企业在与竞争对手竞争过程中应用数字技术加快自身转型发展，获取核心竞争力以赢得竞争优势的方法。竞争对手是传统企业推动战略数字化转型的重要标杆。

三、战略数字化转型的步骤

战略数字化转型的目的是让传统企业能够"战略性"地使用 IT 和数据资源。传统企业在数字社会中到底能干什么，未来的方向、目标、增长点在哪里？对这些问题的思考就是战略的数字化转型过程。战略数字化转型要遵循以下步骤：

（一）获取战略转型知识

战略数字化转型方案的制定和执行过程中遇到困难的情况并不少见。当需要推进传统企业战略数字化转型时，这些挑战就显得尤为重要。这意味着传统企业各个层级的管理者都要具备扎实的与战略数字化转型和变革管理相关的专业知识。管理者既可以通过阅读专业领域的经典书籍或教材来提升自己的管理视野，也可以通过参加战略数字化转型知识培训、接受企业战略顾问指导、参加战略数字化转型头脑风暴活动或沙龙等方式来获取所需要的知识。如果没有这方面的知识储备，战略数字化转型难度就会加大，也就很难顺利推行企业战略转型。

（二）明确战略转型目标

数字技术在颠覆众多行业的同时也给传统企业实现转型发展带来了机会。在推进数字化转型过程中，传统企业首先要重新梳理企业发展愿景，形成令人信服的、能够被广泛接受的战略数字化转型愿景，然后高层管理者与下属讨论将发生哪些变化以帮助建立一个强大的战略数字化转型目标。战略数字化转型的目标制定既是传统企业实施数字化转型的第一步，也是将传统企业发展愿景变成一个鲜活的成功故事并转化为能落地的目标的关键一步。在此基础上，根据战略目标制定数字化转型战略，并将原有战略整合到数字化转型战略中，这样会让核心团队在企业内部传达转型愿景，增加全体员工对领导力的信任。只有战略数字化转型目标与原有战略目标吻合，才能保证传统企业战略数字化转型目标的实现。

（三）制定战略转型方案

科学的战略数字化转型方案是传统企业数字化转型成功的前提。一旦企业制定了战略数字化转型方案，全体员工就会主动沿着战略数字化转型的目标方向前进。要想制定数字化的转型战略，就要认真思考以下问题：数字化转型最值得关注的机遇是什么？最大威胁在哪里？数字化转型的速度有多快？规模有多大？怎样才能更好地配置数字化资源？在制定战略数字化转型过程中，传统企业不要只追求短期财务业绩，而是要将眼光放远，增加数字化转型投入，提高风险应对能力。可以说，当企业能够从战略层面把关数字化转型，会更容易取得数字化转型成效。当全体员工了解他们的工作如何为企业战略数字化转型作出贡献时，就能更好地专注于战略数字化转型本身。

（四）培育战略转型团队

在数字化转型过程中，培育战略数字化转型团队是传统企业战略数字化转型的重要步骤。传统企业要根据自身规模和实力确定战略数字化转型的团队规模和人员构成，培育数字化转型团队。团队构成包括：一是团队领导者。考虑到数字业务模型和经过深思熟虑的实施计划，传统企业在数字化转型工作中要有精通数字化转型的领导担任首席数字转型官，推进数字化转型。二是业务主管。核心的数字化团队要由不同技术背景和专业的人员组成，通常企业中的项目经理、产品经理、客户体验主管、客户成功工程师、解决方案架构师以及业务和技术团队的高级经理等均可进入数字化转型工作中来。三是编码和设计人员。这些人员具有开发、设计、编码和数据科学领域的能力和技能，能够为数字技术计划提供优势。在推进数字化转型过程中，团队中的开发人员、设计人员、可视化人员、数据科学家和人工智能等要作出相应的贡献。

（五）激发战略转型执行力

在数字化时代，企业传统意义上的金字塔组织架构无法适应未来的竞争，需要建立扁平化、跨部门、无边界的组织架构，增加一线员工决策权。对传统企业来说，战略数字化转型的根本目的是提高适应市场、服务客户的敏捷性，提升核心竞争力。从这个角度来讲，传统企业最终需要全体员工将战略数字化转型方案予以落地，这就需要提升战略转型执行力。在执行力提升过程中，首席数字化转型官在塑造理想的心态和行为方面发挥着关键作用。战略数字化转型核心团队要通过影响学习、实践和教导等方法消除对战略数字化转型根深蒂固的思维方式，使全体员工能够更加积极地参与数字化转型。

（六）评价战略转型成效

不同的数字化转型战略会带来不同的数字化转型成效。成功的战略数字化转型从一开始就要考虑数字化转型的成效。传统企业高层在推进战略转型过程中要对战略转型成效进行评估，才能让传统企业跟上时代发展，摆脱可能的发展困境。战略数字化转型成效评价进一步对传统企业战略数字转型进行优化改善。

四、战略数字化转型的发展趋势

战略数字化转型并不是传统企业的发展战略从一种数字化转型类型转到另一种数字化转型类型，比如，从线下经营模式转到线上电商经营模式，更不是本地化和国际化的转变。传统企业战略数字化转型实际上是传统企业通过有目标和计划的实施改变传统企业发展方向和商业模式。随着数字技术的发展，传统企业战略数字化转型呈现以下趋势：

（一）数字经济占 GDP 比重呈现增加趋势

数字经济在全球经济 GDP 中的占比持续增加。根据全球知名咨询公司埃森哲（Accenture）的预测，与数字技术相关的经济在 GDP 中的占比将会高达 70%。虽然这个比例有没有可信度，目前尚不得知，但一个不争的事实就是数字经济仍保持较快速度持续发展，大量的经济价值将源于数字技术的贡献，而不再是传统硬件驱动。这就需要传统企业从战略层面把握数字化转型。

（二）数字化转型速度呈现加速推进趋势

传统企业数字化转型速度正在加速推进。从局部调查数据可知，约八成传统企业数字转型正在加速。那些没有及时完成数字化转型的企业正在快速消亡。随着 AI 技术日渐成熟，很多流程性或重复性工作都会被智能机器替代。

（三）数字化战略发展呈现新的迭代趋势

根据摩尔定律，数字技术迭代速度迅速，需要数字化转型战略思维。现实的情况是，很多传统企业仍沿用传统思维方法推进战略数字化转型。以这种方式实施数字化转型时，传统企业却发现自己推进的转型跟不上数字技术的发展变化，造成该情况的重要原因是传统企业对数字化战略的认识存在偏颇，需要重新进行定义。在数字化时代，"变"是唯一的"不变"，但不管数字技术如何"变"，都有一个万变不离其宗的"道"。这个"道"就是数字技术，是由人类基于特定的技术环境条件开发出来的,其最终应用也仍由人类来驾驭和控制。在这个过程中,人类具有主观能动性,始终占据主动权。因此,在数字化转型过程中,我们要重新定义数字化战略的内涵,切实改变传统的以产品为中心的经营战略,塑造以"客户"为中心的经营战略,扎实推进传统企业数字化转型。

五、战略数字化转型的注意事项

战略有没有实现数字化转型看似无关紧要,实则是传统企业数字化转型成败的关键。在推进战略数字化转型过程中要注意以下事项:

(一)战略执行力需要持续提高

数字化转型目标和战略纲领是确保传统企业推进战略数字化转型的重要举措。在数字化转型过程中,要提高战略执行力。

(二)科技创新投入需要持续增加

科技创新能力是传统企业实现战略数字化转型的重要内容,在战略数字化转型过程中需大量资金投入。

(三)敏捷组织结构需要持续打造

在数字化时代,条线式或矩阵式管理架构已不适应传统企业产品迭代需求。为了适应转型的需求,需要加强组织结构变革,按照敏捷型组织结构要求来构建扁平化的组织结构。实践表明,底层组织架构的变革在推动科技赋能及传统企业战略数字化转型过程中起到关键作用。

(四)数字化人才需要持续培育

人是数字化转型的关键。在战略转型过程中,要树立人是首位的资源观念。要培育数字化人才,就要多措并举,打造复合型数字化人才。

(五)绩效管理制度需要持续完善

为了适应数字化转型需要,传统企业建立了与之相适应的绩效管理制度,对全体员工推进战略数字化转型过程中的 KPI 与 OKR 双重考核。同时,构建季度业务审查(Quarterly Business Review,QBR),使内部管理更加透明、公平。

【案例分享】

案例：海尔集团公司的战略数字化转型①

海尔集团公司（以下简称"海尔"）成立于1984年，是全球领先的以家电产品为核心的大型企业。在海尔的发展过程中，紧紧围绕以客户为中心的经营服务理念，不断实现了发展壮大。从1984年以来，海尔经过了以下战略发展阶段：

（一）名牌战略阶段（1984~1991年）

海尔成立以来，没有采取盲目扩张战略，而是从质量抓起，开展全面质量管理，稳步推进管理提升，凭借质量优势赢得快速发展。在这一阶段，海尔在管理模式、技术创新、人才培养、资金管理和文化建设等方面均形成了自己的特色。

（二）多元化战略阶段（1991~1998年）

通过兼并与重组，海尔在这一阶段累计兼并重组18家国内企业，走上了多元化经营与规模化扩张的道路。兼并重组之后，运用海尔文化对这些企业进行激活，产生了新的活力。在这一阶段，海尔推行了OEC法（Overall Every Control and Clear），即每人每天对每件事进行全方位的控制和清理，为公司走上国际化夯实了基础。

（三）国际化战略阶段（1998~2005年）

海尔走出国门，出口创牌，并建立起研发、制造、营销"三位一体"的运营战略，实现了海尔国际化发展。在这个阶段，海尔以计算机信息系统为基础、以订单为中心，改变传统的行政隶属关系、引进利益调节机制、推行"市场链"（业务链）管理、带动物流和资金流运行，实现公司业务流程再造。在业务链的推进过程中，各个部门和各个工作岗位围绕"定单"工序推进各

---

① 本案例由笔者根据海尔集团公司网站的资料编写。

项业务进程，把海尔外部的"市场定单"转变为海尔内部的"市场定单"，实现了良性发展。

（四）全球化品牌战略阶段（2005~2012年）

海尔实现了从"以企业为中心卖产品"向"以客户为中心卖服务"转变，即采取了客户驱动的"即需即供"模式，推动了海尔品牌向全球化发展。在这一阶段，海尔探索的互联网时代创造客户的商业模式就是"人单合一"双赢模式。这个模式简称"人单合一"，其中，"人"是指员工，"单"是指广义的用户需求，"合一"是指公司员工在为用户创造价值的同时也要体现出自身的价值。海尔通过"人单合一"模式，改变了员工与用户的关系，让员工从被动的服从者成为主动为用户着想、以客户为中心的创新主体，实现了员工与用户的"双赢"。

（五）网络化战略阶段（2012~2019年）

随着网络技术的发展，尤其是移动互联网的发展，用户呈现无限分散的网络化趋势。是否拥有用户思维、能否跟得上用户点击手机屏幕（或电脑鼠标）的速度成为传统企业能否跟得上数字化时代转型中的一道坎。在网络化社会中，企业战略呈现"三无"状态，即经营无边界、管理无领导、供应链无尺度。在这个阶段，海尔在"人单合一"的基础上开始探索网络化发展，适应了网络化的用户需求，构建了分散合作型营销体系，实现了从"一对一"营销向"一对多"营销，再到"多对多"营销方式的转变。

（六）生态品牌战略阶段（2019年以来）

随着万物互联时代的到来，2018年5月10日海尔提出了"物联网生态品牌"的概念，2019年12月26日，海尔正式开启了生态品牌战略。该战略是海尔前五个发展阶段的延续，是以海尔生态价值为基础构建的品牌战略。该战略的实质就是要跟客户建立实时的交互关系，借助区块链、物联网等新工具，让生态系统中的利益相关方能基于用户需求和用户体验，为客户提供所需要的产品和服务，从而开启新的价值交互模式。

※思考与探索

《管子·宙合》记载，"千里之路，不可扶以绳；万家之都，不可平以准"。对传统企业来说，战略数字化转型不仅需要数字化软实力支持，更需要数字化硬实力保障。从表面上看，传统企业数字化转型是因为业务需要由技术驱动的数字化转型，但实际上其是由战略驱动的数字化转型。因此，传统企业需要从战略层面对数字化转型进行全面谋划，即做好顶层设计。

请结合本章内容的学习，谈谈你对战略数字化转型的认知和理解。

【参考文献】

［1］拜瑞·J. 内勒巴夫，亚当·M. 布兰登勃格. 合作竞争［M］. 王煜全，译. 合肥：安徽人民出版社，2000.

［2］陈冬梅，王俐珍，陈安霓. 数字化与战略管理理论——回顾、挑战与展望［J］. 管理世界，2020，36（5）：220-236.

［3］陈雪频. 一本书读懂数字化转型［M］. 北京：机械工业出版社，2021.

［4］邓少军，焦豪等. 复杂动态环境下企业战略转型的过程机制研究［J］. 科研管理，2011（1）：60-61.

［5］冯海龙. 基于组织学习的企业战略转型研究［J］. 科学学与科学技术管理，2006，27（3）：169-170.

［6］李小玉，薛有志，牛建波. 企业战略转型研究述评与基本框架构建［J］. 外国经济与管理，2015，37（12）：3-15.

［7］刘宸希. "互联网+"时代传统企业互联网化转型路径研究［J］. 技术经济与管理研究，2020（11）：56-60.

［8］刘涵宇. 数字化思维：传统企业数字化转型指南［M］. 北京：机械工业出版社，2022.

［9］卢彦. 互联网思维2.0——传统产业互联网转型［M］. 北京：机械工业出版社，2015.

［10］马晓东．数字化转型方法论——落地路径与数据中台［M］．北京：机械工业出版社，2021.

［11］钱晶晶，何筠．传统企业动态能力构建与数字化转型的机理研究［J］．中国软科学，2021（6）：135-143.

［12］孙利君．我国数字经济发展战略与对策研究［J］．管理现代化，2020（3）：74-76.

［13］唐孝文，刘敦虎，肖进．动态能力视角下的战略转型过程机理研究［J］．科研管理，2015，36（1）：90-96.

［14］王永贵，汪淋淋．传统企业数字化转型战略的类型识别与转型模式选择研究［J］．管理评论，2021，33（11）：84-93.

［15］肖静华．企业跨体系数字化转型与管理适应性变革［J］．改革，2020（4）：5-17.

［16］谢治春，赵兴庐，刘媛．金融科技发展与商业银行的数字化战略转型［J］．中国软科学，2018（8）：184-192.

［17］薛有志，周杰，初旭．企业战略转型的概念框架：内涵，路径与模式［J］．经济管理，2012（7）：39-48.

［18］周长辉．中国企业战略变革过程研究：五矿经验及一般启示［J］．管理世界，2005（12）：123-135.

［19］Chanias S，Myers M D，Hess T. Digital Transformation Strategy Making in Pre-digital Organizations：The Case of a Financial Services Provider［J］. The Journal of Strategic Information Systems，2019，28（1）：17-33.

［20］Correani A，Massis A D，Frattini F，Petruzzelli A M，Natalicchio A. Implementing a Digital Strategy：Learning from the Experience of Three Digital Transformation Projects［J］. California Management Review，2020，62（4）：37-56.

［21］Hess T，Matt C，Benlian A，Wiesböck F. Options for Formulating a Digital Transformation Strategy［J］. MIS Quarterly Executive，2016，15（2）：

123−139.

　　[22] Jin J, Ma L, Ye X W. Digital Transformation Strategies for Existed Firms: From the Perspectives of Data Ownership and Key Value Propositions [J]. Asian Journal of Technology Innovation, 2020, 28 (1): 77−93.

　　[23] Matt C, Hess T, Benlian A. Digital Transformation Strategies [J]. Business & Information Systems Engineering, 2015, 57 (5): 339−343.

　　[24] Prahalad C K, Hamel G. The Core Competence of the Corporation [J]. Harvard Business Review, 1990 (68): 79−91.

　　[25] Sebastian I M, Moloney K G, ROSS J W, Fonstad N O, Beath C, Mocker M. How Big Old Companies Navigate Digital Transformation [J]. MIS Quarterly Executive, 2017, 16 (3): 197−213.

　　[26] Tekic Z, Koroteev D. From Disruptively Digital to Proudly Analog: A Holistic Typology of Digital Transformation Strategies [J]. Business Horizons, 2019, 62 (6): 683−693.

　　[27] Warner K S R, Wäger M. Building Dynamic Capabilities for Digital Transformation: An ongoing Process of Strategic Renewal [J]. Long Range Planning, 2019, 52 (3): 326−349.

第三章 传统企业人资数字化转型

随着数字化时代的到来，虽然越来越多的传统企业着手数字化转型，但相关研究表明，我国传统企业数字化转型的成效并不容乐观。当前国内传统企业数字化转型成功率并不高，多数传统企业仍停留在数字化转型的初级阶段。究竟是什么原因阻碍了传统企业的数字化转型？很显然，答案是人。

对传统企业来讲，数字化转型的竞争归根结底是"人才"的竞争。传统企业只有打造一个能够适应数字化转型的人才工作氛围，拥有一批具有先进数字化理念和数字化业务能力的人才队伍，才能给传统企业数字化转型提供源源不断的发展动力，促进传统企业通过数字化实现转型发展。可以说，人资转型是数字化转型的重要基础，传统企业要全面加强人资数字化转型，培育数字化转型人资，从而实现数字化转型。

第一节 传统企业人资数字化转型概述

数字化转型需要一批懂得企业开发平台设计、大数据模型构建、行为数据分析、模块化产品研发的专业人才，然而传统企业的人才储备并不能满足数字化转型发展的需求。因此，传统企业要重新认识数字经济时代人才的价值，加强数字化人才的引进和培养。

一、人资数字化转型的挑战

人力资源（Human Resources，HR），简称"人资"。在数字化经济时代和数字化转型的大背景下，人资沿着数字化方向转型已经成为当前人资管理的重要趋势。加快传统企业人资数字化转型，一方面推动了人资管理效能的提升，另一方面也对人资管理带来了新的挑战。Fairhurst（2014）指出，人力资源部门如何用好大数据这一工具，实现向数据驱动的转型已经成为实践中迫在眉睫的问题。姚凯和桂弘诣（2018）认为，大数据技术已经成为人力资源部门应对大数据对人资管理挑战的关键。黄詹媛（2021）认为，大数据技术的广泛应用促使企业人力资源管理工作面临全新的挑战。

（一）服务方式转变的挑战

先进的人资管理工具是推进传统企业人资数字化转型的基础，数字化管理工具可以承载人资的各项管理职能，改变传统的以人为主的定点服务方式。对人资部门来说，传统以人为主的服务提供方式的模式需要改变，要充分利用先进的管理系统和管理工具为员工提供全新的人资管理服务方式。在这个过程中，创新人资管理的服务方式是数字经济时代人资管理所面临的挑战。

（二）管理模式变化的挑战

大数据的发展和技术的成熟，为传统企业发展提供了有力的技术支持和人才支撑，可以帮助传统企业实现精细化管理（如客户细分，通过大数据进行客户管理和客户经营），业务管理模式发生变化带动业务流程的再造，人资管理需要快速响应、匹配业务发展需要。同时，在互联网技术和数字技术不断发展的推动下，传统企业所面临的市场环境已经发生了一系列的根本性改变。

传统人资管理要以制度化、规范化管理为主，以满足多数人资的需求作为基本职能；而人资数字化管理则可以采用先进的数字技术对人才数据进行处理加工，生成立体化人才画像，为个性化人才服务提供有效的信息数据支持。在这个过程中，人资管理模式的变化成为人资数字化转型所面临的挑战。

（三）管理理念调整的挑战

人资数字化转型是传统企业在人资信息化管理基础上针对人资的需求对人资数据进行深度挖掘，并采用先进科学技术和人资管理工具对数据进行分析以满足人资管理的需要，最终实现人资的配置优化及管理提升。人资数字化转型改变的不仅是采用何种技术工具，还通过技术工具来改变人资管理的工作方式。

从数字技术对人资管理系统的应用来看，数字技术已经引发了人资工作的变革，这些变革需要人资部门员工改变原有的管理思维方式，建立数字化的管理思维理念，采用数字化的管理思维方法来指导日常的人资管理工作。这不仅是受数字化管理工具的驱动，更是数字经济时代对传统企业人资管理的工作要求。传统企业只有形成数字化管理理念才能根据传统企业业务模式、业务流程和发展需要加快人资数字化转型，发挥人资数字化转型的真正价值，推进传统企业数字化转型。因此，如何加快人资管理理念调整，建立新的人资管理理念，用数字化思维来管理人资工作成为当前人资数字化转型所面临的挑战。

（四）管理职能改变的挑战

随着数字技术在人资管理中的广泛应用，一方面，数字技术为传统企业人资工作的开展提供了极大的便利，大大提升了人资工作的效率和质量；另一方面，数字技术也在无形中给人资从业人员的职业发展带来挑战。数字技术，尤其是人工智能技术的普及应用可以替代人资管理工作中那些重复性较高和规律性较强的工作内容。显然，这项工作对平时只是从事简单的人资管理工作的员工来说无疑是巨大挑战。人资数字化管理系统和人资数字化管理工具可以提供工作规划和工作分析的相关支持，减少人资管理工作强度，有利于提高人资管理工作效率。人资管理职能的变化必将会带动人资管理岗位的变化，需要根据新的岗位职能进行重新设岗，并重新匹配新的岗位胜任力要求。因此，数字技术的发展一方面提升了人资管理的效率，另一方面也对传统的人资管理职能提出了挑战。

二、数字化人资

在数字经济时代，人资对传统企业的业务创新和市场竞争能力的影响的重要性正在逐渐显现，传统企业人资管理的发展方向是从原有的粗放型往集约型方向发展。人资管理理论主要围绕着"人"和"组织"发展，随着数字技术在传统企业中的普及应用，为传统企业人资数字化管理提供了重要依据。

（一）人资

彼得·德鲁克于1954年首次提出人力资源这一概念，他认为人力资源拥有当前其他资源所没有的素质，即"协调能力、融合能力、判断力和想象力"。经过众多学者的探索与研究，如今，有关人资的内涵已经取得了飞速的发展。目前，人力资源已经成为现代职场上能够被传统企业利用的主要人才资源。

（二）人资管理

关于人资管理的概念可分为以下几类：

1. 以德鲁克为代表的人资观点

彼得·德鲁克（2018）认为，人资是所有可用资源中最有生产力、最有用处、最为多产的资源。这一定义将组织中的所有员工当作组织的一种有价值的资源。苏珊·E. 杰克逊和兰德尔·S. 舒勒（2006）认为，人资管理是为了实现个人、社会和公司的利益而采取的一系列人资方面的管理活动。

2. 以德斯勒为代表的人资观点

人资管理具有较强的专业性和实践性，其专业性主要体现在人资管理要有相关专业知识，其实践性主要体现在人资管理在实践中不断丰富和完善。加里·德斯勒（2017）指出，人资管理是通过掌握各种理论知识和技术技能，完成与人或人事相关的管理工作。

3. 以斯托瑞为代表的人资观点

斯托瑞（Storey，1992）认为，人资管理是一种较为复杂的管理方式，这种管理主要是为了规避工会监督给公司带来的风险，从而隐藏了管理过程中出现的不确定因素。也就是说，人资管理是一种方法，而非工具或手段。赵曙明（2001）认为，人资是包含在人体内的一种生产能力，它是表现在劳动者身上的、以劳动者质量和数量表示的资源。

综上所述，人资管理是指根据人资管理理论，运用现代化人资管理方法，对与一定物力相结合的人力进行合理的培养、组织和协调，使人力和物力保持最佳比例的状态。在这个过程中，管理者可以指导、控制和协调被管理者的思想、心理和行为，做到事事有人管、人人能管事。

根据定义，人资管理可以用以下两种方式来理解，如表3-1所示。

表3-1　人力资源的管理要素

序号	要素	要素内容	内容描述
1	外部要素	人资数量	一定数量的人资是数字化转型的前提，传统企业要通过人力招聘、培训与开发等方式保持适度的人资规模
2	内部要素	人资质量	人资质量是发挥人资作用的核心，传统企业要加强人资队伍建设，提高人员质量

（三）数字化人资

传统企业数字化转型过程中，对数字化人资的需求是显而易见的。因此，人资管理部门要根据传统企业发展需求、岗位需求等，注重筛选具备数字技术能力、具有数字化意识的应聘者。在培训工作中也要着力宣传、培养企业上下员工的数字化意识，帮助传统企业员工养成用数字化工作和解决问题的习惯。

数字化人资是以媒体社交、移动互联网、大数据分析、云计算以及AI技术实现人资服务和流程的数字化转型，其目的是构建全新的HR运营模式和员工体验，提升企业的人资管理能力。

（四）传统人资与数字化人资的关系

数字化人资最为明显的特点是在传统人资管理的基础上运用新的技术工具

和管理思想以弥补原有内容的不足点，取长补短，不断优化完善。传统人资管理是数字化人资的奠定者，而数字化人资是传统人资管理的继承者和变革者，两者相辅相成，紧密联系，同时又有一定程度上的区别。

1. 工作中心方面

在传统人资管理过程中，主要从事烦琐的事务性工作，无法专注于提升"人"与"事"的协调。与传统人资管理相比，数字化人资的突出特点或优势是可以让人资管理者脱离烦琐的事务性工作，专注于"人"的效率的提升，从而实现人资价值的目标。

2. 部门关系方面

传统人资管理中，人资部门作为传统企业的职能部门，与其他部门之间相互联系较少，关联度较低。借助于新的信息技术的运用，数字化人资可以解决人资部门这块短板，让它与其他部门之间建立起数字化和智慧化的联系网络，实现资源、信息和数据的高度共享，切实帮助提高企业经营管理水平。

3. 技术运用方面

人资管理者拥有的专业知识和具备的管理技能决定着管理绩效水平，是传统人资管理的显著特征，而这项特征随着数字化人资的出现已经悄悄地发生改变。借助于数字化信息技术，数字化人资在企业内部建立了完善的人才数据库，与传统企业的经营战略相匹配，运用沉淀在人资规划、招聘等环节的信息管理系统的数据，制定科学化和合理化管理决策。

可见，数字化人资的优势在于通过提高人资的各个构成要素的配置效率，进而提升传统企业整体的管理绩效水平。随着数字经济时代的到来，数字化的人资已经成为时代"新宠"，通过运用新的数字信息技术，依照传统企业业务的发展需求，不断优化与革新人资配置的工具和方法，使它们与业务发展相适应。借助数字化的信息技术、运用数字化的变革思维开展人资数字化管理转型已成为传统企业当前的重要任务。

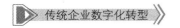

三、人资数字化转型

在数字化转型的大背景下，传统企业需要妥善处理如何支撑传统企业推进战略变革、如何优化传统企业资源要素配置、如何创新传统企业人资管理等问题。传统企业人资管理要以数字化转型的理念、方法和实践为核心，主动参与各项业务模式的数字化创新，进而驱动自身人资数字化转型。

（一）人资数字化转型的内涵

通过数字化技术重塑传统企业人资管理模式，让各项人资管理更加科学、高效，才能够打造传统企业人才生态，提高人资价值，助力传统企业持续健康发展。对传统企业来说，人资数字化转型是指通过云计算、人工智能、物联网和区块链等数字化技术打造数字化工作场所，通过人资转型，打造满足传统企业战略发展需要的人资供应链，实现人资管理流程化和自动化。人资数字化转型要以 3E 为中心，即以 Efficiency（效率）、Experience（体验）、Engage（情感连接）作为衡量指标；以 3D 为抓手，即以 Digital HR（数字化人力资源）、Digital HRM（数字化人力资源管理）、Digital Workplace（数字化工作场所）作为人资管理的新要求。从这个角度来看，人资数字化转型是指传统企业从以事为中心的人事劳动关系管理向以效率、体验和情感连接为中心，以数字化人资、数字化人资管理和数字化工作场所为抓手的人资管理转型过程。

（二）人资数字化转型的特征

人资作为传统企业核心竞争力的重要组成部分，随着传统企业数字化转型的推进，人资数字化转型成为必然。传统企业只有加快人资数字化转型，才能实现保持或创造持续盈利能力的现实需要。结合数字化转型的内涵进行推理，人资数字化转型就是人资借助数字技术向数字化方向转型发展，并且结合先进的数字技术加以应用的过程和结果。从这个角度来看，人资数字化转型是针对人资管理的内在需求，在人资信息化管理基础上，对人资数据进行深度挖掘，采用先进的数字科学技术和人资数字化管理工具对人资数据进行应用分析，满足传统企业人资管理工作的需要，并最终实现人资的优化配置及管理提升的过程。

人资数字化转型是一个循序渐进的过程，呈现以下特征：

1. 相互促进性

数字化转型是一项系统工程，需要数字技术、战略理念、生产方式、营销策略、管理模式和文化氛围等环节协同推进。因此，人资数字化转型与传统企业其他环节的数字化转型紧密相关，彼此相互促进，从而完成转型。

2. 循序渐进性

"人"的问题是传统企业转型发展的关键问题。在人资数字化转型过程中，要做好人资数字化转型宣传、培训工作，不仅要达成共同的转型理念，还要掌握相应的转型技能，因此，人资数字化转型具有循序渐进性。

3. 工具依赖性

人资数字化转型离不开人资数字化转型工具的使用。在转型过程中，人资转型工具的迭代升级有利于传统企业人资数字化转型的推进，因此，人资数字化转型具有工具依赖性。

4. 发展带动性

人资完成数字化转型将会极大促进传统企业发展。通过转型，实现人资的有效开发和资源配置，同时可以帮助人资部门减轻繁重的事务性工作，因此具有发展带动性。

5. 研发推动性

随着人资数字化转型的推进，人们对人资数字化转型产品的需求增加，企业需要研发出新的、能够更好地促进人资转型的产品，这就推动了人资转型产品的研发，具有研发推动性。通过新产品开发，促进传统企业人资管理数字化转型。

（三）人资数字化转型的领域

人资数字化转型通常发生在以下三个领域，如表3-2所示。

表 3-2　人资数字化转型的领域

序号	转型领域	特征描述
1	人资管理数字化	将人资部门转型为数字化运营平台。通过该平台，让 HR 摆脱日常琐碎的事务，专心为员工服务
2	工作场所数字化	通过社交媒体和社交工具创造良好的员工体验环境
3	人才数字化	通过选、用、育、留的方式，推进人才数字化

四、人资数字化转型的发展历程

人资数字化转型是一个漫长的过程，需要分阶段推进。不同的阶段数字化转型的重点不同。传统企业人资数字化转型的产生与发展经历了以下四个阶段：

（一）自动办公阶段

早期人资管理系统叫 BASE 系统，主要是进行员工关系管理，可以实现人员的基本信息录入和查询，但是录入的信息有限，且没有办法对数据进行自动核对，只能定期人工进行数据的校对，存在手工录入错误的情况，需要不定期进行信息核对。从人资工作的角度来说仅仅满足了信息查询的功能，系统维护和数据维护还耗费较大人力，功能有限，在效率提升方面的效果确实不是很大，但是 BASE 系统的使用是传统企业人资数字化发展的初级阶段，为后续人资数字化转型奠定了基础。办公自动化阶段除了从日常工作中体会到了自动化和信息自动化带来的便捷之外，也在企业内部树立了明确的管理方向，即用科技提升生产力，用先进的科学技术替代简单基础的工作，也在整个企业内部养成依靠系统进行管理的习惯，是在企业内部埋下数字化转型种子的阶段。

（二）信息管理阶段

在这个阶段，传统企业已经进入数字化管理时代，已经形成了良好的数据意识，非常重视数据的管理和运用，数字化思维已经进入培育和发展期。在这个时期，除了上线不同的业务系统，人资管理系统在数字化转型中起到了举足轻重的作用。人资是嵌入每一个管理环节，且员工的使用频率高，人资管理系统的上线和迭代更新是伴随传统企业数字化转型的全过程。经过迭代更新，满足人员招聘、人才测评、薪酬绩效管理和员工关系维护等工作需要，满足人资日常工作，并且人资管理的所有工作均在系统中进行。该系统的使用分为客户及人资部门两个角色，根据角色配备不同的角色权限，客户就是员工，按照是否具有管理职能配备不同的权限，作为被管理对象可以通过系统进行基本的人资的相关业务办理，如维护更新自己的基本信息，考勤、日常绩效管理、薪酬福利查询等人资管理所需的功能等。

（三）移动数字化阶段

随着智能手机的普及和线上培训的推广，许多传统企业内部建立了一站式培训学习管理云平台，为人资部门提供相应的内训管理工具，提高了员工数字素养。该平台可以支持多样教学，员工可以采用多种上课形式，通过 APP 或者 PC 端进行自学；人资部门可以进行课程针对性的推送，对学习的详细情况进行跟踪并且可以提取详细的报表。该平台课程资源丰富且形式多样，方便员工学习。

（四）人资反哺阶段

随着数字化技术的发展，很多传统企业都搭上了数字化发展的快车，人工智能技术已经在各业务模块得到了广泛应用。把人资管理从云端向人工智能化发展。在这个阶段，传统企业搭建大数据平台，设立产品线画像，以形成对各类数字化应用的有力支撑：一是搭建大数据平台的数据。将历史数据导入大数据平台，进行抽取、聚合、加工、建模并不断形成有效的优化数据，并且一直在不断完善数据，不断使用更科学的方法来进行数据管理，不断迭代提升更高效的数据计算能力，让底层数据驱动数字化应用落地。二是建立更新画像。在历史数据分析的基础上，形成岗位员工画像。其中，人才画像贯穿于员工职业生涯，每一个员工从入职开始到职位晋升，画像会不断完善。岗位画像会不断跟随业务发展的需要进行更新，再将人才画像与岗位画像进行匹配，结果相互影响、互为参照。既有了数据资源，又有了数据资源的利用经验，传统企业能

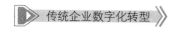

够为员工搭建贯穿于每一个员工入职、上岗、在岗管理、离职等在传统企业的全职业生命周期数字化应用场景。

五、人资数字化转型的功能

在数字化转型大背景下，传统人资管理已无法满足管理要求，人资向数字化方向转型是当前传统企业主要的发展方向。人资数字化转型的功能主要有：

（一）工作分析与评价更加精确

工作分析与岗位评价是人资管理的重要基础性工作，其中，工作分析是岗位信息资料的收集、整理、分析与综合过程；而岗位评价是在工作分析的基础上，对各个工作岗位的工作价值进行科学评价的过程。在两者关系上，工作分析是开展岗位评价的前提。许多传统企业没有岗位分析，也不知道岗位分析；即使知道岗位分析，也不知道为何岗位分析以及如何进行岗位分析。同样地，了解为什么要开展岗位评价、怎样实施岗位评价以及如何运用岗位评价的企业也是很少。在数字化转型过程中，通过工作分析可以提供更加精准的岗位信息，为工作评价提供依据。

（二）人资规划制定更加科学

人资规划是传统企业在人资现状调研的基础上对未来人资需求进行的预测。人资规划是人资管理的起点。在人资转型过程中，传统企业要借助数字技术对企业各岗位的工作特点、技能要求、人数需求、薪酬范围和绩效考核要求等情况进行量化管理。在这个过程中，传统企业要基于传统企业数字化转型的需要，做好人资需求预测，并做好人资数字化转型规划。

（三）人资招聘与配置更加合理

招聘与配置是企业因为发展的需要，根据自身的经营战略和人才规划，招聘合适的人才，并配置到相应的岗位上，实现"人岗匹配"的过程。招聘是人资部门的基础工作，也是引进人力的重要入口。招聘的第一步是需求分析。招聘计划制订以后，要选出合适的候选人，然后安排面试环节，组织招聘。

招聘与配置并不是各自独立，而是相互影响，只有招聘合适的人员并进行有效的配置，才能保证招聘的人才的效率最大化。通过数字化转型，在人员配置过程中要将企业人才的能力与各个工作岗位进行更加科学的匹配，充分发挥员工的优点与长处。

（四）人资培训与开发更加到位

培训与开发可以提高企业员工的数字化能力与素质。在两者关系上，人资培训更加关注企业的短期目标，使员工通过培训获得当前工作所需的知识和技能，增强工作能力，从而提高岗位工作业绩；人资开发着眼于企业发展未来，更加关注企业长期发展目标，挖掘员工数字化方面潜在的能力和素质，提高企业员工未来的工作业绩。

在人资培训过程中，通过数字化转型，企业可以实现更加精准的员工培训管理，更加科学的培训激励制度建设，强化培训中的制度导向作用。同时，通过数字化转型，企业可以优化包括培训需求分析、培训计划制订、培训实施监控、培训效果评价及培训绩效考核员工等在内的员工培训与开发模式。

（五）薪酬与绩效管理更加公正

薪酬与绩效管理是企业永恒的主题。薪酬是企业支付给员工的各种形式的酬劳。绩效是对员工工作意愿和能力进行的管理。

在薪酬设计时，通过数字化转型，需要清楚了解各岗位的工作性质，科学评估各岗位的工作价值，进而运用数字技术优化企业内部的薪酬结构，提高薪酬的公平性和合理性。

在数字化转型过程中，为了更好地调动员工的工作积极性，可以减少基本薪酬比例，增加激励薪酬比例。同时，在数字化转型过程中，让员工参与公司薪酬和绩效的设计与管理，通过绩效提升管理，通过薪酬增强管理认知。

（六）劳动关系与团队更加和谐

员工从进入企业开始就与企业建立劳动关系，直到劳动关系结束。在这个过程中，和谐的劳动关系是企业持续健康发展的关键。在劳动关系存续期间，可能会出现劳动争议，这就会出现劳动申诉、劳动纠纷化解、工伤事故处理等需要处理的问题。通过数字化转型，可以运用数字技术开发各种应用软件，引导员工主动遵守国家的法律法规及公司各项规章制度和劳动纪律，进一步增强员工的组织纪律性。通过劳动关系管理数字化转型，建立新时代更加和谐的劳动关系，营造更加和谐的企业氛围。

团队管理是对需要人员协作的岗位如何提升业绩进行的引导和规范。通常来说，团队关心工作，但团队更加关心团队里的人。人资数字化，为团队建设提供了更加精准的工具和方法，借助于钉钉会议系统、腾讯会议等数字化工作平台，可以让团队沟通更加顺畅，让目标更加细化。

六、人资数字化转型的现状

人资数字化转型并非一蹴而就，而是逐步推进的过程，可能会面临各种问题和挑战。其表现在：一方面，传统企业员工总体学历偏低，这些员工多数没有经过计算机编程、互联网建模、数据对抗等课程学习，对于数字技术的相关知识缺乏了解；另一方面，传统企业大多缺乏数字化人才管理经验，没有建立起适合数字化人才的专业评价体系，对数字化人才的能力评价仅仅停留在技能和管理经验方面，不利于数字化人才的引进和培养。

（一）高层重视不够，数字人资意识不强

管理层级的设定需要与传统企业规模相匹配。当前，传统企业普遍存在管理层级少，管理错位的现象。这种现象首先是管理者角色错位，也就是管理者缺乏或者失职。人资部经理如果每天需要花费大量时间在补卡审批、假期审批、出差申请和权限申请等基础人事管理上，就是对人资部门的资源浪费。同时，管理层级少，还会带来对数字化重视程度不足的问题。数字化组与其他业务组各自独立汇报给人资部经理，数字化组对其他组在资源调度上没有话语权，不利于数字化项目的推进。

"不会转"是企业缺乏对数字化转型的深刻理解和精准认识。对人资数字化方面的转型理解仍然停留在信息化建设或者是人资管理系统引进阶段，认为只要购买相关软件，将人资业务从线下转移到线上就完成了数字化转型。显然，在数字经济时代，简单的信息化或单一的人资管理系统已经难以适应数字化发展需求，或切入时机不对，导致人资数字化转型成效不明显。在转型过程中，局部的人资转型已经限制了人资转型工作的进程，造成人资转型效果无法体现。

（二）资金投入不足，人资系统功能滞后

业务流程标准化、科学化不足。传统企业对传统的人资定位是"服务"，工作内容的划分都采用模块化，由传统的招聘、员工关系、薪酬福利、培训、绩效管理五个模块组成。而在数字化人资时代，数字化人资由人才发展、员工管理、薪酬福利三大模块构成，但由于受人力编制预算的限制，对于岗位的设定更多的是考虑人员的特性进行职能组合，并未进行清晰的岗位划分，不利于专业性发展。

"不能转"是因为很多传统企业在推进人资数字化转型过程中面临被动局面，其原因是数字化人才缺失不能主导企业人资数字化转型。尽管企业从事人资工作的员工数量不少，但能有效应用数字技术开展人资管理的员工普遍不足，导致人资数字化转型难以推进。在数字化转型过程中，传统企业面临着新旧系统的交接。当新系统上线后，需将旧系统的数据导入新系统，不仅工作量大，而且还存在数据不匹配和数据丢失等问题。同时，外购的人资管理平台需要将相关数据上传到云平台，容易造成公司人员构成、薪酬、级别和背景等关键数据泄露。数字化转型之后会产生大量的数据，由于整体数字技术基础薄弱，缺乏深度数据分析能力，难以挖掘数据价值，无法体现出数字化转型后数据的价值。

（三）数据观念不重，人资数据质量较差

全员数字化意识不强，导致数据质量差。高层管理者意识到数字化的重要性，也知道数字化是什么，但是对究竟如何实现本企业的数字化转型没有清晰的认识；中层领导数字化水平参差不齐，数字化意识有高有低，岗位性质和自身获取知识的习惯决定着自主学习和改变的能力；基层员工数字化意识和水平弱，平时工作接触数字化内容有限，对新兴数字化概念缺乏实质性了解。

"不敢转"是因为人资转型工作是系统性工作，牵一发而动全局，涉及人员变动、资金投入、组织结构调整、业务流程转化和管理模式变革等多个方面。一旦人资数字化转型处理不到位，则会给企业带来风险隐患和资金损失。因此，传统企业在人资数字化转型过程中普遍存在数据完备性、合规性、及时性和准确性等问题，不利于传统企业人资数字化转型的开展。

（四）协同意识不强，数字人资队伍较弱

人资系统功能落后，业务覆盖不全。系统线上功能设置无法支撑现实业务，急需更新优化。系统之间的接口衔接设计考虑不周，未能实现系统之间数据的自动更新或实现部分自动更新，这就造成了功能配置与实际业务脱节、业务报表不能满足实际业务需求、数据保存校验逻辑过时、系统之间接口不稳及部分业务没有系统支撑等问题。此外，还有很多新增业务和原有变化业务没有系统支撑。

"随意转"是因为传统企业对人资数字化转型存在认知错位，再加上自身资源不足等要素限制，忽略了数字化转型是一个持续迭代、不断进化的过程，需要数字化人才支持。在转型过程中，传统企业只重视前期资金投入，缺乏对数字人才的培养和引进，导致数字化人才队伍薄弱。人资数字化系统建成后，由于没有足够的数字化人才队伍，不重视后续运维与升级，数字化转型仅仅停留在较低层次，缺乏迭代。

第二节　传统企业人资数字化转型模式与内容

传统企业数字化转型的关键是"人"的数字化转型。随着数字技术的发展，数字化转型已渗透到传统企业的各个领域。在这个过程中，"人"的作用更加突出，可以说，"人"才是传统企业数字化转型能否成功的重中之重。在数字化背景下，人与人、人与物、人与组织之间的相互连接更加紧密、复杂，人资工作已然迎来重大的机遇以及严峻的挑战。要想在激烈的市场竞争中屹立不倒，更加科学、规范、有效的人资工作就成为关键。

一、人资数字化转型的目标

面对移动互联网和工业互联网的普及应用，传统企业人资工作也要不断跟随环境变化、科技发展、业务调整而变化，才能够跟上数字化时代的发展潮流，保持自身优势，因此人资数字化转型要有明确的目标。

（一）提供线上人资服务

通过人资数字化转型，提供人资管理线上服务系统，将人资管理内容转移到线上。利用数字技术和网络平台，优化人资管理工作，扩大传统企业影响。

（二）培养数字化的人才

数字化转型需要一批具有数字化知识和专业技能的专业人才支撑。在人资数字化转型过程中，除了招聘渠道，需培养一批数字化转型所需的人才，更好地推进传统企业数字化转型。

（三）实现业务转型发展

数字化转型的最终目的要落在传统业绩增长上面，在人资转型过程中要通过业务的数字化转型，实现传统企业转型发展。只要通过数字化来更好地找到关键人才，并匹配到与数字化转型目标相一致的关键岗位上，就能真正把人资数字化和业务结果联系起来。

（四）树立员工中心意识

满意的员工能够为企业带来更多满意的客户，也就是说，员工在数字化转型过程中的重要性是不可置疑的，这就要求树立以员工为中心的人资工作理念。对传统企业来说，具有数字化转型能力的员工不仅能提升敬业度和工作效率，还有助于留住数字化的人才。

二、人资数字化转型的模式

当前，信息技术融入传统企业之后，催生出许多新企业、新业态和新模式，这对数字化人才培养提出许多新的要求。人资管理数字化是数字技术纵深发展的结果，但是传统企业在进行人资转型时，由于规模、行业、技术基础等方面存在的差异，形成了不同类型的转型模式。

（一）发展导向依托型人资数字化转型模式

1. 科技部门依托型

科技部门依托型人资数字化转型模式主要针对大型传统企业。该类企业具有扎实的信息化和 IT 基础，数字化转型意识较强，可以依托内部科技部门对人资管理业务进行数字化编码和改造。这种转型的好处在于既能更好地培养数字人才，也能更好地推进企业数字化转型。不足之处在于容易出现思维僵化、结构固化、对外界信息反应迟钝，给数字化转型带来潜在困难。

2. 科技企业合作型

科技企业合作型人资数字化转型模式主要针对具有一定市场规模和市场份额的中等类型传统企业。这类企业由于行业差异较多，而且自身在管理中存在特殊性，一般会选择与数字型科技企业进行合作，共同开发人资数字化转型的模式。合作开发的好处在于提供技术支持的科技企业既懂得人资管理业务，也懂得数字技术，能够为传统企业提供高频的人资数字化转型应用场景解决方案，可以为客户提供定制的人资数字化转型产品服务项目。通过人资数字化转型，传统企业不仅可以对包括战略性人力资源管理、核心人资管理、劳动关系管理和人资服务等内容在内的人资管理各环节进行专业赋能，还可以通过人资数字化管理系统中的数据中台获得海量的企业人资管理数据，实现对人资数据的科学整合和智能分析，提升传统企业内部人资工作效能和人资业务效率。

3. 数字工具推动型

数字工具推动型人资数字化转型模式主要针对企业自身业务规模较小，而整个行业规模较大，但人资数字化转型资金有限、市场竞争非常激烈的小微型传统企业。一些专业科技服务公司，如用友、金蝶等，可以为小型企业提供通用人资转型方案。这类方案具有基本的人资业务职能，以及与此相关的项目管理、知识协作和 CRM 客户管理等模块，能够帮助广大小微企业以较低的成本实现人资数字化转型。

（二）实施范围依托型人资数字化转型模式

1. 业务环节切入型

业务环节切入型人资数字化转型模式主要是由于传统企业自身在开发与运营数字化平台方面的资源与能力不足，需要以企业具体的业务环节作为切入点推动企业人资数字化转型。这种方式的数字化转型将传统企业的社保代缴、薪酬福利发放或劳动关系管理与维护等业务上传到平台，从而更好地实现与地方政府机关及合作方进行人资管理数据对接。这种转型较为简单，传统企业只要购买特定的数字化转型工具就能完成企业人资数字化转型。运用切入型数字化转型工具，传统企业可以为员工提供包括个人薪资、社保、公积金、商业保险、个税和电子工资单等数字化人资业务。

2. 业务板块切入型

业务板块切入型人资数字化模式主要是针对数字化程度已经较为成熟的传统企业。这类企业能够独立运作人资管理的各大业务板块。面对数字化转型，这类企业可以选择专业性较强的人资管理业务板块作为人资数字化转型的切入点。在转型过程中，传统企业可以依次推进人资数字化转型，减少风险和降低成本，实现全方位的人资数字化转型。在这类企业中，员工的薪资、社保、公积金、个税及其他各项费用收支等均能在人资管理系统中得到一站式解决。

3. 系统变革实施型

系统变革实施型人资数字化转型模式主要针对企业数字基础较好，信息系统较为完备，且获得了相应的人员、技术等要素储备和支持的传统企业。这类企业的企业生态较为完善，能够开发出满足自身转型要求的人资数字化专业平台和应用程序，实施系统性的人资数字化转型。通过转型，传统企业能够与外部企业或数字化平台建立良性合作渠道，形成由数字化人资管理、数字化人资咨询、数字化人资外包和数字化薪酬等在内的人资生态管理系统，满足自身人资管理活动的需求。

（三）技术基础依托型人资数字化转型模式

1. HR SaaS 型

HR SaaS（Human Resources Software-as-a-Service），具体是指人力资源软件即服务。HR SaaS 转型模式主要是基于网络时代数字化软件的一种订购模式，具有灵活、即购即用的特征。通过人资转型，实现 HR SaaS 与人资数字化管理的双向融合，为企业级客户提供数字化人资管理专业服务。通过人资数字化转型，可以实现传统企业人资业务流程的标准化，薪酬支付管理、劳动关系管理和个税管理等一体化。

2. HRSSC 型

HRSSC（Human Resources Shared Service Center），是指人力资源共享中心。HRSSC 作为独立运作的数字化人资服务实体，其本质是由当前信息及网络技术共同推动的人资管理模式的变革和创新。HRSSC 转型模式的高效运行离不开传统企业统一规范的人资数据源以及对这些数据的规范化和标准化。运用这种模式转型可以使传统企业分散的人资数据资源转变为面向员工和管理者的一站式人资数字化服务资源。同时，该转型模式还能够对传统企业人资管理问题进行系统分类，从而快速解决员工所面临的一般性问题。

3. PaaS+SaaS 型

PaaS+SaaS 转型模式是新时代新型人资智慧管理系统，其中 PaaS（Platform-as-a-Service），是指"平台即服务"，可表示为基础设施+系统平台，即应用服务器应用框架编程语言，能够提供应用运行和开发环境；SaaS 是指基础设施+系统平台+软件应用，能够为传统企业提供 Web2.0 应用和 ERP/CRM 等企业应用。PaaS+SaaS 转型模式的人资数字化转型能够对传统企业的人资管理业务运行情况进行全方位状态跟踪、过程管控和动态优化。在转型过程中，传统企业需要围绕人资业务的具体场景和主要任务目标构建人资数字化转型的组织结构体系，进而全面迭代传统企业的组织结构体系和工具体系。

三、人资数字化转型的原则

在数字化时代，人力数字化转型呈现新的特点，需要数字化的人资思维和数字化的人资工作场所与之相匹配，这就需要构建新的人资转型原则。

（一）重视人资管理过程的原则

通过人资数字化转型，传统企业人资管理部门能够获得人资管理各环节所需的数据，从而实现人资全程管理。以员工变动为例，通过人资数字化转型，传统企业能够通过获得线上员工"入、转、调、离"流程，获得及时、准确和全面的人资管理数据。

（二）实现人资智能化管理原则

在人资数字化转型规划时就考虑用户触点、使用入口及路径设计，将能够进行自助化和自动化管理的人资管理环节设计成为自助的和自动的管理模式，实现智能化人资管理。在这个过程中，入口设计要尽量符合数字化应用场景和员工使用习惯，可以多入口设计；路径设计要尽量采用简短、清晰的路径，从而提高软件或平台使用效率。以员工招聘为例，设计科学的人资管理平台，将大大方便员工招聘及人资管理工作开展。

（三）满足各方人资需求的原则

在推动人资数字化转型过程中，传统企业人资数字化管理系统既要能够满足企业自身管理需要，更要让员工有一个好的体验和使用环境。以绩效管理为例，人资数字化转型之后既要能方便企业开展绩效管理工作，又要能够科学衡量评价员工绩效。在这个过程中，人资部门也能够大幅提高人资工作效率。

（四）重视人资数据质量的原则

数据已经成为当前最为重要的生产资料。在人资数字化转型过程中，传统企业要科学设计人资数据标准，提高人资数据采集质量。在这个过程中，人资管理部门要做好数据字典定义、规范工作，要对传统企业存量数据进行流转分析，并按照数据字典定义做好人资数据查漏补缺，从而大幅提高传统企业人资数据质量，为人资大数据分析夯实基础。

（五）重视人资转型前瞻性原则

数字技术飞速发展，在人资数字化转型过程中，人资数字化转型要有前瞻性，不能等出了问题再去修修补补。在转型推进之前，可以广泛听取一线员工使用人资管理系统的困扰和问题，明确系统存在的问题及未来迭代的方向。以胜任力模型为例，要想让面试工作真正落地、扎扎实实建立好企业人才库，就要充分考虑企业人才画像、企业雇主品牌策划和运营等工作，并精心设计面试流程和面试体验。

四、人资数字化转型的要素与逻辑

要做好人资数字化转型，首先要加强数字化人才培养。而数字化人才培养要做好顶层设计，规划好人资数字化转型的要素，掌握人资数字化转型的逻辑。

（一）人资数字化转型的要素

人资数字化转型的要素主要有：

1. 数字化人才

所谓数字化人才是指具有数字化意识、熟悉数字技术应用、能够熟练应用数字化工具、提供数字化产品或服务的人员。数字化人才是传统企业推进人资数字化转型的核心要素。不同于普通员工，数字化人才不仅具有基本的人资管理能力，还能够熟练应用各种数字技术和数字化工具。数字化人才具有数字化思维，能够根据传统企业内外部环境的发展趋势和变化开展人资管理工作。在人资数字化转型中，数字化人才占据主导地位，能应用人资管理技能和专业化数字技术管理、组织和推动传统企业人资管理相关业务的运营和变革。

2. 数字化工具

数字化工具既是传统企业人资数字化转型的重要基础，也是传统企业人资工作实现大数据管理的核心。数字工具能够消除传统意义上人资管理在时间、空间上的"滞后"壁垒，通过"实时"管理，改进人资管理手段、业务活动和工作流程，提高人资管理办事效率，提升员工数字化体验。

3. 数字化管理

数字时代的人资管理模式、流程和内容等都将发生深刻变革，更加强调充分运用大数据、人工智能和其他数据处理技术来获取、分析与人资管理相关的有价值的数据来实现科技赋能。传统企业人资数字化转型要搭建数字化的网络技术应用平台，构建起高度程序化与自动化的人资数字化转型管理模式，从而能够高效开展人资数字化管理。

4. 数字化场景

传统企业人资数字化转型的最终目的是搭建数字化的应用场景，提高传统企业人资管理效率。数字化场景是以传统企业人资数据为基础，能够促进人岗精准匹配以有效降低企业人力资源错配的一种精准的人资管理运营模式。数字化场景可以构建传统企业数字化人资管理生态，绘制依托智能化的数据分析形成的多维度的员工画像。传统企业运用该场景，可以实时了解员工行为、员工态度、员工情绪和人资供给等现状，该应用场景为传统企业提供了智能化、人性化和定制化的人资服务。

(二) 人资数字化转型的逻辑

人资数字化转型并不是随心所欲，而是要符合传统企业的发展逻辑。传统企业人资数字化转型的目的是要利用数字技术破解传统人资管理活动的低效、难以量化、滞后等难题。在人资数字化转型过程中，传统企业要以人资管理数据为基础重新定义和设计人资管理的各个业务应用场景和各项业务管理流程，实现传统企业内部系统和外部环境之间的互联互通。

1. 思维转变

人资数字化转型是传统企业新时代数字化发展的重要内容。在数字化时代，要培养以满足外部客户需求为导向的人资工作思路，这是一个非常重要的思维转变。数字思维方式的转变对传统人资管理提出了新的更高要求，即认为现代人资管理部门已经不再是单一的成本中心，也可以是业务中心，能够助力传统企业各项业务活动的开展并创造相应的价值。因此，传统企业人资数字化转型要从内部服务转向外部市场竞争，从而快速提升传统企业人资管理的市场竞争力。

2. 能力提升

在人资转型初期，人资管理能力主要是指能够了解并掌握数字化技术、工具和手段。发展到一定阶段之后，传统企业人资管理就需要全面提升运用数据和分析数据的能力，从而实现人资管理一体化和平台数据一体化。在这个过程中，需要运用数字化工具来推进传统企业内部数字化变革，还要结合其他业务活动的开展构建数字应用场景。

3. 体系建构

人资数字化转型需要根据数字技术的发展进行迭代，因此，构建体系就成为人资数字化转型的重要逻辑。在人资数字化转型到一定阶段之后，传统企业需要应用云计算、移动平台等数字技术或工具收集各个环节的人资数据，形成公司人资管理的数据全景图，这对人资管理提出了更高的要求，构建数字化转型体系，将"数字化思维"贯穿到传统企业的各个环节中。

4. 人才发展

数字化人才的数量和质量关系到传统企业人资数字化转型的成功与否。通过人资数字化转型，传统企业要做好数字化人才队伍的顶层设计，构建数字化人才的内部培育体系，制定多元化的数字化人才激励机制，从而加强数字化人才培养，为传统企业数字化转型提供充足的数字化人才支撑。

5. 业务内容

传统企业人资数字化转型的基础是数据，重点是数据的获取、应用和提升。通过人资转型，传统企业要深度挖掘人资数据的内在价值，运用人资大数据来全面整合传统企业的业务链和管理链，使传统企业大数据真正成为企业核心的生产力要素。在此基础上，传统企业还要进一步加强对各种人资大数据的采集和整合，进一步积累内部人资数据，同时接触和获取各种外部人资大数据，并做到内部人资大数据和外部人资大数据的充分整合，切实推进传统企业人资转型。

五、人资数字化转型的内容

数字化的根本在于数字化思维，一切以数字、数据说话的理念。不要以为天天大数据、云计算和人工智能响彻耳边就具有数字化思维了。为什么年年在说数字化转型，如果企业普遍实现数字化了，还谈什么转型呢。按照传统思维，任务的分配是以部门和岗位分工为基础的，涉及跨部门就是矩阵式管理。各部门的人员配置数量多少合理其实是很模糊的，有句玩笑话叫：有多少人就有多少活。而数字化思维，任务分配是以专业和经验为基础的，可以是去中心（部门）的，基于对任务的精准分解和对人的精准画像，精准匹配小的任务模块，快速组合完成任务。此外，可以以任务价值匹配人工成本；难度大的任务价值高，难度低的价值低。甚至可以延伸到企业外部，使用外力、外脑。人力资源的数字化转型是必须要做的，但转型所需时间可能比想象的要长很多，同时要与企业转型同步进行，步步为营地去做。

（一）人资规划数字化转型

人资部门在人资数字化转型中起到了关键作用，传统企业人资部门的工作目标是维持人事管理工作，所以人资部门的人员配备与所在企业的人员规模成正比。随着数字化技术的不断发展和迭代，人资工作中的基础性工作大多可以被数字化所代替，对传统企业人资管理部门的职能定位及岗位设置会产生颠覆性改变。传统企业人资部门的工作职能将再次发生变化，懂数字技能的人资工作人员真正成为人资管理人员，基础性工作将被优化，传统分工的专岗将成为过去式。数字化发展迭代虽然会减少对人资工作人员的需求，但是会提高对人员能力的要求，因此要根据时代发展需要重新进行人资管理定位、重设人资岗位，推进人资规划数字化转型。

1. 岗位分析

随着数字化技术的迭代升级，传统企业人资工作将不再需要大量基础性工作人员，需要的是业务伙伴和人资管理人员，岗位的设置也将不再会按照单一的工作内容而设定，会对现有的岗位进行合并，不考虑基础工作集中的前提下，根据优化后的工作内容，人资部门的工作主要有：一是人员管理，包括人员招聘、入转调离统筹管理、考勤管理、员工关爱等；二是人才发展，包括培训、绩效考核、人才培养、人才选拔、岗位胜任力等方面的管理，制订人才培养方案，对在不同阶段的员工匹配不同的培养方案，甚至可以实现定制个性化的培养方案，将人员培养的过程和结果进行整合，相互促进；三是成本管理，工作职责为薪酬福利、人力成本、人力规划、架构管理等方面的管理，将人力成本相关的模块进行合并有利于资源有效的整合调配。随着数字化技术的进步也可能完全打破模块管理，有些传统企业已经打破模块化分工，根据人员特点进行职能匹配，职能组合更具灵活性。

2. 胜任力分析

在数字化技术的支撑下，传统企业人资部门要从一专多能向多专多能发展。因此，数字化时代对人资工作的人才要求除应具有扎实的人资管理的理论知识、核心技能，能够熟练地处理日常工作外，还要具备迅速且有效处理突发事件的能力。在数字化技术的支撑下，工作从被动向主动转变，综合归纳人资部门具备以下五项胜任力：一是过硬的专业能力。要熟悉岗位所必备的法律法规要求，企业要合法经营，人员要合法管理，只有在法律法规的框架下才能保证企业合法有序地经营，这也是人资管理合法合规、有效管理的根本保证。二是持续的主动学习能力。学习能力是所有企业对其所有岗位的基本胜任力要求，也是企业发展的后劲和生命力。人才不仅要不断更新自己的专业知识，还要钻研所服务企业的业务知识，才能成为业务伙伴，从而充分发挥自己的作用，体现自己的专业价值。三是良好的数据挖掘分析能力。人资管理系统的作用除了能够优化事务性工作的功能外，还能发挥多大的功能其实取决于人资部门对数据分析能力的强弱。四是良好的沟通协调能力。随着人资基础事务性工作被数字化技术所优化，人资部门的沟通协调能力将会变得越来越重要。五是良好的创新能力。要具有良好的数字能力，即具有较好的信息管理、数字化管理能力，能够熟练地运用数字化软件，能够结合工作不断地对人资体系、管理办法进行改进创新。

（二）人资场景一体化转型

变革的发起都是从需求开始，任何变革的实施都从意识到有需求开始。提升人资数字化转型的意识就是要了解人资数字化转型的作用和意义，才能够就转型达成共识，人资数字化转型也不是独立存在的，要结合企业发展的需求，在企业有需求进行数字化转型的前提下进行。推动传统企业数字化发展是传统企业实现人资数字化转型的必要条件，要提升人资数字化转型意识最根本的还是人。不同的人群有不同的立场，重点是以下三类：

1. 高层管理者数字化转型

作为企业决策层，高层管理者对传统企业是否实施数字化转型起着决定作用。只有高层管理者了解、认识高新技术的发展及应用情况，才能对新技术在企业的经营管理应用中发挥什么样的作用有客观的预判，所以只有加大高层管理者对科学技术的了解，才能提升他们对企业实施数字化转型的意识，发掘传统企业进行数字化转型的需求，从而推动企业人资数字化转型落地。

2. 人资部门数字化转型

人资数字化转型的关键人群就是人资部门人员，因为他们是人资数字化转型的实施者，直接影响传统企业人资数字化转型的效率和效果，决定人资数字化转型的成败。要提升人资部门人员的数字化转型意识需要从以下几个方面着手：一是建立数字化转型的信心。人资部门要用长期的眼光来看人资数字化转型，既要做好短期的工作量增加的准备，还要看到数字化转型后对工作的优化，要建立好坚定的转型信心。二是提升自我能力。人资部门要加快自我提升、顺应这种变化、拥抱变革，实现自我蜕变和成长。

3. 员工数字化转型

人资数字化转型最终是要应用到人员管理中。如何提升员工数字化转型的意识，让员工接受变革，就要让员工更多且客观地了解人资数字化转型带来的便利，要在实施前加大相关内容的宣传，加强人资系统和工具的使用，培养使用习惯，形成数字化转型意识，了解日常中数字化转型将会带来的正面影响，从而消除抵触情绪。

（三）人资业务线上化转型

虽然人资管理系统和管理工具是传统企业实现人资数字化转型和不断进行数字化发展的重要载体，但是成本和资金是这个载体最直接的支撑。传统企业在进行数字化转型时需要匹配企业的发展阶段和实际情况，根据发展阶段和预算额度选择合适的数字化转型工具。市场上的人资管理系统和工具有很多，价格从十几万元到几百万元不等，甚至更高。此外，有些人资管理软件具有部分免费功能，传统企业可以根据自己所处发展阶段选择适合企业发展需要的软件和配套的产品。对传统企业来说，人资数字化转型并不是简单的购买、使用一套人资管理系统，最重要的是建立数字化的思维模式。许多传统企业由于人员数量少，管理幅度小，人资管理难度不大，可以采用免费版的产品或者购买现有的工具服务套餐。随着传统企业的持续成长、员工数量的增多，传统企业需要推进人资业务线上化转型，提高人资管理效率，满足传统企业发展需要。

（四）人资信息数据化转型

人资管理的核心是人，人是人资数字化转型的主体。具有数字化转型背景的专业人才的引入是人资数字化转型的重要因素，但是各企业的发展阶段、资金实力情况不一样，所以对于人才引进的进度和水平也会有所不同，是引入人才还是搭建专业团队需要根据企业的情况而定。在资金充足的情况下，传统企业如果可以搭建自己的数字化转型专业团队当然是最优的选择，不仅可以有效地解决信息安全隐患的问题，还可以持续地推进企业数字化转型步伐，这就需要企业在战略布局时将人才引进列入战略实施的环节，并为战略的落地给予预算支持。同时，对于招聘环节来说，充分的匹配岗位需要选择招聘的渠道和人员画像，需要提前进行薪酬福利的匹配，这有利于进行人才的引进，支持人资数字化转型的落地。

（五）人资功能价值化转型

人资数字化转型不仅是采用一套新系统，人资数字化转型改变的还可能是管理模式，也可能是用工方式，如新冠肺炎疫情防控期间，远程办公已经成为一些传统企业的常规办公方式。随着数字化经济的发展，用工模式也越来越多元化，很多传统企业的用工方式不仅是原来的合同制和劳务派遣制，客户即员工的合作方式也已经成为很多传统企业的主要方式之一。这种合作方式是建立在人资数字化转型的基础上的，对传统企业原有的管理制度提出了挑战，甚至是对传统企业整个规章制度的颠覆。而且，传统的人员管理模式和采用系统进行管理的模式对于制度的要求也不同，要根据传统企业人资数字化转型的程度不断更新完善传统企业相关的规章制度。针对数字化转型的断点用制度和流程进行连接，保证传统企业人资数字化转型的平稳落地。在合法合规的前提下，有效推动人资数字化发展，从而提升传统企业人资管理效能，实现人资最优配置。人资数字化转型要以推动传统企业持续健康发展为目标，结合传统产业自身情况和需求，统一思想，做好配套工作，不断根据发展和管理需要进行信息升级、制度匹配，全面提升人资数字化能力，形成"数字化思维"，并且贯穿于传统企业人员管理的各个环节，甚至可以嵌入传统企业经营的相关环节，推动传统企业持续健康发展。

第三节　传统企业人资数字化转型路径与方法

原有的传统人资管理模式是按照人资模块来进行划分，多数人资部门都是负责日常工作，与企业经营发展和业务战略关联性不强，在企业内的地位不高。但是，数字经济时代的人资管理最重要的是做好企业层面的员工管理和员工激励，这对于传统企业的稳定和发展都至关重要，因此也决定了人资管理存在的核心价值。特别是数字技术发展后，优秀人员的竞争日益激烈，企业内部的人资管理体系对员工的工作积极性和稳定性起到重要作用。因此，面对数字技术带来的机遇和挑战，人资管理也需要不断创新和突破，降低人资管理部门事务性工作的占比，把更多的时间和精力投入人才价值管理中，这就要关注人资数字化转型的路径与方法。

一、人资数字化转型的路径

人资管理在过去十年来已经从传统的人管人发展到信息时代的人资信息管理，然后到数字化时代的人资数字化管理，大幅提升了管理效率和服务感受。对传统企业而言，推动人资数字化转型是实现企业数字化转型的重要组成部分。

（一）顶层设计，做好人资数字化转型规划

人资转型要从战略目标出发，从顶层设计开始，以生产力作为驱动要素，运用数字化工具推算前台业务需求，对中后台职能进行调整。企业高层要培养数字化思维，制定数字化转型的方案规划，做好数字化技术对业务与管理转型的准备和预防。同时，还要围绕人资智能模块，运用数字化产品打造数字化组织。

（二）重视人才，构建人资数字化转型团队

人资数字化转型的核心就是数字化人才的培养。传统企业不仅要加大力度培养数字化人才，还要采取措施吸引和留住数字化人才。在此基础上，传统企业要打造由信息技术专家、人资业务专家等人员组成的数字化人才转型团队。只有拥有了数字化人才转型团队，传统企业才能更好地提供数字化的人才服务，从而更好地推动传统企业的数字化转型。

（三）升级系统，建立数字化人资转型系统

系统平台是数字化人资管理转型成功与否的关键。传统企业要打造集移动办公端和绩效管理等功能在内的数字化人资管理系统平台。通过这个平台，员工能够非常方便、快捷地办公。此外，该平台还要能够为数字化人才提供定制化的后台服务。

（四）强化创新，运用数字化转型工具与方法

数字经济不仅深刻影响了人们的工作和生活，还深刻影响了传统企业内外部的沟通和协作方式。人资数字化转型离不开持续创新，因此要应用数字化技术和数字化人资管理理论，将最新的数字化转型工具和方法应用到人资管理中。通过数字化转型工具和方法导入，推动传统企业员工招聘、人才吸引、员工体验、薪酬规划、学习培训、职业发展、员工关系等领域的管理创新，促进人资数字化转型。

二、人资数字化转型的方法

传统企业要根据自身的发展情况选择适合人资数字化转型的工具，逐渐培养数字化转型理念和思维，有序推进人资数字化转型。人资转型的方法主要有：

（一）总体规划引导人资数字化转型法

人资数字化转型的总体规划是传统企业开展人资数字化转型的前提。没有一个好的人资数字化转型发展规划，就很难有效推进传统企业的人资数字化转型。因此，在人资数字化转型过程中，传统企业要建立数字化发展的数字思维，制定数字化转型的人才总体发展规划，确保传统企业人资数字化转型。

（二）专业团队带动人资数字化转型法

数字化转型是一项系统工程，需要专业的人资数字化转型团队支撑传统企业人资数字化转型。在这个团队中，数字化人才是关键。这些人才不仅掌握人资转型的数字技术，还掌握人资管理的知识及技巧，是推动传统企业数字化转型的核心力量。因此，传统企业在人资团队打造过程中，要大力发展人资数字化转型专业人才，并以这些专业人才作为传统企业人资数字化转型团队发展的

基础，加强数字化人资团队打造。

（三）信息系统加强人资数字化转型法

数字化人资平台是推进人资数字化转型的基础。通过该平台，员工可以便捷地在平台上完成工作，减少了大量烦琐的线下操作。同时，该平台还能够提供定制的功能设计，满足传统企业核心人才线上办公的个性化需求。

三、人资数字化转型的步骤

传统产业人资数字化转型的步伐在数字经济的推动下会越来越快。人资数字化转型主要包括以下步骤：

（一）调整组织结构，加快人资数字化转型

1. 增设人资数字化转型岗位

为了推动管理数字化转型，传统企业要增设人资数字化转型岗位。该岗位人员可以从企业内部挑选、培育或从外部引进，但不仅要懂数字技术，还要懂企业管理。当前，在推进人资数字化转型过程中普遍存在两个问题：一是人资部门即使有大量的数字化转型产出也不意味着完成了管理的数字化转型；二是员工没有得到正常的职业发展。增加人资数字化转型岗位既可以解决人资管理错位的问题，也可以给员工晋升的机会，从而更好地拓宽员工的职业发展通道。在人资部门内部增设招聘和组织发展岗位有利于人资数字化转型，其中招聘岗位负责传统企业招聘业务，组织发展岗位负责组织规划和培训业务。

2. 赋予人资数字化转型权力

数字化转型要有强有力的部门进行推动，传统企业要优化人资部门职能，重构人资业务和管理流程，加强数字化转型资源统筹、配套考核和奖励。负责人资数字化转型的岗位要有明确的数字化转型归口负责人，享有相应的工作优先级，服从于 HR 首席数字官（Chief Digital Officer，CDO）的领导。

（二）再造业务流程，加快人资数字化转型

1. 冗余业务流程简化

优化存在流程冗余节点的业务，剔除多余节点和重复节点，实现流程简化；针对流程节点设计不合理的业务，通过重组流程节点，实现流程优化，进而缩短业务运转时间，提高业务运行效率。

2. 清晰定义业务流程权责

对所有流程节点权责进行清晰定义，特别是存在跨业务组的流程节点，一定要定义清晰各业务组的权责，重点解决当业务运转出现问题时业务组之间因权力和职责划分不清而产生的互相推诿责任现象。

3. 业务流程标准化规范

对业务流程进行标准化定义，完成流程标准操作手册（Standard Operating Procedure，SOP）的编写，该文件涵盖流程图、流程活动描述、关键业务场景、业务关键指标、流程相关文档、变化和改进点六大要素。正式发布 SOP 可以指导业务运行、明确操作规范，实现业务标准化运行，提高业务运行效率。

（三）优化人资系统，加快人资数字化转型

1. 优化升级人资管理系统

传统企业要根据内外部环境变化，通过人资数字化转型，系统优化人资管理系统。针对系统存在的问题，对其进行优化升级：一是根据实际业务需求重新配置业务功能。要根据标准化人资工作流程重新配置人资管理系统，实现流程线上化落地，只有流程固化在信息系统中，推动执行才会更容易。二是补全缺失的人资业务报表和优化过时的人资管理报表。三是更新数据。根据数据属性特点，应用数字化人资系统优化企业人资管理，减少数据差错。

2. 推广普及线上业务流程

线上化是实现人资业务数据化的重要途径。通过人资数字化转型，导入能够满足人资业务需求的数字化软件，实现业务线上化操作。在这个过程中，首先要梳理尚未实现线上化的业务模块，选出可以线上化的业务，导入数字化平台上。一是入职准备流程线上化。入职准备业务，包括宿舍预订、饭卡开通、安保系统录入、带岗教练安排和网络账号开通等工作都需要在员工入职前准备好，可以提升行政、安保、IT 和人资整体运营效率，提高员工入职满意度。二是绩效管理系统线上化。传统企业绩效业务变化快，业务操作频繁，要在导入通用绩效管理软件的基础上结合传统产业实际特点进行功能开发。三是带岗教练辅导记录线上化。将带岗教练的辅导成果及对新员工的评价上传到平台，方便查询、审核和津贴计算及发放。

3. 加快推进人资系统转型

在人资数字化转型过程中，要推进人资系统化转型：一是绩效考核数字化。绩效考核数字化能够更直观地看到部门、管理者和员工的努力程度与呈现的价值。二是人员流动数字化。人员流动数字化既对高层管理者的决策有帮助，也能起到人员流动是否高于行业标准的预警作用。三是招聘数字化。招聘的数字化可以让企业决策者看到人才市场的情况，在用人决策上进行调整。四是培训数字化。培训数字化可以看到新招募员工的基本素质和学习能力，对人才的使用来说是个关键的指标。除此之外，还要推进考勤、人才管理等数字化。

（四）挖掘数据价值，加快人资数字化转型

1. 开展人资数据的治理

数据治理是传统企业利用数字技术和数字化工具挖掘人资大数据价值的重要手段和工具。开展人资数据治理能够有效消除人资数据的不一致问题，建立规范的人资数据规范和标准，提高传统企业人资数据质量，实现人资数据共享。人资数据治理需要 IT、HR 和员工协同工作，做好各自角色需要履行的职责。HR 需要从数据负责人的角度对数据做到全生命周期管理，及时修复数据在系统间流转产生的问题；员工作为数据的创造者，要对自己提供、输入系统的数据负责，保证员工主数据的真实准确。

2. 引入数据分析和应用

针对业务报表缺失、业务报表过时、业务数据分析缺失等问题，传统企业可以通过数据中台或者数据湖结合 BI（Business Intelligence，商业智能）分析工具，实现对基础数据的分析和应用。BI 包括数据分析和人工智能等内容。基于 BI 的决策对管理层有重要的参考借鉴价值，对实现企业业务流程优化有重要的促进作用。通过数据分析和应用，做到让数据为业务提供建议，从而实现数据业务化，使数据反哺业务，做到数据和业务的融合，通过智能决策提高企业运营效率。

（五）增加数字化人才，加快人资数字化转型

1. 外部引进

传统企业为了加快数字化转型，需要引进数字化人才。人资数字化转型需要培养四种新角色：一是数字化高管。作为项目总舵手规划数字化愿景和战略，并坚定支持变革，自上而下推动传统企业转型文化建设。二是内部顾问。作为引领传统企业人资数字化转型的主要骨干，要确保和推动人资数字化转型在各项职能、各个层级上的试点和推广。三是转译员。兼具对业务运营的认识和技术领域的精通，促进业务人员和技术人员的沟通。四是数字化车间主管。作为数字化现场管理者，帮助一线员工接纳并拥抱工业 4.0 技术，并带头实践和推广新的一线工作方式。

2. 内部培养

为保证传统企业数字化人才培养的效果和投入产出价值，需要搭建数字化人才的培养框架。具体包括以下内容：一是能力需求分析。对接战略的需求，明确数字化人才的转型方向，开发能力要求与标准，预测人才需求数量。二是人才盘点。进行人才盘点，识别数字化人才以及掌握人才差距。三是人才培养。进行课程设计、制订培养方案和实施计划，组织开展人才技能等级认证管理。四是人才应用。建立转岗机制，培养结束后转岗到数字化相关岗位，配套建立数字化人才的激励机制。

（六）推行线上办公，加快人资数字化转型

1. 搭建内部互动社区

在内部互动社区搭建过程中，互动社区要具备三方面条件：一是要能满足

员工线上单人和多人交流、沟通和会议及安全要求，确保传统企业内部机密不被外泄；二是要具有人资 APP 集成功能，能让人资移动应用整合到社区中来；三是具有自助服务功能，能通过内嵌式服务机器人回答员工的多频次人资业务管理方面的问题。

2. 搭建远程办公管理

作为数字化工作场所的重要部分，远程办公可以减少通勤时间，能够随时随地召开视频会议，已成为传统企业数字化能力的重要体现。对于传统企业来说，远程办公是新的业务，尚没有流程和制度。在人资数字化转型过程中，要制定数字化管理制度、实施数字化工程流程，并争取管理层的支持。

四、人资数字化转型的发展趋势

在数字经济时代，数字化是当前和未来传统企业转型发展的重要方向和途径。通过人资数字化转型，传统企业将可运用数字技术对人资数据进行深度分析，提炼出有价值的人资数据用于人资开发，为人资管理提供决策依据。基于新技术、新理论、新模式，通过业务流与人资流同步，为传统企业提供实时、精准、智能、全面的人资管理。这种转型将重新定义传统企业人资服务，为传统企业人资管理带来以下变化：

（一）人资数字化转型呈现业务化趋势

人资管理系统是根据人资管理的工作环节分模块进行的，而人资三支柱理论也是基于模块化进行的升级。各模块间的衔接对人资部门的协作性和岗位任职的要求比较高，人资数字化转型可以减少因为衔接不畅导致的各种风险，但是数字化转型不是简单的将工作系统化，而是要实现各个模块间的信息共享，呈现业务化趋势。传统企业基于数字化转型实现人资与业务的深度实时融合，将人资数字化转型融入传统企业业务环节，实现各项业务事前、事中、事后的人资数字化服务。

（二）人资数字化转型呈现个性化趋势

随着大数据技术的成熟和人工智能技术的发展应用，传统可以通过人资管理工具实现员工管理智能化，由人资信息系统对员工的工作履历、教育背景、兴趣爱好、历年胜任力评估结果、历年绩效结果等多种数据进行综合整理，对员工的个人能力进行客观评价，建立专业的个人档案，并匹配企业的岗位画像和能力标准，呈现个性化趋势。在这个过程中，人资部门可以充分发挥人资管理职能，为员工制定个性化的发展建议，更快捷、更高效、更精准地进行人岗匹配和人才选拔。

（三）人资数字化转型呈现智能化趋势

人资管理的重要目标在于精准识人，实现人资最优配置，但在传统人资管理时代，识人的难度非常高。随着大数据技术的成熟，人工智能技术在人资管理系统和工具中的应用让人资管理呈现智能化趋势。通过人资数字化转型，人资部门借助人才测评工具可以降低选人成本，提高人才招聘和选拔精度，提升招聘、干部选拔等工作效能。在这个过程中，通过 AI（人工智能）技术能够提高人资工作的自动化、智能化水平，有利于打造"仿生型企业"，提高人资服务的准确性、效率及体验。

（四）人资数字化转型呈现生态化趋势

人资数字化转型是一项系统工程，需要多个部门协同，呈现生态化趋势。传统企业通过转型，可以打通该企业人资管理上下游各项业务，实现人资管理生态融合。在这个过程中，数字技术为人资生态化发展提供了重要支撑。

五、人资数字化转型的注意事项

在数字经济时代，传统企业所处环境发生了显著变化。在这个大背景下，人资管理面临新的挑战。传统企业在人资数字化转型过程中要思考"怎样才能充分发挥每一位员工的潜力和价值，让个人和企业在数字化时代下取得成功？"因此，在人资数字化转型过程中要注意以下事项：

（一）正确理解数字化人才的内涵

数字化专业人才不等于数字化人才，其只是数字化人才中的一种。除此之外，还有数字化领导人才和数字化应用人才。如果没有数字化领导人才制定数字化转型战略目标来指导数字化转型，就没有数字化应用人才将业务场景与数字化相结合，那么数字化专业人才的专业技术就无法赋能给传统企业，也就无法实现数字化转型发展。

（二）数字化人才主要靠自己培养

很多传统企业在准备数字化转型过程中都会认为企业缺乏甚至没有数字化人才，只要到市场上挖这种人才就可以。其实，大部分数字化人才都是可以从内部人员转型而来，因为数字技术只是一种工具，数字化并未改变企业的核心业务本质，而是让传统业务变得更加敏捷、精准以及带来更好的客户体验。与此同时，企业内部员工更清楚业务所面临的挑战是什么，从而找到数字化技术真正的应用场景。

（三）全才并非是最佳数字化人才

数字化时代的外部环境是多变并且充满不确定性的，要想找到适应所有情景的全才几乎是不可能的。在人资数字化转型过程中，传统企业要根据企业的任务特点，通过跨部门、跨层级来组合不同类型的数字化人才，实现各类数字化人才功能协同，从而增强企业的韧性和柔性。

（四）数字化转型意识培养是关键

在人资数字化转型过程中，在关注数字化能力提升的同时，不要忽视数字化转型意识的培养。为了更好地识别和发展数字化人才，构建数字化人才的能力模型是非常必要的，因为在实际情况中，仅仅关注员工的数字化能力是不够的，在关注能力的同时也要关注员工的数字化意识。通常来说，人才意识的转变要与能力转变同步。在人资数字化转型过程中，传统企业可将人才分为数字化转型抗拒型人才、数字化转型中立态度人才和乐于数字化转型人才三类，然后根据转型意识的不同匹配不同的培养方案。

【案例分享】

案例：杭州制氧机集团股份有限公司人资数字化转型①

杭州制氧机集团股份有限公司（以下简称"杭氧股份"），原名浙江铁工厂，成立于1950年，是以空气分离设备制造和工业气体生产为主的工业企业。截至2021年底，杭氧股份资产160.47亿元；营业收入118.78亿元，同比增长18.53%。

公司高度重视人资数字化转型工作，人资数字化转型特色如下：

（一）全生命周期人资数字化管理

数字化贯穿人资管理的每一个环节。从公司员工招聘开始，到员工正式入职、薪酬福利、绩效管理、员工培训、人才发展及员工离职等每个环节都有相应的数字化管理工具来支持，如薪酬福利工具、OKR等都和钉钉、HR、OA、财务等数字化平台打通，且集成在公司协同平台上，实现了公司全周期人资数字化管理工作。

（二）工作管理数字化平台建设

作为多业态生产制造型企业，杭氧股份面临员工多、岗位多、排班难的现实人资管理需求，因此，公司加大了人资管理数字化平台建设。通过该平台，不仅解决了排班难的问题，还大幅降低了公司人工成本。

（三）重视员工成长与体验

杭氧股份高度重视员工自身发展与数字化体验。除了员工在公司岗位工作中的成长，公司还十分关注员工的衣食住行，利用集团生态，在健康医疗、育儿、养老等板块给员工及其家人提供相应的关怀，真正做到以人为中心的数字化体验。

※思考与探索

在实际管理中，传统企业经常出现"人资"＋"业务"两张皮现象。如何

---

① 本案例由笔者根据杭州制氧机集团股份有限公司网站的资料编写。

通过人资数字化转型实现人资业务一体化、实现人资赋能业务落地，这既是人资数字化转型的重要目标，也是人资数字化转型真正要解决的问题。随着人资数字化转型工作的推进，人资管理面临重新定位、岗位重设和胜任力素质标准重塑等诸多挑战。

请结合本章内容的学习，谈谈你对传统企业人资数字化转型的理解。

【参考文献】

[1] [美] 彼得·德鲁克. 管理的实践 [M]. 齐若兰，译. 北京：机械工业出版社，2018.

[2] 陈雪频. 一本书读懂数字化转型 [M]. 北京：机械工业出版社，2021.

[3] [美] 弗雷德里克·泰勒. 科学管理原理 [M]. 马风才，译. 北京：机械工业出版社，2021.

[4] 黄詹媛. 大数据人力资源管理的变革与挑战研究 [J]. 中国管理信息化，2021，24（8）：171–173.

[5] [美] 加里·奥布莱恩，郭晓，[美] 迈克·梅森. 数字化转型——企业破局的 34 个锦囊 [M]. 刘传湘，张岳，等译. 北京：机械工业出版社，2021.

[6] [美] 加里·德斯勒. 人力资源管理（第 14 版）[M]. 刘昕，译. 北京：中国人民大学出版社，2017.

[7] [美] 苏珊·E. 杰克逊，兰德尔·S. 舒勒. 管理人力资源：合作伙伴的责任、定位与分工 [M]. 欧阳袖，张海容，等译. 北京：中信出版社，2006.

[8] 黎志. XK 企业人力资源管理数字化发展对策研究 [D]. 重庆工商大学，2022.

[9] 刘勇. 大数据在人力资源管理中的创新应用与潜在困局 [J]. 人力资源管理，2015（6）：11–12.

［10］卢彦 . 互联网思维 2.0——传统产业互联网转型［M］. 北京：机械工业出版社，2015.

［11］马海刚，彭剑锋，西楠 . HR+三支柱：人力资源管理转型升级与实践创新［M］. 北京：中国人民大学出版社，2017.

［12］马晓东 . 数字化转型方法论——落地路径与数据中台［M］. 北京：机械工业出版社，2021.

［13］庞廷云，罗福凯，王京 . 人力资源投资影响企业研发效率吗——基于职工教育投资的视角［J］. 南开管理评论，2020（3）：155-164.

［14］彭剑锋 . 人力资源管理概论（第三版）［M］. 上海：复旦大学出版社，2018.

［15］钱晶晶，何筠 . 传统企业动态能力构建与数字化转型的机理研究［J］. 中国软科学，2021（6）：135-143.

［16］任星桦 . 大数据时代企业人力资源管理变革的思考分析［J］. 人力资源管理，2016（10）：3-3.

［17］邵静静 . Y 集团人力资源数字化管理研究［D］. 郑州大学，2019.

［18］姚凯，桂弘诣 . 大数据人力资源管理：变革与挑战［J］. 复旦学报（社会科学版），2018（3）：146-155.

［19］张苗苗 . M 公司人才流失数字化管理平台的需求与设计研究［D］. 北京邮电大学硕士学位论文，2019.

［20］赵曙明 . 人力资源管理研究［M］. 北京：中国人民大学出版社，2001.

［21］Angrave D，Charlwood A，Kirkpatrick I，Lawrence M，Stuart M. HR and Analytics：Why HR is Set to Fail the Big Data Challenge［J］. Human Resource Management Journal，2016，26（1）：1-11.

［22］Fairhurst P，Consultant P. Big Data and HR Analytics［R］. London：Institute for Employment Studies（IES），2014.

［23］ Fitzgerald M, Kruschwitz N, Bonnet D, Welch M. Embracing Digital Technology: A New Strategic Imperative ［J］. MIT Sloan Management Review, 2014, 55 (2): 1-12.

［24］ Helfat C E, Winter S G. Untangling Dynamic and Operational Capabilities: Strategy for the (N)ever-Changing World［J］. Strategic Management Journal, 2011, 32 (11): 1243-1250.

［25］ Liu D Y, Chen S W, Chou T C. Resource Fit in Digital Transformation: Lessons Learned from the CBC Bank Global E-banking Project ［J］. Management Decision, 2011, 49 (10): 1728-1742.

［26］ McAfee A, Brynjolfsson E. Big Data: The Management Revolution ［J］. Harvard Business Review, 2012, 90 (10): 60-66+68+128.

［27］ Richard O C, Johnson N. Strategic Human Resource Management Effectiveness and Firm Performance ［J］. The International Journal of Human Resource Management, 2001, 12 (2): 299-310.

［28］ Rogers D L. The Digital Transformation Playbook: Rethink Your Business for the Digital Age ［M］. New York: Columbia University Press, 2016.

［29］ Singh A, Hess T. How Chief Digital Officers Promote the Digital Transformation of Their Companies ［J］. MIS Quarterly Executive, 2017, 16 (1): 1-17.

［30］ Stone D L, Deadrick D L, Lukaszewski K M, Johnson R. The Influence of Technology on the Future of Human Resource Management ［J］. Human Resource Management Review, 2015, 25 (2): 216-231.

［31］ Storey J. Development in the Management of Human Resources ［M］. Oxford: Blackwell, 1992.

［32］ Teece D, Leih S. Uncertainty, Innovation, and Dynamic Capabilities: An Introduction ［J］. California Management Review, 2016, 58 (4): 5-12.

第四章

传统企业生产数字化转型

当前，以大数据、物联网及人工智能等数字技术为驱动的新一轮工业革命已经到来，传统企业在面临严峻挑战的同时也带来了重大机遇。如何推动传统企业生产制造环节数字化转型对加快传统企业持续健康发展至关重要。在这一背景下，美国等主要工业化国家纷纷提出产业振兴发展规划，推动传统企业生产制造数字化转型。

传统企业是劳动密集型企业，虽然受多种因素影响，但是纺织、印染、机械加工及电子器件等类型的传统企业已经着手引入自动化和智能化生产线，用智能机器人、自动化机械臂等来替代人力进行生产。生产数字化转型是传统企业生产方式的更新迭代，通过数字技术，把生产设备纳入智能网络监管体系，不仅可以实时监控生产过程中的各个环节，还能实时妥善处置生产过程中可能出现的各类问题以保障生产顺利进行。传统企业通过生产转型，引进云制造、集成协同技术和制造物联技术等数字技术将会为其生产转型注入新的内涵和活力，并对其通过数字化实现转型发展产生重要影响。

第一节 传统企业生产数字化转型概述

在生产数字化转型过程中，传统企业面临的困难不尽相同。随着数字技术的发展，越来越多的传统企业从生产制造环节入手，着手数字化转型。生产数字化转型需要多方协同合作并受众多因素影响，因此，了解传统企业向数字化转型的影响因素对于传统企业加快生产数字化转型、提升传统企业智能化发展水平具有重要意义。

一、生产数字化转型的挑战

在生产数字化转型过程中，传统企业借助数字技术，通过生产现场智能化改造、引进数字生产管理系统等方式推进企业降本增效，优化资源配置效率。多数传统企业在生产数字化转型方面仍停留在初级阶段，转型失败率较高，其生产数字化转型面临着重重挑战：

（一）数字技能不充分的挑战

传统企业虽然具有丰富的行业经验，但由于技术水平低，多数传统企业对大数据的开发应用还处于起步阶段，企业员工普遍缺乏大数据技术技能，在大数据分析和应用方面普遍面临数字技能不充分的挑战，因此，传统企业需要数字化服务企业支持，增加普惠型数字化产品及服务供给能力。

（二）资金投入不充裕的挑战

相比新型网络企业，传统企业生产数字化转型需要投入的资金需求更大，在生产数字化转型过程中面临资金不足的挑战。从软硬件购买到数字化管理系统运维，从基础设备更新到人资培训，覆盖传统企业生产、运营、营销、人力资源等各个方面，这些方面均需要资金投入，而且很多资金投入不仅回报周期长，而且无法预知其转型效果，使企业中高层管理者深感焦虑与迷茫。从京东数字科技研究院的调研结果来看，我国企业数字化实际投入金额处在低位，近70%的企业数字化转型投入低于年销售额的3%，42%的企业数字化转型投入低于年销售额的1%，仅有14%的企业数字化转型投入超过年销售额的5%。众多中小微型传统企业更是难以承担高额数字化转型资金而不敢推进生产数字化转型。

（三）创新生态不适应的挑战

在数字化时代，企业之间的竞争已扩展至生态圈，传统企业要进一步加强与创新生态系统之间的互动。生产端数字化的关键是数字化工业软件，需要数据、模型和工艺的长期积累。当前，传统企业在推进生产数字化转型过程中普遍未形成这样的创新生态，这是传统企业在推进数字化转型过程中需要面对的现实挑战。

（四）转型效果不明确的挑战

生产数字化转型的主要目的是提高产品生产质量，更好地满足客户需求。因此，转型效果是传统企业推进生产制造环节数字化转型的主要衡量指标。传统企业由于数字技术基础薄弱、数字化转型资金有限、数字化人才不配套等原因，往往是单点推进生产数字化转型，比如购买了单台智能设备或者对生产现场智能设备进行了改造，但却缺失数字化管理系统等，造成转型效果不明确，不利于生产数字化转型的推进。

（五）实施场景不匹配的挑战

传统企业由于生产场景众多且生产数字化转型经验匮乏，难以精准聚焦场景。在生产数字化转型过程中，传统企业首先面临的挑战是要将其生产过程从现场的物理空间映射到计算机中的数字空间，即要构造所谓的"数字孪生"场景。在此基础上，传统企业在生产过程中才能实现数据采集、实时控制、资源统筹以及智能化调度。

二、数字化生产

数字化生产也叫数字化制造。一般来说，数字化生产是传统企业在新时代运用数字技术在生产领域中实现的数字化革新，是生产技术、计算机技术、网络技术与管理科学的交叉、协同、发展与应用的结果。

（一）数字化生产的内涵

传统企业要开展数字化转型就需要在生产过程中引进智能化生产设备和自动化流水线，推进车间智能化改造，打造数字化生产车间。从这个角度讲，所谓数字化生产是指传统企业运用数字技术快速识别客户需求，分析、规划和重组产品、工艺和资源信息，快速生产满足客户要求性能的产品的制造过程。

数字化生产的内涵主要有三个：

1. 以设计为中心的数字化生产

以设计为中心的生产有三个重要环节：一是计算机辅助制造（Computer Aided Manufacturing，CAM），是指借助计算机辅助完成产品生产的活动过程。在这个过程中，生产过程的计划、对生产设备的控制与操作、物料流动等均离不开计算机的功能。二是计算机辅助设计（Computer Aided Design，CAD），是指以数据库为核心、以交互式图形系统为手段、以工程分析计算为主体的设计。三是计算机辅助工艺规划（Computer Aided Process Planning，CAPP），是指将 CAD 信息转换成为具体的产品概念、工艺设想等信息，使产品生产所需的机器设备按照预定的工序和工艺进行组合和排序，并计算出每个生产工序的机动时间和辅助时间的过程。

在此基础上，通过数字化转型，将产品工艺、设计、制造、管理和成本核算等过程信息数字化，实现 CAM/CAD/CAPP 一体化。随着数字技术的发展，以设计为中心的数字化生产就是利用数字技术，实现多企业、多团队、多人、多应用之间的协同。

2. 以管理为中心的数字化生产

以管理为中心的数字化生产需要 MRP、PDM、MIS 和 ERP 等技术支持（见表 4-1）。

表 4-1　常用数字化生产技术

序号	技术类型	特征描述
1	MRP	物资需求计划（Material Requirement Planning，MRP）是基于市场需求预测和客户订单的物资计划管理模式
2	PDM	产品数据管理（Product Data Management，PDM）是管理所有与产品相关的信息与产品相关的过程的技术。该技术有利于开展产品全生命周期管理
3	MIS	管理信息系统（Management Information System，MIS）是进行信息收集、加工、储存、传输和维护的数字技术
4	ERP	企业资源计划（Enterprise Resource Planning，ERP）是改善业务流程，提高企业核心竞争力的数字管理平台

近年来，通过数字化转型，ERP 系统在传统企业中已经得到了广泛应用。借助 ERP 系统，传统企业实现了物流、信息流、资金流和工作流的集成和综合，形成了以 ERP 系统为中心的数字化生产系统。以管理为中心的数字化生产转型克服了以往单一数字化软件系统功能不足的短板，为传统企业推进生产数字化转型创造了条件。

3. 以控制为中心的数字化生产

数字化生产源于数控技术与数控机床的广泛应用。随着国内数控技术的发展，数控生产在各行各业开始普及。在原有数控机床技术的基础上，传统企业通过生产过程数字化转型，形成了直接数字控制（Direct Digital Control，DDC）生产方式。传统企业通过数字装置实现控制器功能的控制，从而适应企业多品种、小批量生产，并实现生产过程自动化。在此基础上，又进一步发展形成柔性制造单元（Flexible Manufacturing Cell，FMC）和柔性制造系统（Flexible Manufacturing System，FMS）。

随着数字技术的发展，数字制造观深入人心，以数控制造为中心的生产模式得到普及。在这种生产模式中，设备控制器或控制系统成为数字化管理系统的一个节点。

（二）数字化生产的特征

数字化车间既是智能制造的主阵地，也是传统企业数字化转型的重要成果。数字化车间由一系列的智能设备、机器人、自动导引运输车（Automated Guided Vehicle，AGV）、网络和信息数据等环节构成。数字化生产的主要特征如表 4-2 所示。

表 4-2　数字化生产的主要特征

序号	特征	特征描述
1	数据集成	产品生命周期管理（Product Lifecycle Management，PLM）、制造过程管理（Manufacturing Process Management，MPM）、ERP、制造执行系统（Manufacturing Execution System，MES）和设备数据集成可以消除信息孤岛
2	总包生产	总包可以为高质量完成建设任务提供明确的保障机制

序号	特征	特征描述
3	无人生产	车间加工件流、生产线加工过程流、废料流柔性集成为实现无人车间打下基础
4	集中监控	各个单项工业软件、控制软件的工作协同对自动生产线上的产品加工、物流传递、产品检测及设备运行情况进行集中监控管理
5	机联网	数据全采集形成完整的机联网

（三）数字化生产的构成

数字化车间由生产控制层和现场执行层两个层次构成：

1. 生产控制层

生产控制层包括生产排程、任务分派、计划跟踪与调整、物料管理、设备管理和质量管理等内容，主要由 MES 系统实现。生产控制层为车间生产安排提供了信息化管理系统，解决了车间的生产调度问题，实现了车间的生产制造协同，为车间管理提供了决策依据。

2. 现场执行层

现场执行层由数据采集与监视控制（Supervisory Control and Data Acquisition，SCADA）系统实现。SCADA 系统在电力、石油、冶金、化工、燃气和铁路等领域均具有广泛的应用，其中在电力系统中的应用最为广泛，技术也最为成熟。

随着智慧工厂和智能车间的普及，SCADA 在企业生产现场也得到了广泛应用。生产车间完成数字化转型之后，传统企业可以自动获取所需的各类生产数据，为生产管理提供了重要的决策数据。除了数据采集，现场执行层还能有效执行生产控制层发出的各类设备和人员控制指令，确保车间生产有序推进。

（四）数字化生产的要素

不同于传统车间，数字化车间除了传统车间的人、机、料等显著特征，还形成了计算机、软件、网络、报表、模型和图形等在内的数字虚体组合。数字化生产要素可分为三个层次：

1. 传感层

传感层是指能够实时识别各种连接物的物理状态变化的系统。该系统由传感器、数字化设备接口及 I/O 等软硬件构成，具有采集数据和接收操作指令的功能。借助传感层，企业可以收集所需数据。

2. 控制层

控制层根据其功能不同可分为上下两个半层。控制层的上半层主要由工业控制计算机（工控机）、PC（个人计算机）工作站和人机接口（Human Machine Interface，HMI）等硬件设备及 SCADA 等软件系统组成，是各类业务数据的主要来源。控制层的下半层主要由可编程逻辑控制器（Programmable Logic Controller，PLC）、工业网络等设备组成，是汇聚传感层数据、形成各类操作指令并通过设备通信网络传送数据的主要平台。

3. 执行层

生产数字化转型使各种控制技术和管理系统在车间生产中得到广泛应用，极大地改善并优化了生产车间的生产流程和管理效率，在资源优化、提高效率和辅助决策等方面都充分发挥了生产数字化转型带来的信息化优势。执行层主要由服务器、PC、便携式计算机（Tablet Personal Computer）等 IT 设备设施及 MES、仓库管理系统（Warehouse Management System，WMS）等管理软件组成。

三、生产数字化转型

传统企业是传统产品的主要生产场所。在数字化转型过程中，首先需要从生产环节入手转型。

（一）生产数字化转型的内涵

生产制造环节是产品、订单和工厂的交汇核心，生产数字化转型是传统企业整体数字化转型的核心环节。在生产数字化转型过程中，越来越多的消费者参与产品的设计；客户数据能对服务内容进行及时迭代与优化；数字技术深嵌许多产品和服务之中，并从根本上改变了产品和服务创新的性质。

生产数字化转型是指传统企业借助数字技术，以客户需求为导向，通过生产过程中信息系统的高度集成和全流程的生产过程管控、生产计划精准安排、物料准时配送、生产数据实时采集、设备状态实时监控与交互和质量精准管控等措施，实现资源的合理利用以及生产计划的有效执行，从而快速响应客户订单需求以及交付高质量的产品的过程。

（二）生产数字化转型的特征

1. 现场无人化

通过数字化转型，数控加工中心大量应用智能工业机器人、机械手臂及其他柔性制造单元等生产设备，使生产车间大幅减少人员的使用，让"无人化"制造成为可能。

2. 数据可视化

通过生产数字化转型，生产车间通过工业自动控制系统大量使用条形码、二维码、射频识别（Radio Frequency Identification，RFID）、工业传感器、工业物联网和 ERP 等数字技术，让生产过程中形成的各类数据可视化。有了生产数据，企业就可以利用大数据分析技术进行大数据分析和决策。

3. 设备网络化

通过数字化转型，生产车间充分应用物联网技术，实现车间设备网络化。在这个过程中，生产设备可按需联网，能够实时上传生产数据。此外，生产车间可导入 ERP、MES 和生产数据采集系统，消除"信息孤岛"，提高车间自动化水平。

4. 文档无纸化

绿色工厂是贯彻落实"两山"理论，构建绿色制造体系的重要内容。在生产转型过程中，按照绿色工厂建设要求，尽可能减少资源消耗。纸质文件是传统企业生产管理中的一个重要环节。通过生产数字化转型，实施生产现场无纸化管理，在生产现场即可快速查询、浏览、下载所需要的各类生产信息，将可以大幅减少生产现场纸质文档的人工传递，不仅杜绝了各类文件和生产数据的丢失，还有助于提高生产效率，实现企业绿色生产和无纸化办公。

5. 生产透明化

通过生产数字化转型，生产车间加快现场智能化改造，推进生产过程透明化，同时通过建设智能工厂，优化生产工艺，实现生产过程智能管控。

四、生产数字化转型的功能

通过生产数字化转型，传统企业率先在生产车间实现产品生产的数字化。随着数字技术的发展，各种新的生产制造理念和管理模式不仅提高了传统企业的生产效率，还大大提高了传统企业的生产管理水平。数据采集和自动化技术的出现使生产过程监控和智能决策成为现实。

（一）全流程控制产品质量，实现产品全过程溯源

产品质量控制涉及产品设计过程、生产过程、采购过程和安装过程等环节，是传统企业为生产合格产品、减少无效劳动而进行的控制工作。通过转型，传统企业对影响产品生产质量的人、机、料、法、环等因素进行控制。因此，生产数字化转型之后传统企业产品质量控制应能有效贯彻以预防为主与检验把关相结合的产品质量管理原则。传统企业通过生产数字化转型，在智能生产线中嵌入自动化和 IT 环境中的全面生产质量控制（TPQC）系统，不仅实现了产品质量全流程控制，还实现了产品质量全过程溯源。因此，传统企业通过生产数字化转型，可实现生产过程全流程追溯，信息可查。

（二）实时动态控制产品生产，提高产品生产效率

生产车间是传统企业生产数字化转型的主战场，推进生产数字化转型是大势所趋。传统企业通过生产数字化转型，实现了实时动态控制产品生产，大幅提高了规模化效率和多样化效率。通过生产数字化转型，减少了七项浪费，分别为：①因原辅料供应不及时、作业不平衡和生产计划不当等原因造成等待的浪费；②因重复搬运造成的时间、空间和设备等浪费；③因出现不良品需要检

查、维修等原因造成的不良、修理的浪费；④因不合理动作所造成的效率、人资等的浪费；⑤因过度加工所造成的时间、材料和设备等浪费；⑥因生产过多或过少所造成的原材料、堆放空间、补货等的浪费；⑦因管理不到位所造成的额外浪费和因库存所造成的堆积、放置、找寻、防护处理等的浪费，提升生产效率。

（三）满足个性化产品生产需求，实现定制化生产

随着个性化和定制化生产的出现，产品生产种类越来越多，原有生产方式已无法满足生产定制化生产要求。在这种背景下，如何快速适应市场变化、满足客户复杂多变的个性化定制需求已成为传统企业必须面对、思考和解决的问题。通过生产数字化转型，生产车间导入智能化流水线系统能够更好地应对个性化产品生产需求。

（四）智能生产帮助传统企业大大解决用工荒问题

在工业经济时代，由于传统企业产品附加值较低、劳动密集程度高，对工人的熟练度要求不高。而在数字经济时代，年轻人不愿意进工厂工作，这就造成了工厂"招工难"的问题。而曾经的农民工主力因为年龄的增长，导致传统企业出现工人老龄化现象。传统企业由于忽视了技术升级、劳工培养，导致用工矛盾问题越发尖锐。随着生产数字化转型的推进，大量流程化、机械化的工作环节和工作岗位被智能设备替代。在这个过程中，一方面提高了传统企业的生产效率，另一方面也解决了传统企业的用工荒问题。

（五）降低生产能耗，有效节约传统企业生产成本

传统企业大多属于能耗大户和劳动密集型企业，在生产数字化转型过程中引入智能生产线和智能生产车间，不仅提高了劳动生产效率，还降低了生产能耗。同时，由于生产效率的提高和用工成本的减少，传统企业虽然增加了生产数字化改造成本，但是节约了研发成本、生产成本和管理成本。

五、生产数字化转型的现状

随着数字技术的发展，人类社会进入了工业 5.0 时代和体验经济时代，个

性化定制、小批量生产需求加快了传统企业的生产数字化转型进程。与此同时，随着人口红利的消失和供需关系的改变，一方面，员工成本和原材料价格大幅上涨；另一方面，人们对产品质量的要求越来越高，但价格竞争却越来越激烈，企业盈利空间不断被压缩。在这种形势与背景下，加快传统企业生产数字化转型的呼声日渐高涨。在生产数字化转型过程中，越来越多的传统企业引进智能生产设备和智能生产流水线，并按照 6S 管理要求和精益生产要求对生产现场基础设施进行了全面改造，企业生产能力得到了优化和提升。但传统企业由于自身基础薄弱，其在生产数字化转型过程中仍存在以下问题：

（一）系统平台接口标准未统一，互联互通难度大

生产数字化转型的重要前提是工业网络的发展，而工业网络在发展初期由于没有考虑大规模信息共享的市场需求，不同行业企业基于自身行业发展现状开发设计了不同的工业现场总线，导致工业网络的系统平台接口不一，增加了硬件设备互联互通的难度。在生产数字化转型过程中，系统平台的接口标准问题成为影响传统企业生产数字化转型的重要因素之一。

（二）工业技术工艺软件水平较低，推广成本较高

工业技术工艺软件是传统企业数字化转型的基础应用软件。当前，许多工业技术工艺软件，尤其是生产数字化转型所需的高端软件主要由美国等发达国家主导。国内企业自主开发的工业技术工艺软件仍处于早期发展阶段，软件水平较低。与国外相比，国产工艺软件主要缺乏技术工艺系统化组织管理，行业龙头企业缺乏将自主技术工艺软件化封装应用和推广的意识，自主技术工艺推广应用成本较高，不利于传统企业生产数字化转型的推进。

（三）生产设备数字化改造难度大，难以一体化接入

传统企业多为劳动密集型和资本密集型企业，生产设备投入较多、资金占用量较大，如何对传统企业的生产设备进行数字化改造是传统企业生产数字化转型的重要内容。传统企业在生产设备数字化改造过程中普遍面临以下问题：一是不同厂家提升的智能化生产设备外联通信接口或工业现场总线协议存在不

一致，一体化接入难度较大，互联互通效果差；二是部分智能化生产设备缺乏外部通信连接和数据共享标准接口，或者接口非标准化，导致传统企业在生产数字化转型过程中系统改造和数据共享难度较大；三是许多智能化生产设备在设计之初并没有充分考虑数据采集、数字化控制、网络控制等需求，数字化转型难度较大。

（四）工业网络平台数据采集能力弱，数据价值没有得到体现

虽然工业网络普遍具有生产过程中的数据采集能力，但是传统企业由于行业差异大，生产数字化转型基础差，利用工业网络平台采集生产数据仍存在不少问题。其表现在：一是过度采集、存储与传统企业运营管理紧密性不高的生产数据，降低了平台运营效率，给平台运营管理造成了巨大的存储负担；二是由于缺乏对生产过程数据的深度开发和利用能力，没有采集到企业经营管理所需的关键生产数据；三是没有充分认识到生产数据价值的重要性，造成生产过程中获得的各类数据可能带来的"数据红利"没有得到有效释放。

第二节　传统企业生产数字化转型模式与内容

生产数字化是通过数字技术、数字思维来实现传统企业产品和服务在数字场景下的精准落地。对传统企业来说，生产数字化只是阶段性措施，数字技术的运用并不是传统企业的最终目的。如何通过生产制造环节数字化转型，全面提升产品和服务竞争力，让传统企业获得或创造持续盈利的能力才是传统企业推进生产数字化转型的关键。

一、生产数字化转型的目标

传统企业主要以生产制造为主，通过对生产设备进行数字化、智能化改造，是推动生产现场数字化转型，实现机器换人，提高传统企业制造加工自动

化、网络化和智能化水平的重要内容。

生产数字化转型的目标主要有:

(一) 用好数字化生产技术

数字技术是生产数字化转型的基础和手段。在推进生产数字化转型过程中,要具体应用什么样的数字技术、在什么地方应用这些数字技术、数字技术的投入成本怎样,以及数字技术的成熟度等问题是传统企业重点考虑的目标。传统企业要根据实际管理需求和现状条件,选择合适的物联网、云计算和自动化控制等数字技术进行分析和应用。在应用过程中,传统企业还要持续对这些数字技术进行跟踪,不断进行技术优化和先进技术引入,从而更好地满足生产数字化转型的需求。在推进生产数字化转型过程中,传统企业必须要充分考虑到数字技术的成熟度,用好各类数字生产技术,避免因数字技术选择不合适造成资金浪费。

(二) 夯实工业网络的基础

工业网络是生产数字化的关键基础设施,也是传统企业高质量发展的重要推动力量。传统企业数字化基础整体较为薄弱,应用工业网络的基础欠缺,通过导入工业网络,能够实现对设备和内网的改造。在生产数字化转型过程中,传统企业要根据其车间设备现状及"两化融合"程度,加大车间工业网络基础设施改造,为车间数字化履行夯实基础。

(三) 推广智能制造新模式

智能制造的本质是制造,关键在智能,需要各种智能制造模式,提供新的工艺和智能化设备。如果没有数字化、网络化和智能化技术支撑,制造质量将很难大幅提升。因此,传统企业在生产数字化转型过程中,需要推广新的智能制造生产模式,加强基础零部件、先进工艺技术等关键核心技术的自主供给,不断补齐产业短板,夯实智能制造基础,加快传统企业数字化转型。

(四) 打造数字化服务企业

传统企业量大面广,尤其是大量中小微传统企业无法凭借自身实力独立开展数字化转型，这就需要联合多方力量，加快培育一批专门为传统企业，尤其是为广大中小微传统企业服务的数字化服务企业。依靠政府支持，企业通过购买数字化服务企业的服务或建立战略合作协议等方式，加快传统企业生产数字化转型。

二、生产数字化转型的模式

传统企业生产数字化转型的重要目标就是打造智能工厂。通过生产数字化转型，建立智能制造体系、网络化分布制造设备，达到生产过程的智能化。智能生产科技已经具备高度自主创新能力，包括收集、分类、评估、规划。运用系统可视化技术实现推理预知，并运用模拟与多媒体技术将情境扩展，以展示产品设计过程和生产流程。

传统企业生产数字化转型模式主要有：

（一）从生产过程数字化到智能工厂转型

从事钢铁、冶金、石化、纺织、造纸、建材、医药和食品等传统行业的企业实施数字化转型的内在动力在于产品品质可控。因此，这类企业主要从生产数字化转型入手，基于"品控"需求，从生产过程数字化到智能工厂转型。

这类传统企业转型的模式主要有四种：一是生产过程数字化转型模式。在生产过程信息化的基础上，构建动态、透明、可追溯的全过程质量管控体系，实现产品生产全过程、跨部门协同控制。二是生产管理一体化转型模式。在数字化转型过程中，搭建传统企业信息物理系统（CPS），深化生产制造与运营管理、采购销售等核心业务系统集成，促进传统企业内部资源和信息资源的整合和共享。三是供应链协同化转型模式。基于原材料采购和配送需求，将传统企业CPS拓展到供应商和物流企业，横向集成供应商和物料配送协同资源和网络，实现外部原材料供应和内部生产配送的系统化、流程化，提高企业内外供应链运行效率。四是大数据智能工厂转型模式。应用大数据技术，打造智能工厂，推进传统企业设备和软件端到端集成，为客户提供个性化的定制业务。

（二）从智能制造生产单元到智能工厂转型

从事机械、船舶、汽车、轻工、家用电器和电子信息等传统行业的企业推动生产数字化转型的目的在于进一步拓展产品价值空间。因此，这类企业的生产数字化转型侧重于从单台设备自动化、智能化入手，基于生产效率和产品效能的提升要求，实现从智能制造生产单元转型为智能工厂。

这类传统企业转型的模式主要有三种：一是生产设备（生产线）智能化转型模式。通过引进各类符合传统企业生产所需的智能装备，建立基于 CPS 的车间智能生产单元，提高车间精准制造和敏捷制造能力。二是服务智能化转型模式。利用产品的智能装置实现与 CPS 的互联互通，提供产品的远程故障诊断和实时诊断等服务。三是系统集成化转型模式。基于智能工厂建设要求推进从智能生产单元到整个企业的生产系统集成，实现生产和经营的无缝集成和上下游企业间的信息共享，开展基于横向价值网络的协同创新，提高产业效率和核心竞争力。

（三）从个性化定制向互联工厂式发展

从事家电、服装、家居等传统行业的企业推动生产数字化转型的目的在于充分满足消费者多元化需求的同时实现规模经济生产。因此，这类企业的生产数字化转型侧重于通过互联网平台开展大规模个性定制到智能工厂转型。

这类传统企业转型的模式主要有三种：一是个性化定制生产转型模式。引入柔性化生产线，搭建新一代智能化运维，促进传统企业与客户深度交互、广泛征集需求，基于需求数据模型开展生产。二是研发设计虚拟化转型模式。依托互联网逆向整合研发设计环节，打通研发设计、生产制造、服务数据链，采用虚拟仿真技术优化生产工艺。三是制造网络协同化转型模式。变革传统的锥形组织模式，以扁平化、虚拟化新型制造平台为纽带集聚产业链上下游资源，推广"远程定制、异地设计、当地生产"的网络协同制造新模式。

三、生产数字化转型的原则

传统企业在推进生产环节数字化转型过程中广泛采用数字化设备。关键工序的智能设备具备标准通信接口，支持主流通信协议，开启数字化转型。在这个过程中，传统企业一方面应用自动化技术、传感技术、信息技术、通信技术等改造车间各类生产设备与信息系统，实现设备间的互联互通与生产过程各核心业务异源数据的采集、存储和展示，实现设备与设备、设备与系统、系统与系统间的数据共享。另一方面，通过对人、机器、材料、方法、测量和环境等数据开展数据集成和数据分析，对生产中出现的情况，以及所产生的后果做出原因剖析，从而建立了特殊场景下的问题解决方案，经过不断的沉淀与累积形成知识基础及解决问题策略库，在同一问题出现时也可以调用，从而减轻员工在处理相似事件时的工作强度。

（一）强化供给能力建设

供给能力建设是传统企业数字化转型的核心，数字化产品是实现传统企业数字化转型的重要前提。要大力发展数字工业装备，提供软件定义、接口标准、平台控制、开放互联、数据共享的智能化工业装备产品。要大力发展工业网络设备，提供标准统一的工业现场总线、工业数据采集器、5G专网、工业数据网关等产品，支持异构网络集成互联。要积极培育工业软件，满足不同行业领域开展数字化研发设计、模拟仿真、生产控制、产品管理等需求。要大力发展工业传感器，充实产品谱系，满足不同精度、可靠性和环境条件要求下现场信息感知需求。

（二）重视推广普及成本

投入成本是影响传统企业数字化转型的重要因素，低成本数字化解决方案有利于更好更快推广应用。要大力推进工业数字设备标准化建设，防止和减少上游企业利用设备标准化提高工业数字设备销售价格、维护成本等行为。要大力推广工业数字化软件，支持和鼓励发展云工业数字化软件应用，通过软件化封装和复用的方式把先进的工业数字化技术工艺向行业赋能，降低先进工业数字化技术工艺推广普及成本。要鼓励数字装备上云上平台，推进数字设备在云端共享，减少单独承建运维等成本费用。

（三）兼顾大小企业应用

传统企业数字化转型需要关注大中小微企业不同需求和资金承受能力，推进工业数字技术包容普惠发展。要创新数字装备产品和服务，完善数字化产品种类谱系，提供适应不同规模企业的两化融合产品。要鼓励工业数字化软件企业创新产品服务方式，为更多中小微企业提供 SaaS 型工业数字化软件服务，满足中小微传统企业对高端工业数字化软件的应用需求。要发展即插即用的数字装备产品和服务，避免因二次改造造成的门槛效应。

（四）持续优化客户体验

生产数字化转型要坚持以人为本的发展思想，切实让传统企业在生产数字化转型中获得收益。要加快推进机器换人、软件换人，让员工从简单重复、枯燥乏味、环境恶劣、充满安全危险的工作环境中摆脱出来。要深入研究工程心理学，优化系统、平台、应用、设备等人机接口，使机器设备、系统平台、数字化软件等设计更好地满足人体工学原理，适合人体自然反应要求，实现人、机、环境三者之间的默契融合。

四、生产数字化转型的内容

传统企业通过生产数字化转型，实现生产过程自动化，即不需要人直接参与操作，而由智能设备、仪表和自动化装置自动完成产品的全部或部分加工的生产过程。机器人在生产过程中的广泛运用，大大提高了生产的自动化和智能化水平，推进了工业化进程。

传统企业生产环节数字化转型主要包括以下内容：

（一）发展工业数字装备供给

数字装备是加快传统企业数字化转型的关键，要突出数字装备的特点，大力发展工业数字化装备供给。具体包括：一是大力发展数字机床。要打造开放统一的数字机床物联网操作系统平台，培育和丰富机床作业操作应用软件，提升机床智能化、网络化、数字化、精准化作业操控能力。二是大力发展数字仪器仪表。要完善设备外部互联接口，大力发展数字仪器仪表，增强测量数据输出能力，适应各类工业测量感知应用场景。三是大力发展数字控制器。要推广标准统一的数字控制协议，提升设备综合集成控制能力。四是大力发展工业网络设备。要提供标准统一的工业现场总线、工业数据网关、工业数据采集器、5G 专网等产品，支持异构网络集成互联，提升工业现场网络接入能力。

（二）加大工业智能软件开发

工业智能软件是传统企业推进生产数字化转型的核心，要应用数字技术加大工业智能软件开发应用。具体包括：一是优先发展数字化软化开发组织。要支持龙头企业牵头成立数字化软件开发组织，发挥各自优势，共同推动行业工业应用软件技术创新、试点运用、工业化迭代等工作。二是优先发展行业数字化应用软件。要重点推进辅助设计、仿真模拟、生产控制等领域国产工业应用软件突破发展，逐步补齐各行业领域、各生产环节国产工业数字化软件的短板。三是推进产学研联合攻关。要创新体制机制，打造利益共同体，积极吸纳和整合高等院校、科研院所行业专家，推进技术工艺、算法模型和专业数据整合，促进行业数字化软件技术发展。四是积极发展 PaaS 型工业互联网平台。通过屏蔽底层硬件差异化的方式为各领域工业软件开发提供统一的底层技术支撑平台，降低工业软件开发难度，支持 SaaS 型工业互联网软件开发和技术服务。五是加大政策扶持力度。开展工业企业认定，对认定工业数字化软件企业予以相应的财政、金融和税收优惠政策，从而促进这类企业的发展。

（三）规范通用接口标准推广

通用接口是传统企业推进生产数字化转型的前提，要强调接口标准规范、推广通用接口的应用。具体包括：一是加快国家统一标准制定。要加快国家工业网络协议、工业控制器协议、数字工业装备的外联接口、工业仪器仪表数据、工业软件数据开放共享等国家统一标准制定，促进各类数字化产品和软件互联互通和信息共享。二是推广国家强制统一标准。要明确互联互通设备标准，逐步强制企业标准退出市场，推广国家强制统一标准。三是制定满足未来需求标准。要借鉴互联网领域数字技术标准制定经验，兼顾数字技术发展趋势和应用需求，制定满足未来发展需求的标准。四是整合已用装备产品标准。要主动对接国际主流数字化装备标准，兼容已有优势装备产品标准，最大程度集成已用装备产品。

（四）加快工业设备智能改造

工业设备智能化改造是传统企业生产数字化转型的重要部分，要突出智能化要求，推进系统改造。具体包括：一是加快推进工业网络建设。要深化5G、工业 Wi-Fi 等技术在传统企业车间的落地应用，进一步优化工业网络布局，提升工业网络网关能力，最大程度实现不同协议设备网络的接入。二是加快推进机床改造力度。要面向数据采集和反馈控制等数据需求，深化工业传感器、伺服电机、数字控制器、数字仪器仪表等在传统机床升级改造中的应用，进一步增强机床数字化、网络化和智能化管控能力。三是加快工业数字装备推广。要在传统设备改造设计过程中，对于新增设备，积极推广应用标准统一、开放互联、平台支撑、智能应用的工业数字装备。

（五）实现生产过程数据共享

生产过程数据是传统企业生产数字转型的重要目的，要从共享角度做好这些数据的分析利用。具体包括：一是建立大数据中心。要建立传统企业数据发展中长期发展规划和顶层制度设计，推动企业大数据中心建设，推进企业基础数据库、业务数据库、主题数据库建设，为传统企业持续推进生产数字化转型夯实基础。二是建立数据汇聚机制。要推进信息系统整合互联和数据共享交换，推进研发设计、生产制造和仓储物流等环节数据实时汇聚，形成生产过程数据池。三是做大做强数据中台。要增加数据中台投入，做大做优数据中台，推进数据和业务、数据和系统分离，增强数据共享交换、流通交易、开放开发等业务统一技术服务支撑能力，促进数据开发利用。

（六）推进智能工业业态创新

智能工业是传统企业生产数字转型的重要目标，要借助数字技术加快推进集物理设备、电脑网络和人脑智慧"三位一体"的新型智能工业业态创新。具体包括：一是大力建设智能工厂。要大力推进无人工厂、智慧工厂、灯塔工厂等建设，推进机器、软件、传感器等换人，深化研发设计、生产制造和物流仓储等环节系统平台应用，推进系统、设备、平台和软件的互联互通，推进数字化、网络化和智能化生产。二是投资工业互联网平台。要鼓励和支持行业龙头企业投资工业互联网平台建设，创新产品服务业态和企业链合作业态，推动产业链、供应链、创新链和价值链融合发展，带动中小微企业融通发展。三是推进"5G+工业互联网"应用。要支持重点行业5G专网建设，探索"5G+工业互联网"的推进路径和推进模式。四是加大工业大数据利用。要推动大数据和传统企业融合创新，推进产品服务、企业合作、内部管控等模式创新。

（七）强化网络信息安全保障

网络信息安全是传统企业生产数字化转型过程中的重要保障，要突出网络安全要求，做好信息安全保障。具体包括：一是加强工业网络安全保障。要增强"技控"能力，健全网络接入、访问控制、入侵检测和安全审计等安全管理机制，提高数字技术保障能力。二是加强工业数据安全保障。要建立传统企业数据治理机制，推进工业数据分级分类管理，强化数据开发利用合法合规。要增强数据技术安全保障能力，加强信息系统技术运维、服务外包、升级改造等环节数字安全管理。三是加强数字装备安全管控。要加强设备安全测评，完善设备物理安全、网络安全和数据安全保障机制。要从供给侧和需求侧联合发力，加快推进传统企业生产数字化转型，打造高端、精细、柔性、绿色制造生产模式。

第三节　传统企业生产数字化转型路径与方法

传统企业生产过程数字化转型的范围很广，涉及加工过程自动化、物料存储和输送自动化、产品检验自动化、装配自动化、产品设计及生产管理信息处理自动化等内容。通过生产数字化转型，大幅削减了传统企业人力资源使用数量。

一、生产数字化转型的路径

生产数字化转型是在数字化技术和制造技术融合的背景下，在虚拟现实、计算机网络、快速原型、数据库和多媒体等支撑技术的支持下，根据客户的需求，迅速收集资源信息，对产品信息、工艺信息和资源信息进行分析、规划和重组，实现对产品设计和功能的仿真以及原型制造，进而快速生产出达到客户要求性能的产品整个制造全过程。

生产数字化转型的路径主要有：

（一）打造数字化工厂

数字化工厂（Digital Factory，DF）并不是单独的信息系统。在制订数字化工厂计划时，就要与工程设计管理部门之间的 CAD/PDM 信息系统进行数据信息交流，并进行工艺评价，而且，这些计划还应该充分考虑厂房资源利用状况。"数字化工厂"要应用 PLM 框架，将传统企业已有的工时卡、焊接标准等与 CAD/PDM 和 ERP 进行整合。由于各企业都有自身的业务流程和标准，再充分考虑很多人都在一个环境中协同工作（工艺工程师、设计工程师、零件和工具制造者、外包商、供应商以及生产工程师等），随时会创建大量的数据，"数字化工厂"规划系统也存在客户化定制的要求，如操作界面、流程规范、输出等，主要是便于使用和存取等。

1. 数字化工厂定义

数字化工厂是以产品全生命周期的相关数据为基础，在计算机虚拟环境中，对整个生产过程进行仿真、评估和优化，并进一步延伸到整个产品生命周期的新型生产组织方式。数字化工厂是数字制造技术与计算机仿真技术相结合的产品，具有其鲜明的特征，给基础制造业带来了新的活力。

德国工程师协会定义：数字化工厂是由数字化模型、方法和工具构成的综合网络，包含仿真和 3D/虚拟现实可视化，通过连续的、没有中断的数据管理集成在一起。显然，在数字经济时代，数字化工厂通过可视化、仿真和文档管理，整合了产品、过程和工厂模型数据库，大大提高了产品的质量和生产过程所涉及的质量及动态性能。通过数字化工厂建设，传统企业不仅缩短了产品生产时间，改善了产品品质，还减少了产品生态成本，增强了企业盈利能力。

2. 数字化工厂组建

数字化工厂是 21 世纪传统企业应对生存压力，实现持续或创造持续盈利能力的重要手段。在当今激烈的市场竞争中，传统企业要正视自身所面临的巨大时间、成本、质量等压力。当前，虽然设计部门的 CAD 和 PDM 系统的应用获得了很大的成功，生产部门的 ERP 等信息系统也得到了推广应用，但传统企业在如何有效利用计算机辅助管理机制解决"如何制造→工艺设计"这一问题中还存在较多问题。

数字化工厂作为新型制造系统，为传统企业提供了一个制造工艺信息平台，使传统企业能够对整个制造过程进行设计规划、模拟仿真和管理，并将制造信息及时与产业链上下游企业共享，从而实现虚拟制造和并行工程，保障生产数字化转型的顺利进行。

3. 数字化工厂构成

主流观点认为，数字化工厂需要数字化建模、虚拟仿真、虚拟现实、加强现实（VR/AR）等技术，涉及产品设计、生产规划与生产执行三大环节。一是产品设计。在产品研发设计环节利用数字建模技术构建产品三维模型，不仅能够协同生产，有效减少产品制造和人员重复劳动所需成本，还获取了产品的各种属性信息。这些属性信息将伴随产品的整个生命周期，是产品从设计端到制造端一体化的重要保证，更是数据平台中 PDM/CPDM（产品数据管理/协同产品定义管理）的重要内容。二是生产规划。在生产规划环节，可参照 PDM/CPDM 系统的产品设计大数据，运用虚拟现实仿真技术，布置车间生产线，选择所需生产设备、产品生产工艺路线和所需物料配送方式，预先做好生产规划。三是生产执行。生产执行环节的数字化主要反映在车间执行层的生产信息化管理系统和其他控制系统内部的互联互通上。MES 通过和 ERP、PDM/CPDM 内部的整合，可以保证产品属性的各种信息保持一致，并进行产品信息更新。

4. 数字化工厂推广

数字化工厂的集成需要强大的界面和数据库系统支持。传统企业要联合使用不同复杂层次之间和不同运作功能领域之间的实际数据和模块。当前，数字化工厂常见的应用领域有：一是布局规划与仿真—布局确认与优化；二是零件流的静态分析与动态仿真；三是装配过程平衡；四是复杂的物流操作仿真；五是机器人及复杂运动仿真等方面。

（二）管理数字化工厂

传统企业数字化工厂管理涉及五大层面内容：

1. 精益生产管理

按照数字化工厂管理要求，以精益思想对传统企业经营和生产现场进行优化改善。一是推进精益生产。精益管理是传统企业智能制造的顶层设计，要用精益的理念和机制，为传统企业提供精益的研发、生产、运营、物流、供应链、自动化和信息化结构等模型。通过精益生产管理提升传统企业核心竞争力，为传统企业持续或创造持续盈利能力提供有力保障。二是加强资源管理。传统企业要应用 ERP 系统，通过生产要素优化的方式，以信息化手段推动传统企业更深层次的管理变革，切实帮助传统企业优化组织结构和核心业务流程。三是优化流程管理。传统企业要应用 BPM 系统，通过梳理现有工作流程，推进工作流程网络信息化，实现工作流程的规范性、透明度，从而提高传统企业流程管理效率，完善流程管理体制。

2. 现场智能管理

数字化工厂通过工业物联网和数据化系统的软硬件结合，帮助传统企业建立可视化、透明化、高效率的现场管理体制。通过数字化工厂提高了产品质量和员工素质，增强了安全生产意识，减少了"跑、冒、漏、滴"和"脏、乱、差"等现状，实现了企业各个生产环节和生产人员之间的有效衔接，从而建立了全新的数字生产制造系统。一是巡查管理。数字化工厂能够实现对现场5S巡检、设备点检以及车间安全等远程实时智能巡查、监督、数据采集等信息移动化管理。二是异常管理。通过数字化工厂的 Andon 系统（安灯系统），传统企业能够及时发布报警灯、车间电子看板、办公区电子看板、邮件短信等通知，让管理层实时监督异常情况，促使各职能部门人员提高发现问题、分析问题和解决问题的效率，从而提高企业生产效率。三是看板管理。数字化工厂能够让现场管理者通过信息看板内容安排生产，并通过现场数据采集终端的触摸屏进行操作，使用简易、方便。四是效率管理。通过数字化工厂工时和效率数据对员工工作效率和工作饱满度进行分析，合理安排优质员工，发挥优质员工的潜能，从而提升生产效率。

3. 设备运维管理

传统企业通过数字化工厂搭建工业机联网，兼容各类主流 OT/IT 协议，支持海量设备同时接入，自动识别和适配，打通主流数控系统之间的通信，实现实时管理和动态控制。这些设备可以实现即插即用，硬件投入成本较小，运维方面成本更低，能够快速实现设备无线组网，拓展性较强。同时，传统企业通过数字化工厂报表、分析、日志和知识库等功能，让更多人员加入生产过程维护中，能够营造全员参与的大环境。通过建立设备动态运行台账，做好设备日常维护和定期维护，能够有效降低设备的故障风险。一是设备管理系统（TPM）。TPM 促进了传统企业设备信息化转型，能够有效保证设备的良好运行，降低设备的故障率和事故率，帮助传统企业降低设备管理成本、减少能源消耗，提高设备管理和利用效率，为传统企业设备管理提供决策支持。二是能源管理系统（EMS）。EMS 以精益能效管理为基础，通过能源计划、监控、统计、消费分析、重点能耗设备管理和能源计量设备管理等手段，合理计划和利用能源，降低单位产品能源消耗。三是工业设备物联网系统（IoT）。该系统兼容各类主流 OT/IT 协议，无线联网采用 5G 网络，数据快速安全传输。

4. 质量监控管理

数字化工厂通过连接各类仪器，如手机拍照、过磅称重、扫二维码、防呆设备等方式进行自动数据采集，对物料进仓、制造组装、成品包装的全过程进行质量管控。通过对数据进行自动分析，对比正常标准数据，对异常数据进行标示和提示出相关数据来源。能够自动生成控制图、运行图、直方图、散点图等分析图表，并且形成相应的数据报表。智能数字化工厂方案通过数据分析、图像对比找出产生质量问题的源头进行改善，预防问题再次发生，从而不断提升产品生产质量。QMS 质量管理系统是以全面质量管理为基础，结合 QEP（Quality Evaluation Plan，质量评价计划）体系，通过在来料入库、加工组装、包装入库环节，采用视觉检测、扫描条码、过磅称重等方法，并结合员工自检、品管巡检、机台精度点检等方式，自动记录产品关键质量数据，构建传统企业质量管理统计分析、在线监控预警及异常的改进协同平台，降低生产过程中的不良成本。

5. 仓储物流管理

数字化工厂通过利用工业物联网、条形码、RFID、WLAN 和 WEN 技术，帮助了各行业企业的仓库和物流中心彻底解决企业仓库管理中存在的各种问题。数字化工厂切实帮助传统企业实现了精益仓储管理，能够较好地应对各种挑战。一是条码出入库管理。支持 PDA 对库位、单据、装箱等条码扫描应用，精确出入库校验，降低人为误差。二是精细化库位管理。实时查询货位相关信息，在上下架过程中根据产品的规则、批次、供应商等自动推荐库位。三是先进先出管理。系统根据先进先出等多种策略进行推荐上架库位或拣货库位，仓管人员只需按 PDA 指令执行即可。四是作业绩效管理。全程作业记录跟踪，通过看板系统在作业现场进行展示拣货任务状态、作业差错等情况。五是仓库现场管理优化。指导仓库布局、库位、物流设施和货品分类等规划，并协助实施丰田 JIT 现场 5S 与目视化管理。

（三）开发工业物联网

1. 提供物联网解决方案

物联网解决方案通过将具有感知能力的智能终端、无处不在的移动计算模式、泛在的移动网络通信方式等应用到工业生产的各个环节，全方位采集底层基础数据，并开展更深层面的数据分析与挖掘。物联网解决方案能够将生产过程的每一个环节、设备变成数据终端，以实时数据、网络与海量计算为依托，通过系列智能逻辑判断、分析、挖掘、评估、预测、优化、协同等技术手段，以互联网、企业云、物联网、大数据理念为设计基础，提供完整的支撑整合服务。

物联网解决方案能够与 ERP、MES、APS、WMS、PLC、PLM、SCM、OA 等系统共享，进而形成数字化工厂管理系统的一体化管理平台，帮助传统企业实现制造领域实体间的全面互联互通，为传统企业的数据信息流动提供通道，从而促进传统资源优化配置，实现传统企业高质量发展。

2. 提供大数据采集方案

数据采集方案利用全自动化的数据采集模块完成对现场产品数据的信息采集与上传，并结合传统企业数字化管理系统实现数据挖掘，从而完成产品从入库、派工、报工、出场以及生产设备状态的全程跟踪。数据采集系统可以解决传统企业在生产管理、品质控管、生产设备整合和管理、问题追溯分析、生产车间实时数据采集等方面的关键需求。

数据采集系统针对传统企业生产现场进行过程、工艺、故障等流程的设备远程监控管理，并采集各个流程的相关数据，在中控室建立过程和数据显示系统。数据采集方案能够同时为管理、技术支持人员提供基于 Web 的远程状态和数据访问服务。

数据采集系统收集到的相关生产数据存储在工业数据库中。传统企业管理者通过过程回放和功能追溯的方式，对存储数据进行进一步统计分析，为传统企业管理人员提供决策分析的重要数据支持。数据采集方案能够帮助传统企业做出更准确的生产管理决策，适应市场的瞬息万变，养活决策风险，降低传统企业营运成本。

数据采集系统主要由前端数据采集设备、传输设备、系统服务器和相关数据采集软件、系统软件和数据库构成。数据采集系统通过工业总线直接读取

PLC 等设备的参数，同时通过布设的传感设备、RFID 设备来采集现场各个作业设备、作业流程及作业环境的数据，然后将这些数据经过工业总线、光纤或无线网络传送到数据采集服务器（SCADA），并在数据库服务器中进行存储，采集数据经过发布服务器后可以在中控室对现场进行实时监控。调度、管理人员可以通过浏览器远程登录到发布服务器，对权限范围内的现场进行实时监控或获取作业数据。

3. 提供设备物联网方案

设备物联网方案能够实现设备运行数据实时自动采集、存储，实时反馈设备开关机状态、报警信息、运行程序、负载、功率、坐标等信息。通过数控机床联网，能够为传统企业车间科学安排生产计划、采取正确措施提供准确、可靠的数据基础。

通过设备物联网方案能够解决数控车间在机床通信、机床监控、数控程序管理、程序传输、程序编辑与仿真等方面，与现有生产管理软件的基础数据对接缺乏实时可靠性，机床开工状况和运转率情况不能自动采集，不能准确分析机床利用较低等瓶颈问题。

通过设备物联网方案，传统企业能够对工控网内每台设备的工作负荷、运行时间进行统计，按照不同的周期对设备开机时间、有效加工时间、停机时间、故障时间等进行列表和图形化统计。通过数控机床联网自动采集设备的工作状态数据，对故障信息、运行信息进行监控分析，做出科学有效的保养计划，并对设备的违规操作做出预警。

4. 实施物联网安灯系统

物联网安灯系统以实时监控生产过程中各工位的生产工作状态为主要目的。在生产过程中出现各类问题时，能及时发出工位告警，并通知告警相关负责人，第一时间处理告警工位的问题。物联网安灯系统用于协同各部门及时处理告警，减少停机时间，提高设备开机率，提高生产效率。

物联网安灯系统能够使传统企业品质管理简单化，并使全体成员参与其中，通过简单设置的灯光通知全体员工，使问题快速浮现出来并得到解决，使整个生产顺利进行。物联网安灯系统应用在生产线中，能够使生产现场的管理更加有序，生产现场的异常情况能够及时得到支持部门的响应，使现场异常状况能够被及时有效地解决。

5. 实施质量追溯物联网

产品质量追溯系统可以通过二维码、条形码、RFID 无线射频电子标签等信息载体，对生产物料、生产部件、产品包装等赋予编码信息，利用国际先进的数据采集技术、工业物联网技术及大数据处理技术，在生产环节、仓库环节、物流环节、渠道销售及客户互动等环节进行产品追溯系统管理，实现产品生产全过程的透明化，全面提升生产质量管理水平。

质量追溯系统通过对供应商物料信息、制造过程 5M1E 信息、质量信息及客户发货信息的系统采集，实现客户订单号到产品生产批次号到装配物料批号的全面贯通，进而通过产品追溯系统实现产品质量信息的动态查询。

质量追溯系统方案通过构建精准、快捷的产品追溯系统平台，进而确保质量异常后能快速还原当时的生产场景，实现质量异常后产品流向快速识别、问题物料快速锁定，为产品不良原因调查、产品质量控制及质量改进提供高效追溯查询支撑保障。

二、生产数字化转型的方法

生产数字化是在生产制造环节的数字化，是制造技术、计算机技术、网络技术与管理科学的交叉、融和、发展与应用的结果，也是传统企业实现转型发展的必然趋势。

生产过程数字化转型的方法主要有：

（一）计算机辅助设计法

计算机辅助设计法，早期是指 Computer Aided Drawing（CAD）。随着数字技术的发展，仅通过计算机画图，还不能称为计算机的辅助设计。在生产数字化转型过程中，真正的数字化产品是对整个产品生产过程进行总体设计，它主要涉及产品的基本结构、功用设计、构造分析、工艺制作等内容，而二维的工程设计就只是产品生产设计过程中的一个组成部分。于是，CAD 就从 Computer Aided Drawing 变成了 Computer Aided Design，CAD 也就不再单纯地辅助于工程制图，而是辅助于制作、编辑、分析与优化产品的设计技术。

（二）计算机辅助工程分析法

Computer Aided Engineering（CAE），即计算机辅助工程，是指用计算机辅助求解分析复杂工程和产品的结构力学性能以及优化结构性能等，把生产的各个环节有机地组织起来，其关键就是将有关的信息集成，使其产生并存在于产品的整个生命周期。从 20 世纪 60 年代初 CAE 投入应用以来，随着计算机技术的普及，CAE 系统的功能和计算精度都大幅提高，各种基于产品数字建模的 CAE 系统应运而生。传统的 CAE 系统主要指用计算机对产品进行性能与安全可靠性分析，对其未来的工作状态和运行行为进行模拟，及早发现设计缺陷，并证实未来工程、产品功能和性能的可用性和可靠性。如今，CAE 技术已经成为结构分析和结构优化的重要工具，是计算机辅助 4C（CAD/CAE/CAPP/CAM）系统的重要环节。CAE 技术包括计算机图形技术、三维实体造型、数据交换技术、工程数据管理技术和管理信息系统。

（三）计算机辅助制造法

Computer Aided Manufacture（CAM），即计算机辅助制造，是指能根据 CAD 模型自动生成零件加工的数控代码，对加工过程进行动态仿真，同时完成在实现加工时的干涉和碰撞检查。CAM 系统和数字化装备结合可以实现无纸化生产，为计算机集成制造系统（CIMS）实施夯实基础。CAM 中最核心的技术是数控技术。通常零件结构采用空间直角坐标系中的点、线、面的数字量表示，CAM 就是用数控机床按数字量控制刀具运动，完成零件加工。

（四）计算机辅助工艺规划法

Computer Aided Process Planning（CAPP），即计算机辅助工艺规划法，是

指通过向计算机输入需要加工的零件原始数据、加工条件和工艺要求，由计算机自动进行编码、编程，直至输出经过优化的工艺规程的过程。CAPP 主要包括产品图纸信息输入、工艺路线和工序内容拟定、加工设备和工艺装备选择、工艺参数计算和工艺文件输出等步骤，需要成组技术、产品信息描述与获取及工艺设计决策机制等 CAPP 基础技术支持。CAPP 是 CAD 和 CAM 之间的联结桥梁，要有丰富生产经验的工程师借助计算机图形学、工程数据库以及专家系统等数字技术进行系统规划。

（五）产品数据库管理法

随着 CAD 技术的推广普及，原有技术管理系统难以满足传统企业生产管理需要。在采用计算机辅助设计以前，产品的设计、工艺和经营管理过程中涉及的各类图纸、技术文档、工艺卡片、生产单、更改单、采购单、成本核算单和材料清单等均由人工编写、审批、归类、分发和存档，所有资料均通过技术资料室进行统一管理。自从采用计算机技术之后，与产品有关的信息都变成了电子化信息。需要注意的是，简单地采用计算机技术模拟原来人工管理资料的方法无法从根本上解决先进的设计制造手段与落后的资料管理之间的矛盾。要解决这个矛盾，就需要引入产品数据管理（PDM）技术。

PDM 是从 CAD/CAM 系统的高度上形成的计算机管理系统软件，关注的是研发设计环节，是对产品整个生命周期内的全部数据进行管理的软件。工程技术人员根据市场需求设计的产品图纸和编写的工艺文档仅仅是产品数据中的一部分。PDM 系统除了要管理上述数据外，还要对相关的市场需求、分析、设计与制造过程中的全部更改历程、客户使用说明及售后服务等数据进行统一有效的管理。

（六）企业资源计划法

企业资源计划（ERP）系统是指建立在信息技术基础上，对企业的各种资源（物流、资金流、信息流、人力资源）进行整合集成管理，采用信息化手段实现供应链管理，从而达到对供应链上的每一环节实现科学管理。ERP 集信息技术与先进管理思想于一体，已经成为现代企业的重要运行模式，反映时代对企业合理调配资源，最大化地创造社会财富的要求，成为企业在信息时代生存、发展的基础。

（七）逆向工程技术法

Reverse Engineering（RE），即逆向工程技术，也叫反求工程技术。该方法不是传统意义上的"仿制"，而是综合应用现代工业设计理论方法、生产工程学、材料工程学和有关专业知识，对产品进行系统的分析研究，进而快速开发制造出高附加值、高技术水平的新产品的过程。从广义上讲，该方法可以分为实物逆向、软件逆向和影像逆向三类。该项技术与快速成型技术相结合，可以实现产品的快速三维拷贝，并经过 CAD 重新建模修改或进行快速成型工艺参数的调整，还可以实现零件或模型的变异复原。目前，国内外有关逆向工程技术的研究主要集中在几何形状的逆向，即重建产品实物的 CAD，称为"实物逆向工程技术"。

（八）快速成型法

Rapid Prototyping（RP），即快速成型法。该方法是 20 世纪 90 年代发展起来的，被认为是近年来制造技术领域的一次重大突破，对制造业产生了重大影响。RP 综合了机械工程、CAD、数控技术、激光技术及材料科学技术，可以自动、直接、快速、精确地将设计思想物化为具有一定功能的原型或直接制造零件，进而可以对产品设计进行快速评价、修改及功能试验，进而有效地缩短了传统企业产品的研发周期。

三、生产数字化转型的步骤

生产数字化转型聚焦于生产领域，是全流程、端到端的转型过程。这种转型并不在于进一步提高设备的效率和精度，而是更加合理地使用智能化设备，通过智能运维实现传统产业的价值最大化。

对传统企业来说，生产数字化转型的步骤主要有：

（一）推进生产工艺化，加快生产数字化转型

任何一种生产工艺都具有一定的相对稳定性，不能任意改动，但又不是一成不变，而是要随着技术进步和生产装备的更新不断改进。生产工艺优化要以数字化生产技术作为保证。从这个角度来看，生产工艺主要是指传统企业员工利用智能化设备和数字化软件，对各种原料、材料、半成品进行加工或处理，最后使之成为成品的工作、方法和技术的过程。通过生产数字化转型，实现生产工艺优化的过程也是传统企业降低生产成本，生产高质量产品的前提和保证。

（二）导入生产自动化，加快生产数字化转型

自动化是为了满足传统企业批量生产的目的。生产自动化包括加工过程自动化、物料存储和输送自动化、产品检验自动化、装配自动化和产品设计及生产管理信息处理自动化等内容。在生产数字化转型过程中，生产自动化的导入大大加快了传统企业生产数字化转型进程。一是数字化排产。以订单为主导，通过数字化方式实现安排生产，提升设备的利用效率和人员的工作衔接。这个环节是通过信息化的手段实现对生产数字化的转型。二是自动导入工艺或材料。制定工艺或材料标准，根据智能生产指令，自动导入所需工艺和材料，降低人力资源使用数量。

（三）升级生产自动化，加快生产数字化转型

自动化升级改造是传统企业加快生产数字化转型的重要内容，更是降低劳动强度，减少工伤事故率，提高生产效率的主要方式。随着数字技术的快速迭代，生产自动化水平也不断提升。传统企业在推进生产数字化转型过程中需要不断进行升级，从而实现生产方式的根本性改变。

（四）增强生产数字化，加快生产数字化转型

随着人口红利的消失，传统企业面临较大的发展压力，需要通过生产数字化转型，实现从低成本竞争策略转向建立差异化竞争优势转型。生产环节的数字化将帮助传统企业均衡产能、提升产品质量、实现降本增效、不断缩短产品

研制和上市周期，进一步凸显传统产业生产制造的竞争优势。

（五）导入生产智能化，加快生产数字化转型

智能化导入是在自动化的基础上让设备实现联网、让决策具有一定的自主性，进一步提升产品制造品质、生产效率、能源效率、人员工作效率等。智能化主要包括智能排产、生产能效分析、设备智能诊断与运维、智能物流、质量优化、仿真优化和供应链优化，是传统企业生产自动化的延伸和发展。在智能制造的时代，产品更新换代速度快、批量小，甚至可能要在流水线上生产个性化定制的产品。不同于大批量生产，小批量生产组织复杂、质量控制难度大、成本和能耗高，采购和供货的压力大。这些问题需要迅速感知、及时处理，导入生产智能化就成为加快生产数字化转型的重要步骤。MES 提供了大数据监控以及信息的实时采集处理，加快了自动化生产升级为智能制造，节省了时间成本，优化资源配置，让生产管理变得简单高效、透明化。通过 MES 系统实现生产智能化，加快传统企业数字化转型，实现智能生产制造，提高企业市场竞争力。智能化的导入让自动的价值得到了更大程度的发挥，真正实现了传统企业生产智能化发展。

四、生产数字化转型的发展趋势

随着数字化技术的发展，智能生产已经成为传统企业生产数字化转型的主线。与此相适应，生产数字化转型呈现出新的发展趋势。

（一）网络集成技术呈现快速迭代趋势

利用基于网络的 CAD/CAE/CAPP/CAM/PDM 集成技术，实现产品全数字化设计与制造。在 CAD/CAM 应用过程中，利用产品数据管理 PDM 技术实现并行工程，可以极大地提高产品开发的效率和质量，传统企业通过 PDM 可以进行产品功能配置，利用系列件、标准件、借用件、外购件来减少重复设计。在 PDM 环境下进行产品设计和制造，通过 CAD/CAE/CAPP/CAM 等模块的集成，实现产品无图纸设计和全数字化制造。

（二）生产信息系统呈现快速融合趋势

CAD/CAE/CAPP/CAM/PDM 技术与企业资源计划、供应链管理、客户关系管理相结合，形成传统企业信息化的总体构架。CAD/CAE/CAPP/CAM/PDM 技术主要用于实现产品的设计、工艺和制造过程及其管理的数字化；ERP 以实现传统企业产、供、销、人、财、物的管理为目标；SCM 用于实现传统企业内部与上游企业之间的物流管理；CRM 可以帮助企业建立、挖掘和改善与客户之间的关系。这些数字技术的集成将加快传统企业生产数字化转型，形成从企业的供应决策到企业内部技术、工艺、制造和管理部门，再到客户之间的信息集成，实现企业与外界的信息流、物流和资金流的顺畅传递，从而有效地提高传统企业的市场反应速度和产品开发速度，确保传统企业在竞争中取得优势。

（三）虚拟设计技术呈现快速发展趋势

虚拟设计、虚拟制造、虚拟企业、动态企业联盟、网络制造以及制造全球化，将成为传统企业生产数字化的重要方向。虚拟设计、虚拟制造技术以计算机支持的仿真技术为前提，形成虚拟的环境、虚拟设计与制造过程、虚拟的产品、虚拟的企业，从而大大缩短传统企业产品开发周期，提高产品设计开发的一次成功率。特别是网络技术的高速发展，传统企业可以通过国际互联网、局域网和内部网，组建动态联盟企业，进行异地设计、异地制造，然后在最接近客户的生产基地制造产品。

（四）敏捷制造方式呈现快速普及趋势

随着数字技术的发展，如何培养具有竞争优势的制造方式引起了关注。敏捷制造是指传统企业采用现代通信手段，通过快速配置各种技术、管理和人员资源，以有效和协调的方式响应用户需求，实现制造的敏捷性。敏捷制造的核心思想是要提高传统企业对市场变化的快速反应能力，满足顾客的要求。因此，在生产数字化转型过程中，传统企业除了充分利用内部资源，还要充分利用其他企业乃至社会的资源来组织生产。

（五）生产柔性工艺呈现快速推广趋势

制造工艺、设备和工厂的柔性、可重构性将成为传统企业生产数字化转型的显著特点。先进的制造工艺、智能化软件和柔性的自动化设备、柔性的发展战略构成未来企业竞争的软硬件资源。个性化需求和不确定的市场环境要求传统企业克服设备资源沉淀造成的成本升高风险，制造资源的柔性和可重构性已经成为当前传统企业生产数字化转型的显著特点。将数字化技术用于生产制造过程，可以大大提高生产制造过程的柔性和加工过程的集成性，从而提高产品生产过程的质量和效率，增强传统企业产品的市场竞争力。

五、生产数字化转型的注意事项

生产制造环节数字化转型是一项十分复杂的工程，需要传统企业制造、工艺、信息技术、自动化、先进设备和精益生产等部门的通力合作。要进行这样生产的数字化变革，就必须在多个方面加以综合平衡、统一规划，在一开始就要防止形成新的信息孤岛和生产自动化孤岛，才能确保生产数字化转型取得预期成效。

（一）要从"产品中心"向"客户中心"转型

不管传统企业生产环节如何转型，其生产制造出来的产品最终是投入市场的，因此，需要从"产品中心"向"客户中心"转变。在这个过程中，传统企业可以使用销售数据来准确预测客户需求周期并相应地调整其生产。

（二）要从"拥有数据"到"用好数据"转型

传统企业的数字化是关于优化生产环节中的数据使用，因此，传统企业通过生产环节数字化转型不仅仅是为了拥有数据，而是为了更有效地利用数据，从而提升资源优化配置效率。

【案例分享】

案例：吉利汽车生产数字化转型

随着家用汽车市场竞争的加剧和消费市场的需求升级，低成本、高质量和快交期已经成为各大汽车厂生产数字转型的目标。多品种、小批量生产模式对汽车制造企业带来了巨大的挑战，数字化已经成为传统汽车制造业加快数据流和业务流程融合的重要举措。吉利汽车由于建厂起点较低，自动化程度相对低下，同时初建时并没有完整的数字化规划设计。在这种情况下，在现有工厂基础上进行数字化转型是吉利实施数字化转型的重要路径。

（一）吉利汽车的业务痛点

吉利汽车自动化和信息化水平不高，依靠现有的管理方式和信息化系统已然捉襟见肘。从调研结果来看，虽然信息化系统能够支撑现有业务，但集成性明显不足，对生产的实时性管控和反馈显然缺失。比如，工厂各系统之间基本没有交互，典型的数据孤岛；在产车型中，同一工位装配物料品种繁多，MES与BOM没有形成有效联系以实现在线防错；关键物料和安全件实行报错后无法即时发现错误等。

（二）吉利汽车自动化及网络现状

吉利汽车集团有限公司自成立以来，由于技术和规划理念，自动化与现有的数字化理念存在一定差距，对整体的数字化转型造成了一定的阻碍。比如，线体PLC采用的是西门子315系列，通信方式为profibus而非profinet，车间除了MES几个站点使用的网络外没有其他网络。

（三）解决方案

1. 在线防错

在线防错是指从源头上进行防错和纠错，保证整车生产过程的质量，其核心功能在于通过信息化和可视化的方式下达和反馈指令，为员工提供即时结果反馈。一是改变传统的关键件（关键零件、部件和材料的统称）因集中扫码可能存在的事后发现问题而造成的返修成本和质量事故，将关键件装配指示和扫码校验工作分散在各装配工位进行。通过"装配指示—扫码校验—结果反馈—异常停线"的运作机制，保证"三不原则"的高效实现。二是改变传统的加注参数人工选择或扫码的方式触发加注指令，加注完成后数据存储在孤岛，排查问题需要到现场拷贝数据的方式。通过对加注机进行改造，FAS 系统向加注机下发加注参数，加注机执行且将过程和结果数据上传到 FAS 系统。三是传统的拧紧指令下发需要员工扫码触发，同时拧紧的参数和结果保存在拧紧系统中，无法做到即时查看。通过 FAS 系统与拧紧设备进行数据交互，FAS 将 AVI 过点数据中的特定字段下发给拧紧系统，拧紧系统根据字段指令调用相关参数执行，当拧紧指令未执行或未在指定工位内完成或执行结果存在差异，FAS 系统即时控制输送线停线。

2. 缺陷管理

缺陷管理作为生产数字化改造的核心功能，是实现质量数字化管控的核心手段，其主要作用在于缺陷记录、返修及结果确认的数字化和关键控制点的质量放行。缺陷管理功能实施的前提条件是具备一套全量的、标准化的缺陷数据库，能够对缺陷进行详细分类和定位，让现场员工能够针对发生的缺陷在手持终端上快速录入。

总之，生产数字化转型是一条无止境的持续优化之路，只有牢固树立以质量（Q）、成本（C）、交期（D）等指标的持续改善为评价标准，才能在数字化转型升级之路上越走越远。

案例来源：王志恒. 吉利汽车工厂数字化改造之路［EB/OL］. 新工业网，［2022-4-13］. https：//www. xingongye. cn/cms/Digitaltransformation/1112. html。

※思考与探索

企业上云上平台的阶段性重点分别是什么？企业上云上平台由低到高可以分为资源上云上平台、业务上云上平台、能力上云上平台、生态上云上平台四个阶段。资源上云上平台主要侧重于云技术手段应用；业务上云上平台主要侧重于业务协同与优化；能力上云上平台主要侧重于数字能力赋能业务平台化创新变革；生态上云上平台主要侧重于数字能力赋能价值生态共创共享。达到能力上云上平台阶段，才能基于能力平台有效支持企业重构价值创造、传递和获取模式，才是真正意义上的数字化转型。一是以成本降低为导向，开展计算存储等基础设施云化和软件云化部署。二是以业务集成协同为导向,推动核心业务系统上云,实现数据集成共享和业务流程集成运作。三是以业务模式创新变革为导向,构建基础资源(设备、人力、资金)和数字能力(研发、制造、服务等)平台,实现企业内外动态调用和配置,支持柔性化、服务化的新业务模式。四是以生态经济为导向,将企业作为社会化能力资源与平台建设的重要推动者,与合作方一起进行对生态基础资源与能力的平台化部署、开放合作与按需求化使用。

请结合本章内容的学习,谈谈你对生产数字化转型的理解。

【参考文献】

[1] 陈春明,张洪金.国外制造业转型升级比较与变革借鉴 [J].国外社会科学,2017(5):55-66.

[2] 陈明,梁乃明,等.智能制造之路:数字化工厂 [M].北京:机械工业出版社,2016.

[3] 陈雪频.一本书读懂数字化转型 [M].北京:机械工业出版社,2021.

[4] 何帆,刘红霞.数字经济视角下实体企业数字化变革的业绩提升效应评估 [J].改革,2019(4):137-148.

[5] 黄群慧,余泳泽,张松林.网络发展与制造业生产率提升:内在机制与中国经验 [J].中国工业经济,2019(8):5-23.

[6] 黄锐翔.A汽车公司生产管理信息化方案及实施的研究 [D].华中科技大学硕士学位论文,2018.

[7] 惠旋.HT公司数字化制造生产管理方案设计研究 [D].西北大学硕士学位论文,2017.

[8] [美] 加里·奥布莱恩,郭晓,[美] 迈克·梅森.数字化转型——企业破局的34个锦囊 [M].刘传湘,张岳,等译.北京:机械工业出版社,2021.

［9］李杰.从大数据到智能制造［M］.邱伯华，译.上海：上海交通大学出版社，2018.

［10］刘宸希."网络+"时代传统企业网络化转型路径研究［J］.技术经济与管理研究，2020（11）：56-60.

［11］刘增怀.YJ公司生产管理信息化建设研究［D］.大连理工大学硕士学位论文，2016.

［12］刘政，姚雨秀，张国胜，等.企业数字化、专用知识与组织授权［J］.中国工业经济，2020（9）：156-174.

［13］卢彦.网络思维2.0——传统产业网络转型［M］.北京：机械工业出版社，2015.

［14］孟凡生，徐野，赵刚.高端装备制造企业向智能制造转型过程研究——基于数字化赋能视角［J］.科学决策，2019（11）：1-24.

［15］施炳展，李建桐.网络是否促进了分工：来自中国制造业企业的证据［J］.管理世界，2020（4）：130-149.

［16］史丹.新能源产业发展与政策研究［M］.北京：中国社会科学出版社，2015.

［17］［德］乌尔里希·森德勒.工业4.0［M］.邓敏，李现民，译.北京：机械工业出版社，2014.

［18］叶良辉.A公司生产制造信息化项目进度管理研究［D］.华东理工大学硕士学位论文，2018.

［19］袁淳，肖土盛，耿春晓，等.数字化转型与企业分工：专业化还是纵向一体化［J］.中国工业经济，2021（9）：137-155.

［20］周文辉，王鹏程，杨苗.数字化赋能促进大规模定制技术创新［J］.科学学研究，2018（8）：1516-1523.

［21］Berman S J，Bell R. Digital Transformation：Creating New Business Models Where Digital Meets Physical［J］. IBM Institute for Business Value，2011：

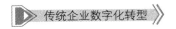

1-17.

[22] Berman S, Marshall A, Leonelli N. Digital Reinvention: Preparing for a Very Different Tomorrow [J] . IBM Institute for Business Value, 2013.

[23] Cainelli G, Marchi V D, Grandinetti R. Does the Development of Environmental Innovation Require Different Resources? Evidence from Spanish Manufacturing Firms [J] . Journal of Cleaner Production, 2015 (94): 211-220.

[24] Chen W, F Kamal. The Impact of Information and Communication Technology Adoption on Multinational Firm Boundary Decisions [J] . Journal of International Business Studies, 2016, 47 (5): 563-576.

[25] Fan J P H, J Huang, R Morck, B Yeung. Institutional Determinants of Vertical Integration in China [J] . Journal of Corporate Finance, 2017, 44 (6): 524-539.

[26] Jiang W. Have Instrumental Variables Brought Us Closer to the Truth [J] . Review of Corporate Finance Studies, 2017, 6 (2): 127-140.

[27] Ke B, N Liu, S Tang. The Effect of Anticorruption Campaign on Shareholder Value in a Weak Institutional Environment: Evidence from China [R]. SSRN Working Paper, 2017.

[28] Lee J, Bagheri B, Kao H A. A Cyber-physical Systems Architecture for Industry 4.0 - based Manufacturing Systems [J] . Manufacturing Letters, 2015 (3): 18-23.

[29] Weber P, Wagner C. Equipment Interconnection Models in Discrete Manufacturing [J] . Ifac Papersonline, 2015, 48 (1): 928-929.

第五章

传统企业营销数字化转型

传统企业营销模式将广告、渠道和价格作为营销"三宝"。在营销"三宝"中，广告是最为主要和重要的营销渠道。在数字经济时代，这种营销模式因其成本较高而且可触达性有限而显得比较落后。

随着数字技术的发展和网络的普及，营销方式发生了重大变化，网络平台营销、社群营销和直播带货等成为新的营销方式方法。传统企业要加快营销数字化转型，发挥网络营销的口碑效应，制定以客户为中心的个性化营销策略。在数字化营销过程中，要通过数字技术充分挖掘数据价值，开展个性化营销。需要注意的是，对传统企业来说，传统营销并不是一无是处，传统企业在数字化转型过程中可以采取传统营销和网络营销并举的方式，通过同时开展线上和线上营销，实现营销模式数字化转型。

第一节　传统企业营销数字化转型概述

在营销数字化转型过程中，传统企业推进的程度存在较大差异。随着大数据技术的发展，数据的价值得到了充分体现，也促进了各种资源的数据化进程。营销数字化转型差异较大，需要综合考虑各种影响因素，因此，传统企业要如何利用数字技术收集营销数据，降低营销成本，提高营销传播速度，增加营销转化率，增加企业盈利，是影响传统企业营销数字化转型的重要因素。

一、营销数字化转型的挑战

营销是否成功事关传统企业能否在数字经济时代实现生存与发展，因此，营销数字化转型是传统企业数字化转型的重中之重。传统企业在营销数字化转型过程中如果能转型到位，就能实现持续健康发展，反之将可能破产倒闭。传统企业在营销数字化转型中面临以下挑战：

（一）网络营销技能欠缺

传统企业对营销数字化转型的概念认识尚不到位，认为只是简单地把产品搬到网络，或者说开通了微信公众号、微博、抖音，就以为实现了营销数字化转型。首先，传统企业没有把数字化纳入整个营销体系构建中，从营销线索的获取到客户的维护没有形成数字化闭环；其次，认为数字化营销需要庞大的专业技术团队支持，这种思维误区也会导致很多传统企业不敢进行营销数字化转型。传统企业因为一直从事其熟悉的业务，对发展很快的网络营销认识不全面，不清楚从哪里着手，常常走弯路。

（二）数字服务乱象丛生

随着移动网络的发展，各种媒体平台大量涌现，加上网民上网行为的碎片化，传统企业难以覆盖所有渠道。如果将有限的资源投入多个平台中，会导致数字化营销内容粗糙，无法满足客户需求。传统企业人员因为不了解网络常识，往往容易被很多传统网络企业的业务员所误导，做出了错误的投资决定、购买了错误的产品和服务、使用了错误的宣传方法。

（三）营销技巧很难落地

网络营销的内容对传统企业来说是一大痛点，存在内容质量差、传播效率低的问题。很多传统企业不了解不同平台的规则，营销内容缺乏当下的场景化体验感，导致内容阅读量低、转发率低等问题。营销人员虽然通过线上课堂和线下培训，学习了不少网络营销策略和技巧，但由于传统企业自身实力差异，导致这些策略和技巧难以落地。

（四）网络推广没有效果

传统企业不缺潜在客户，缺的是连接客户的方法。很多传统企业由于没有有效的数字化连接方式，导致客户看完广告就走，也许客户有意向但没有反馈途径，而营销人员却不知道这些问题的存在。由于无法连接，即使营销人员知道客户有意向，也找不到目标客户；即使找到了目标客户，也无法做到随时精准触达。全网推广是一项系统性工程，而且有串联关系，某个环节没有做好，整个环节都白做。很多企业做了大量推广花费了不少钱也毫无成效，但却找不到失败的原因。

（五）潜在客户线索流失

很多传统企业没有建立起品牌数字化销售渠道，如移动官网、微博、公众号、抖音号等。传统企业如何利用新媒体加强产品和品牌宣传，提高品牌知名度和美誉度，加快自身转型升级是其面临的重要挑战。

二、数字化营销

在数字经济时代，要开展数字化营销才能真正知道客户在哪里，产品是定位于哪些客户，客户画像是什么，最终进入一个以客户感受、客户体验为导向的营销时代。

（一）数字化营销的内涵

可以将数字化营销理解为"经营营销手段+新型数字化知识和信息技术手段"相互配合，最终实现企业营销目标的一种途径或方案。受数字化信息技术特征影响，营销数字化的前提是需要企业组织首先搭建出全面、合理、明晰的信息数据库，并通过合理的信息技术手段（如线上平台、移动通信等）推进营销数字化转型。

电子化营销是以计算机信息联网技术为依据，运用现代电子商务技术和通信网络手段，合理地组织人力资源进行市场行为，从而达到组织产品和服务或劳务高效营销的一个行为过程。数字化营销的实质是指利用计算机或网络信息

技术提供营销、服务流、资金流、信息化的协同与整合，进而通过用户满意度
来获取最大收益。

（二）数字化营销的特征

数字化营销企业将运用现代数字技术，以最合理、最省钱的方式开拓市
场，寻找新的营销方式（见表5-1）。

表5-1 数字化营销的主要特征

序号	特征	特征描述
1	集成性	集成性做到了企业前台和后台的紧密整合，这些集成是企业迅速响应客户个性化要求的重要基础，是一个企业全流程营销渠道。传统企业可以通过网络将各种宣传推广活动加以整体设计规划并统筹执行，避免不同宣传的不一致性所造成的消极影响
2	媒体性	网络能突破空间限制的多媒体声光功能范畴，真正激发营销人的热情创造力
3	时空性	数字化营销将不受传统货架和仓库空间的限制，创造巨大的产品和服务陈列空间与营销平台，为客户创造选择的空间
4	交互性	网络不仅能够给出当前产品和服务最详细的型号、各种技术指数、保修信息、使用方式等，还可以对常用的提问进行回复。客户能够便捷地利用网络查询产品、服务、价格等
5	拟人性	根据客户的需求提出个性化的产品和服务，还可以跟踪每位客户的营销习惯与兴趣，并推广相应产品和服务。网络上的营销是一个低成本且人性化的营销方法
6	超前性	通过数字技术手段对客户消费需求进行精准预测，让传统企业根据客户需求产品和服务，真正满足客户需求，具有超前性
7	高效性	优化数字营销的一对一咨询服务，给予客户更多自主思考的余地，也避免了冲动购买，可以在更多地比较后再作出选择
8	经济性	在网络发出的消息，由于成本有限，使产品和服务通过向消费者营销，能够减少网络分销过程，所发出的消息谁都能够自主地索取，也能够扩大营销区域，这样能够节约宣传经费，进而降低成本，从而使产品和服务更具市场价值和竞争性

三、营销数字化转型

数字化营销作为一门全新的营销方法，是依托于具体的数据库对象，通过
网络、计算机通信技术以及数字互动媒介的支持，利用数字化多媒体渠道，进

行营销精准化，营销过程有效数据化的一项新型营销活动。

网络经济下客户的消费需求也发生了一些改变，这就对企业的经营生产、营销方式等形成了一些影响。企业想要达到可持续发展的目标，就需要顺应当前的网络发展情况，积极推动数字化营销工作，通过运用更加有效的数字化手段进行营销活动，才能在日益变动的市场发展环境中维持企业的竞争力。

营销数字化转型要建立在产品和服务数字化、卡券化和虚拟化的基础上，如电子优惠券、代金券等。在营销过程中，通过产品和服务体验、心得分享、购买评价等方式推广数字化营销方式。在此基础上，通过营销数字化平台分析数据，掌握客户的购物活动轨迹，并收集客户反馈信息，从而优化营销策略。

营销数字化可以从以下四个方面进行：

（一）营销数据管理

从目标市场、所推出的产品是否能满足目标客户需求、各种促进营销业绩的手段活动，以及其他影响营销效果的可能因素等作为切入点，利用图片、语音、视频等形式丰富和完善人群画像，对客户购买行为进行分析从而预测出其下一步购买决策。

（二）营销活动管理

建立售前、售中、售后服务等营销环节，并建立营销项目管理体系，以维护现有客户、激活沉淀客户、寻找潜力客户。企业会不定期地发布优惠活动信息促进客户再次消费，增加客户黏性。

（三）营销内容管理

根据企业的产品定位和希望实现的营销效果进行营销创作，包括策划、投放、宣传推广等内容，营销设计也必须进行完善和优化。

（四）营销运营管理

营销数字化要求营销部门和非营销部门中的每个人员都积极参与，要求各部门相互协调，降低成本，以提高经济效益。在营销运营管理过程中，数字技术和数据应用能力可以帮助传统企业更好地采集内外部营销数据，并进行有效整合，提高营销精准性。通过营销数字化，也可以有效整合营销人员的营销知识和经验，从而更好开展营销工作。

四、营销数字化转型的功能

在数字经济时代，营销的主要功能不仅是销售，还包括如何降低营销成本、提高营销传播速度、增加营销转化率、增强营销个性化和提高客户参与度。具体为：

（一）降低传统营销成本

数字化营销时代，通过网络就能够展现详细的产品规格、技术指导、产品保修信息以及应用方案等，并且还能够针对问题给出处理办法。使用者可以通过网络获取有关资讯，既简单又便捷，可以增加消费者对企业的好感。通过网络平台或微信、QQ、电子邮件等网络媒体发送产品和服务信息，几乎没有时间成本之外的营销成本。数字化营销实现了全天候、一对一的个性化营销，大大减少了产品和服务分销环节，进一步扩大了营销范围，不仅节约了宣传费用，降低了宣传成本，也使产品和服务更具竞争性。对数字化营销感兴趣的主要是对产品和服务敏感的客户，由于消费者比较明确，既减少了无效消息的传送时间，又可以节约成本费用。还可以依据订单状况来调节产品和服务库存量，从而降低了库存费用。

（二）提高营销传播速度

数字化营销做到了前台和幕后的紧密联系，不但能够迅速反映客户的要求，而且还可以提供产品资讯、收付费、售后一体化咨询服务，因而成为了一个功能更加完整的营销平台。此外，企业还能够借助网络进行系统设计与协同执行，减少由于信息宣传的不一致性而产生的客户质疑。当下社会几乎人人都有电脑，人人都使用网络，人人用微信、微博、今日头条、钉钉等APP，因此利用社会化平台并借助网络平台开展大数据营销，所面对的目标受众也是十分广阔的。

（三）增加营销转化率

每个产品都拥有自身特定的目标客户人群，通过建立公众账号能够把这些潜在客户聚集起来。另外，通过分析营销数据也可以深入掌握潜在用户的关注点与兴趣，做到更精准的营销。数字化营销成功案例的一个共同点便是拥有超高营销转化率，即把营销受众转为实际消费者的转化率。正是因为数字化营销可以做到用最小的投入获得最佳的营销效益，才有了现下中国这个规模庞大的数字化营销市场。因为数字化营销需要专门的理论支持和大量的媒介资料，所以寻求与专业的营销组织开展合作就成为了各大中小企业较好的选择。

（四）增强营销个性化

营销产品和服务的数量、价位和行销方式均能随着客户的需要、市场条件以及产品和服务状况而进行改变，通过突破空间界限和多媒体范畴也能实现营销技术的革新。同时，数字营销产品还具有多媒体、跨空间、互动性、拟人性、超时性、高效性、经济性等新特征。正是因为运用了数字技术的各种特点，数字营销在改变以往传统行销方式的基础上，又添加了不少新的特点。众所周知，现代世界是更注重个性化的世界，有特点的广告宣传才被记得，有人记住了才产生行销效应。虽然以往的推广营销方式确实也能够实现宣传的目的，但不具有个性化。根据用户的需求创造针对性的产品和服务，通过跟踪用户的行为与兴趣推介相应产品和服务，是一种个性化的推广方式。

（五）提高客户参与度

可测量的数字营销和传统营销统计数据相同，但与网络广告和传统广告一样，该统计中并未考察网络广告所产生的品牌形象。这主要是受到传统营销广告的传播空间和频率限制，而数字营销在这方面显然具有优势。数字化推广利用深度学习技术，可以随时获取、分析使用者的行为数据，并根据用户行为以及用户的兴趣爱好、消费习惯等有针对性地推介产品、增强社区属性。近年来较为火热的短视频、直播等方式，使用者参与度也相当高。

五、营销数字化转型的现状

为加快数字化转型进程，传统企业在实现营销线上转型的同时，要抓住拓宽线上产品营销渠道和丰富线上业务形态的新机遇，为不同细分客户群体提供更加精准的产品和服务。

数据是数字营销的出发点。国内数字营销经过 20 多年的发展，已经形成了相对完整的商业生态圈。其中，生态圈上游的传统企业（广告主）、下游的网络广告企业和传媒企业均已初步形成具有自身独特能力的数字营销队伍。同时，传统企业各项营销业务，如需求方平台或买方平台（Demand-side Platform，DSP）、数据管理平台（Data Management Platform，DMP）、广告交易平台（Ad Exchange，ADX）、代理交易平台（Agency Trading Desk，ATD）、通过互联网向用户提供各种应用服务（Over The Top，OTT）等，均已实现数字化转型。在这样的背景下，数字技术的发展使传统企业在营销过程中能够获得大量的、合规的、低成本的数据，加快了营销数字化转型。但是，营销数字化转型仍处于早期发展阶段，数字营销仍存在以下问题：

（一）网络渠道增加，获客成本和渠道运营成本提高

随着营销数字化转型的推进，传统企业的网络营销渠道数量增加，通过线上渠道获得的客户数量增加，带动了企业产品和服务销售。但是，随着互联网平台企业的发展，线上客户流量越来越向头部平台企业集聚，传统企业要想获得足够的客户流量就需要支付更多的费用。在线上营销渠道和线下营销渠道日渐融合的大背景下，传统企业在数字化转型过程中的获客成本和渠道运营成本居高不下正在影响着传统企业营销的数字化转型成效。

受新冠肺炎疫情影响，交通运输成本、人工成本、仓储成本、原料成本不断增加，导致传统企业和经销商运营成本增加。同时，受新冠肺炎疫情影响，消费力下滑，目前传统企业库存积压旧货增多，导致渠道商的经营情况更加困难，甚至出现渠道商亏损严重，不得不放弃经销权的情况，严重制约了传统企

业的良性发展。

（二）供需环境变化，渠道分布不均制约发展

传统企业虽然开展了线上营销渠道，但其线上渠道销量权重仅占总营销额的 5%，虽然较前期销量增长 5 倍，但其总量仍无法弥补由于传统营销渠道营销下滑导致的销量缺口。传统企业销量集中在传统营销渠道，未来长效发展受到制约。大多数传统企业以产品为核心，以生产为关键要素，具有生产能力的品牌数量较少，不存在完全竞争，市场以卖方为主。但是，随着数字经济时代的到来，供大于求的市场现状使主导权倒向客户的一边，以客户需求为主，消费场景不再受时间和空间的影响。在客户心中，服务比产品本身占比要高 25% 左右，满足客户心理比产品性价比要高 50%。在消费选择、消费场景、消费方式都发生变化的情况下，了解客户需求，及时获取数据反馈从而调整产品、服务和生产，增强购物过程中的互动性是传统企业应当关注的重点。渠道是连接品牌与客户的桥梁，因此，传统企业应制定合理的渠道策略。线上与线下渠道利益冲突不断，如果全面开展线上渠道营销可能会影响到传统线下渠道的利益，引起品牌商和经销商间的利益冲突，出现渠道商倒戈的情况，会对传统企业造成巨大的损失。面对渠道利益冲突，传统企业需要平衡各方利益，保障渠道关系的协调。

（三）产品结构不均衡，影响传统企业转型发展

在渠道发展中，渠道类型越来越多样化，客户对于产品的要求也越来越高。对于传统企业来说，线下实体门店和电商平台的产品在质量和价格上都有一定区别。实体门店受地点、商场政策、租金压力的影响，在产品价格上会略高，但门店的优势是客户可以直接接触产品，在产品的质量上具有较高的保证。所以，当客户从电商渠道买到的产品和实体店有出入的时候，会降低对品牌的忠诚度，影响传统企业转型发展。

（四）供应链效率不足，影响传统企业转型发展

传统企业产品较少，无法满足客户购买需求，影响客户渠道满意度。由于

现有的传统渠道的渠道商较多，渠道成员间的管理关系较弱，渠道商为节约配送成本会减少配送车辆和拜访服务频次，导致服务质量较差，影响服务效率。在现代消费环境下，库存积压会给传统企业带来巨大的资金压力。目前，全渠道融合已经成为趋势，传统企业应该围绕产品质量、生产效率、品牌形象和客户体验优化供应链，实现小单快返、按需定产。

第二节　传统企业营销数字化转型模式与内容

近年来，不少企业都已在数字化时代丢失了竞争优势。创新的营销方法对原来的传统营销模式做出了提升，乃至颠覆。在现在这种高度网络数字化年代，原来的网络市场标杆企业已无当年夺目之锋芒。

一、营销数字化转型的目标

（一）营销渠道数字化转型的目标

（1）搭建营销渠道数字化平台，将线上营销业务合并到现有的线下营销业务当中，实现线上营销渠道和线下渠道终端门店相融合，借助线下营销渠道进行线上订单的配送，提升物流响应速度，提高客户满意度和渠道竞争地位。

（2）线下活动可以在线上进行宣传和推广预热，通过大数据向目标客户精准投放推广信息，节约成本，提高运营效率，达到降本增效的目的。

（3）通过人数据信息分析输出客户画像和渠道商画像，进而制定更加精准有效的产品、渠道、运营、团队及品牌策略，满足客户和渠道商的需求，提升品牌认可度和渠道满意度。

（二）线下营销数字化转型的目标

（1）根据产品卖出情况分析不同区域客户的购买习惯和行为，制定差异化的产品陈列策略、产品促销策略、产品生动化策略、物料策略等，满足客户的差异化需求，提升传统企业的品牌认可度和渠道满意度。

（2）根据数据分析可以精准地制定营销前线的管理目标，同时直接与终端业务员建立联系，通过制定更加符合业务团队的渠道激励考核机制，提升业务团队忠诚度和渠道满意度。

（3）传统企业通过数字化系统可以直接与零售商建立连接，减少中间环节，降低沟通成本，信息传递更加精准快捷，达到降本增效的目的。

（4）通过制定更加符合零售商需求的渠道激励，推动零售商更加关注和依赖品牌，强化渠道掌控力，提升渠道竞争地位，达到提升销量和利润的目的。

（三）社区门店数字化转型的目标

（1）传统企业通过店仓数字化系统，可以获取客户线上订单、店主自主订单或业务扫街订单，进行自动化的智能下单补仓、补货，中央仓可以进行集中订单配送至前置仓，提升中央仓配送效率，达到降本增效的目的。

（2）传统企业可以充分利用店仓靠近客户的距离优势，解决物流配送最后1公里问题，进一步压缩降低物流成本，提升配送服务效率进而提升市场渠道覆盖率和渠道竞争力。

（3）实现传统企业线下与线上渠道的联动，进而打通营销渠道、盘活产品库存、降低库存成本，并且可以提升运营效率和物流响应速度，从而提升客户渠道满意度和渠道竞争地位。

（4）可以利用手机 APP 和微信小程序便捷下单的优势，获得更多终端和客户订单，扩大渠道覆盖率，进而提升市场销量和市场份额。

（5）可以保证 24 小时送货到家，配送时效远远优于线上网购，满足客户的时间需求，更好地提升客户渠道满意度和品牌认可度。

二、营销数字化转型的模式

网络时代发展速度快，数字化营销模式的诞生打破了以往的营销僵局。随着数字技术的快速发展，营销方式一直在革新。在数字经济时代，传统企业营销正加速向数字化方向转型。但无论怎么转，都不可能改变营销对客户施加影响从而改变客户行为的过程，这是营销的底层逻辑。营销在数字化转型过程中也不可能改变这个底层逻辑。在购物过程中，客户通常要经历知晓（Awareness）、兴趣（Interest）、购买（Purchase）、忠诚（Loyalty）、拥护（Advocate）的心路历程，即"AIPLA"模式。营销数字化转型之后，客户在购物过程中仍要经历上述心路历程。也就是说，营销数字化转型的目的是为了在客户购物过程中的每一个环节上都能够更好地影响客户的消费心理和行为选择，从而让产品获得更好的销售。这正是因为传统企业营销数字化转型的真正目的。

（一）局部营销数字化转型的模式

局部营销数字化转型是对 AIPLA 营销数字化转型模式的优化提升。

1. 感知阶段转型

在感知（Awareness）阶段的营销过程中，将产品和服务感知转化为强调投入与引流更为集约化和精细化。投入端的转化一般采用程序式、动态化、智能化的广告投放方法。感知阶段营销转型包含了在数字经济时代中运用事物、话题、信息内容等营销话题获得流量的过程。在这个过程中，传统企业都设有"内容运营岗"，虽然其中有"运营"二字，但实质上还是偏重于感知阶段，也就是营销的最前端岗位上。感知阶段也是将传统企业营销数字化转型完成得比较好的领域。

2. 兴趣阶段转型

兴趣（Interest）阶段的营销转型目标是要形成能够跟客户建立直接联系的各种数字触点，比如，网站、小程序、抖音、小红书等。在购买兴趣引导过程中，运营的方式多种多样，比如，可以优化数字触点上的客户体验，也可以设计新的产品和服务体验内容，还可以通过吸引客户到平台上开展活动，或者在平台上进行直播带货等方式。

3. 购买阶段转型

购买（Purchase）阶段的营销转型，重点在于营销的电子商务化和 O2O

（线下转线上）化。在营销端的数字化转型过程中，不是将原来线下营销的产品和服务简单地搬到线上营销，而是要适应数字经济环境条件下的客户消费需求。同时，购买阶段的营销转型也是对线下渠道的转型，不管做O2O，还是做C2C，实质上都是在利用对原有线下渠道的数字化转型解决购买问题。这种转型，有的是直接摒弃原有品牌体系，如汽车行业的蔚来；有的是保留原有品牌体系，通过数字化手段重塑这些品牌，将它们融入企业的整个营销数字化转型的大棋局当中，如途虎和耐克等。

4. 忠诚阶段转型

忠诚（Loyalty）阶段的营销转型已成为传统企业的重点工作。由传统忠诚阶段的CRM系统实现。数字化转型则把CRM的概念延伸到了更加广泛的大数据领域当中，同时不仅关心已经购物的客户，而且将在所有网络上进行过交流的数字客户都引入"忠诚管理"的范围当中。也就是说，购买东西并非唯一忠诚因素。忠诚阶段的营销转型将会引起传统企业的广泛关注。

5. 拥护阶段转型

在客户变成产品和服务信息的缔造者、搭载者和传播人以后，拥护（Advocate）阶段的营销转型就变得特别关键。比如，传统企业在微信上所进行的营销裂变，尤其是以拼多多为代表的各种"助力"都是典型的拥护阶段的营销转型。而这个阶段的营销转型就是对客户作为传统企业商业信息的缔造者、承担者和传播者的积极应对，为传统企业营销数字化转型带来意想不到的收获。

（二）全局营销数字化转型的模式

全局营销数字化转型模式是指将原来各自为战的AIPLA营销活动分解为上下贯通的各种产品和服务，直到形成循环。在营销数字化转型过程中，不能只重视前端营销，而忽略了对流量的连接与运作，而是要把营销的前链路、中链路、后链路都当作同等重要的环节来思考，特别是品牌广告商更要推动数字化转型。只有打通流量的前、中、后三端，把营销活动作为一种总体布局，才能推进全局营销数字化转型。而全局营销数字化转型模式实质上是对客户开展从前到后可控的、连续的、有逻辑的营销过程。比如，当客户已经对产品和服务营销产生了浓厚兴趣，就不要再继续进行广告推广宣传，否则就会造成广告费损失。也就是说，营销数字化转型需要"因人而异"，实施个性化营销，要以营销过程中前、中、后三个阶段的数据作为营销支撑。

三、营销数字化转型的原则

数字营销的执行并没有特定的规律，就像是传统营销中成功的方法也有很多种。尽管数字营销的成功之道并不止一条，但想要从传统的营销观念转型为新数字营销观念，就需要遵循相应的原则。

（一）导向性原则

新冠肺炎疫情加速了国内传统企业线上电商平台的发展，在营销渠道数字化转型过程中，传统企业应当以客户和零售商的需求为数字化转型的导向，将客户需求置于首位，建立客户导向的数字化经营思维。除了提供需要的产品满足客户需求之外，还应当为客户提供更加便捷的消费途径，确保其可以通过数字化营销渠道购物，可以摆脱时间及空间层面的限制，满足客户的个性化消费体验。

（二）稳定性原则

传统企业营销渠道数字化转型设计属于战略层面决策，直接影响企业整体运作以及长远利益。从战略发展的角度对营销渠道数字化转型进行分析，传统企业当前的渠道管理在稳定性上有所欠缺，很多渠道管理制度经常会进行调整，下游经销商存在一定的配合难度。通过线下渠道营销数字化转型可以有效减弱企业对经销商的依赖性，有利于其整体运作和长远发展。因此，在对营销渠道结构数字化转型调整时，需要综合考虑各影响因素的协调性，最大限度地保证营销渠道数字化转型能够在可控范围内保持其稳定性。

（三）优势性原则

传统企业在市场竞争环境中拥有自身的优势。在新冠肺炎疫情影响下，传统企业无一例外地受到了冲击。但传统企业完善的营销渠道以及资本积累为其数字化转型创造了优势，因此传统企业营销渠道数字化转型的方案需要合理地利用其当前存在的渠道优势。

（四）协调性原则

传统企业营销渠道的核心是追求企业利益最大化，但过分追求这一目标会导致其在发展过程中忽视甚至损害其他渠道成员利益。因此，为实现可持续发展，要基于协调性原则，重视渠道成员的利益。在设计营销渠道数字化转型时对渠道成员间的渠道合作、渠道冲突以及渠道竞争关系进行协调。因此，传统企业数字化转型必须依据客户导向性原则，借助数字化系统精准客户画像，为客户提供更加便利化、个性化的产品和服务，提升客户满意度。依据优势利用原则，借助数字化系统提升物流响应速度，强化供应链能力，节约成本提升效率。依据稳定性原则和协调性原则，借助数字化系统提升渠道商满意度和终端渠道竞争力，最终实现企业销量及利润的增长。

四、营销数字化转型的内容

营销数字化是指借助数字技术实现在线营销，在线积累营销数据。也就是说，营销数字化主要是数字技术在营销领域的应用，如根据客户需求利用数字技术设计与研发产品，又如根据客户需求开展产品数字化宣传，甚至连便利店销售都可以进行数字化转型。对传统企业来说，营销数字化的内容主要有：

（一）社会化媒体营销

社会化媒体营销，又叫社会媒体营销、社会媒介整合营销、社交媒体营销等，是指运用社交网络、在线社群、博客、百科和一些网络协作平台媒介来开展营销，进行公共关系管理和客户维护与开拓的一个方法。这种推广方式涉及论坛、微博、微信、博客、SNS社群、照片和视频等，并利用自媒体平台和组织的媒介平台进行信息发布和宣传。社会化媒体营销的基石是关系链。网络营销中的社交媒体主要是指带有一定网络特性的综合站点，其主要特征是网络信息内容主要为客户的自主创造（UGC）内容，且客户与站点之间不具有直接的雇佣关系。

（二）网络口碑营销

网上品牌口碑推广（Internet Word of Mouth Marketing，IWOM），又叫线上品牌口碑推广，即 Electronic Word of Mouth（eWoM）。网上品牌口碑推广，是指品牌口碑宣传和网络营销的有机组合。网络口碑推广其实早已存在，如当地特色小吃、老字号厂家店铺以及大企业的名牌战略等，里面也都包括网上口碑营销宣传的因素。营销也是在网络平台兴起之后才有的一项重要的网上商业活动，但现已从门户广告营销、搜索引擎广告营销逐步演变成网络平台品牌口碑推广。

随着数字信息技术的蓬勃发展，网络品牌营销的兴起已经初见端倪。和以往一样，网络营销的主题、范围与手段也在进行着改变，填鸭式传播和自我标榜模式的时代正在终结，每一位品牌商在品牌营销中的作用正逐步从被动转向主动，他们掌握着更大的话语权。传统品牌要建立在为客户、企业、社会创造卓越品牌价值的能力之上。现代品牌营销从表象看是营销战略的运用和配合，是一项经营活动，而深层剖析则是人文活动的产物，是品牌精神的反映。积极和准确地回应客户的"不满"是品牌营销至关重要的一部分。网络品牌宣传具有推广时间少，可信任范围广，针对性强的特点，具有提高企业形象，挖掘新客户，促进用户行为，提高企业忠诚度的优点。该方法又可以分为：

1. 公益营销

企业做公益的目标并没有那么明确，履行社会责任往往被部分人看作赔本交易。但其实不然，就这个公益活动的性质而言，公益其实更像是一个立意深刻的宣传活动。通过公益等实际行动，既表现了企业的社会责任心，也让社会群体对企业产生了不错的印象，其实就是制作了一个变相的企业形象广告。

2. 终端推广

客户对产品消费的了解需要有个过程，通过广告宣传会形成对所需产品的第一印象。通过广告宣传，客户对产品有了最初的认识，不过这种认识对成交的实现却没有什么帮助，甚至即使有也很少。由于时间转换的距离阻碍，客户的短暂购物冲动也会被这种"距离障碍"所消磨，甚至降低。营销终端宣传的意义是唤起客户的购物冲动，通过卖场 POP、横幅、贴画、小礼物和员工介绍刺激客户下决心，最后付诸购物行为。相比广告宣传，终端宣传能够与客户实现密切联系，其流程可控性更强，成效也更易于衡量。

3. 降价

在供求失衡的领域内，因为充斥着大量同质化的产品和服务，导致产品和服务滞销，企业自然就会想到降价出售，这样尽管牺牲了企业一部分利益，但能带来资本回流。

4. 媒体广告

广告在营销中具有信息传递的重要作用，在产品和服务高度同质化的今天，越来越多的现代企业都逐渐意识到要在产品和服务中表现领先已经很难做到，唯有宣传才能建立差异化的竞争资源优势。现代企业的市场实力就是产品力、营销力和形象力的综合表现，它们都需要依靠广告这一信息传递手段。

（三）精准客户营销

精准客户营销是指在综合分析传统企业各项业务性质及目标客户群的基础上，借助数据技术，构建具有吸引力的网络营销界面，捕捉潜在的客户信息，精准采集目标客户群的相关数据，并为这类客户提供精准的产品和服务传播的营销方式。在这类营销转型过程中，传统企业不仅为客户提供精准的广告行为，还要通过营销界面及时捕获潜在的客户信息，从而实现精准营销。

对传统企业来讲，在营销数字化转型过程中会运用 EDM（Email Direct Marketing，电子邮件营销）、短信、群组、论坛、IM（Instant Messaging，即时通信）工具和电话群呼小秘书等推送渠道获得精准客户。此外，传统企业还需要做好营销页面的制作。

（四）年度活动营销

活动（Campaign）营销是传统企业常见的市场竞争策略。年度活动（Campaign）营销是指传统企业每年为实现某一重大营销目标而开展的大规模营销活动。成功的活动（Campaign）营销都十分关注和强调人性，能够带来持久的营销效果。传统企业在营销数字化转型过程中要充分利用活动（Campaign）营销挖掘客户的人性价值。

（五）舆论营销

舆论营销是随着舆论的发展而兴起的营销方式。在舆论营销中，传统企业要利用数字技术，针对目标人群、营销目标、竞争对手、市场环境，提炼产品的核心优势和文化理念，策划产品故事和营销软文，通过各类数字媒体进行传播，在短时间内形成焦点，吸引客户关注和传播，提高产品影响力和公信力，从而实现营销的目的。在舆论营销中，现实生活中的热门话题、焦点问题，所持的具有较高影响力、倾向性的言论或者意见直接影响舆论营销成效。

传统企业在营销数字化转型过程中，要通过自动抓取、自动分类聚类、主题检测、专题聚焦等方式整合互联网海量信息，形成舆论简报，为营销提供分析依据。

第三节　传统企业营销数字化转型路径与方法

近年来，转型是我们提得最多的词，如中国经济转型、企业转型、模式转型等。传统企业除了要考虑基于用户思维的科技创新外，还应考虑营销模式转型。彼得·德鲁克认为，企业最核心的两个功能：一个是创新，另一个是营销。营销数字化转型的路径和方法如下：

一、营销数字化转型的路径

在营销数字化转型过程中，传统企业可以按照客户特征展开高效营销，获取、拓宽和维持高价值的客户群体，吸引与培育较具潜力的客户群体。客户细分让传统企业拥有的高价值客户资源更具优势，通过对客户关系和将来获益的客群展开量化探究，给企业决策带来一定的根据。在研究过程中，客户细分的方法包括确定具体数据指标的方向和内容、数据收集的途径和手段、实现数据收集行为所依靠的信息技术设施等。通过数据收集、数据存档、数据分析、数据传达的分析成果，可以看出客户细分是营销数字化关键的一个环节，是实施数字化分析的基础。

（一）产品个性化数字化转型

在市场瞬息万变的状态下，传统企业应该从业务本身的途径中提升获取信息的本领，应该更加重视传统企业内部服务程序和外部资源数据的整合，将大数据技术作为支撑，多维度挖掘和细分客户需求。

1. 个性化定制服务

个性化定制服务主要体现在产品营销和价格制定两个层面。企业普遍认为个性化产品与业务的成本费用更大，此种方案仅与高净值客户的服务需要契合，而规范化产品服务方式普遍适合用在常规服务中。在向数字化转型过程中，传统企业紧扣"数字化"主题提出了"后台战略"这一发展计划，通过数字化知识和信息技术、云端计算等新型信息技术手段打造交易服务后台，保证自身能力和客户需求能够进行持续、有效、稳定的对接输出。以数字化知识和信息技术为助推力，保证传统企业产品业务领域不断拓宽、深挖质量，通过线上网络延伸、营销场景的多元化发展以及打造智慧平台等手段向智慧型、数字化的现代企业不断迈进。

2. 提高营销精准度

通过分析那些可以使用的客户数据对客户进行匹配的营销模式已经成为商业运营中的常规方式，应用大数据技术的精准营销则为传统产业带来了更广阔的革新空间以及良好的市场前景。传统企业应利用数据分析来研究出适合推行的营销活动，这样不但可以提升客户体验，取得客户的广泛认可，还可以提高交叉营销的成功概率。传统企业立足于当地市场，深耕本土经济领域，有针对性深挖，帮助其形成客户口碑良好、知名度较高的良性局面，潜在的客户也凭借对企业的信任度和亲切感对其产品有所倾向。传统企业在推进零售业务数字化转型过程中，对原有产品和服务流程的改变基本不会动摇客户的忠诚度，稳定的客户群给传统企业零售业务的数字化转型提供了强有力保障。

3. 进一步细分客户

传统企业在开展自身业务时通常希望将区别度定位到更为精准的状态，比如，可以区分目前存量客户具体的年龄层面，甚至逐渐区分生活大数据、云计算与分布式微服务、个性化客户交易数据、营销精准的倾向性，这就需要在一定程度上把人工思维的分层思想运用到客户的具体信息上，很显然这种做法会让客户的信息逐渐拥有对应的标签和对应的归口。在已经有一定基础数据的程度上展开探析，找出各种客户群体的不同之处及其所具有的趋同之处。与此同时，根据大数据进行划分，传统企业还可能探寻出新的利润贡献度大的客户群体，该类客户群体可能在门店中受重视程度较低。国内的一些较为系统化的传统企业常常会根据客户交易数据展开探究，为客户定制产品。

(二) 价格差异化数字化转型

在数字经济时代，传统企业会发现原有营销内容和营销方式已经无法满足当前客户需求。例如，原来跑街方式的营销甚至是去小区中挨家挨户发放传单，已经不如在网络上投放对应的广告更具吸引力了。因为部分客户的需求已经发生了一定的转型。如果客户需求改变，那么业务就会发生巨大的变化，所以传统企业也要根据客户需求做出变化。传统企业要树立以客户需求为核心的发展观念，只有在适应性与竞争性相符的基础之上，积极寻求转型才能更好地生存。

1. 增加客户辨析度

在当前的经济环境和社会背景下，某一行业的"市场蛋糕"是定量的，想要从中分得较大的那一块，就必须让客户记住企业特色和产品优势。因为客户几乎不会花费大量精力去辨别市场所有同类产品、服务的优劣再进行选择，而是直接从自身有印象的品牌中直接择取少量产品进行辨别，这就要求产品的辨识度要足够高、特色要足够鲜明。对于传统企业的门店来说，通过产品的属性和特征向契合度高的客户群体进行营销，就已经属于市场和客户细分的范畴了。

2. 强化客户记忆度

对于竞争市场来说，必然存在着占据市场份额较大的主导产品或服务，客户对其认可度较高。因此，可以通过对客户已有认知实行捆绑记忆手段，将这一认知在原有基础上进行强化和拓展，当客户提起该产品时，会立刻产生其他联想，进而想到需求的解决方案，也即是产品的功能。

（三）渠道多元化数字化转型

线上企业大部分依赖于网络途径，很少具有实体渠道，只凭借单调的网络渠道并不能满足各类客户群体。因此，传统企业可以通过计算机技术的使用获取更多的资源数据便于后台处理，还可以利于内部核心系统的数据，收集分析客户活动，进行有关风险提醒，不断进行客户精确营销，大力提高客户服务效率。

1. 构建数字孪生门店

传统企业可以结合数字技术将物理柜台复制到线上柜台，通过助手提示的方式完成在线产品和服务营销，客户根据产品和服务提示可以自行进行人脸识别、拍照、扫描所需资料，传统企业后台通过在线审核的方式实现客户业务办理，这样就可以让客户足不出户便获取所需服务，让客户感受到科技升级所带来的业务办理模式的重大变化。

2. 开启虚拟服务功能

传统企业可以创新服务方式，打破现有传统物理门店服务的固有模式，组建一支线上咨询、线上指导、线上服务的员工队伍，与正常门店员工进行轮流上岗，一方面结合各种社交 APP 实时在线解决传统企业门店客户的疑问，提供专业的指导服务；另一方面通过长期的线上推广促进传统企业数字化转型

进程。

3. 提升门店转型实效

从过去传统的"拓宽客户群体"转型为"拓宽高质量客户群体";从过去传统的"为客户提供全面的服务"转型为"为客户提供所需要的服务",通过细分客户、市场、产品、业务,将线下的实际营销能力进行提升,针对性地提供差异化的产品和服务有助于提升客户满意度。

(四) 促销多样性数字化转型

促销是传统企业营销方式中不可或缺的内容,主要有广告促销、人员促销、关系营销三类重要的营销手段。传统企业在营销数字化转型进程中可以参考国内外传统企业有效的促销方式,以数字化手段为基础优化促销。

1. 广告促销策略

传统企业产品推广方法均以传统企业自身为基点来决定何时推行何种产品,即通过一个或者多个宣传途径实行推广,媒介途径的选取也主要是从当前的协作渠道资源中展开的,推广范围未知,并且受制于当期传统企业内部的广告成本预算。传统企业利用数字技术进行广告促销时要精准分析目标客户需求,从而为客户提供精准的产品服务。

2. 人员促销策略

传统企业实施人员促销策略时,可利用一些数字化工具作为辅助手段,实现快速识别、精准营销。作为一种传统的销售方式,促销人员要直接与顾客进行接触和洽谈,从而达到营销的目的。在数字化转型过程中,营销人员可以通过客户关系管理(CRM)系统,收集产品与客户的翔实数据,从而实现精准营销。

3. 公共关系策略

数字化宣传是为了提高传统企业的人气,树立良好的企业形象。想要在转型之路上走得更远,传统企业必须紧扣发展主题,围绕"客户"这一核心服务理念,通过完善线上平台产品服务、改进线上平台不足、推出智能化风险把控服务等一系列措施，形成一个完整的线上和线下、传统企业与组织之间的生态闭合，一步步通过"线上—数字—开放"的流程，提供更优质的服务。

二、营销数字化转型的方法

营销数字化转型并不是微信、微博、Facebook（脸谱网）、DSP（需求方平台或买方平台）、LBS（基于位置的服务）等营销工具的简单组合。传统企业在推进营销数字化转型过程中需要掌握以下方法：

（一）持续数据保护

Continuous Data Protection（CDP），即持续数据保护。传统数据备份要专注于对数据的周期性备份，CDP为用户提供了新的数据保护手段，企业员工无须关注数据的备份过程。CDP打通全链路客户数据，帮助市场、营销、售后建立统一的客户视图，分析客户行为、客户偏好以及选择意向，助力商机高效转化，提升投资回报率（Return on Investment，ROI）。应用CDP，可以生成数据集成，集成触点数据追踪，并提供应用程序接口（Application Programming Interface，API）的连接、处理、保存。CDP技术分为真CDP（True CDP）和准CDP（Near CDP）两类，其中准CDP是按照一定的时间频率持续记录并备份数据变化，真CDP是持续不间断地监控并备份数据变化。准CDP可以恢复到过去任意时间点，是真正的实时备份。在实际应用中，真CDP技术应用较少，一方面是技术原因，另一方面是由于真CDP技术持续备份时产生的大量数据给用户造成费用负担。因此，传统企业在营销数字化转型过程中多用准CDP技术。

（二）社会化客户关系管理

传统客户关系管理（CRM）是一种通过系统和技术手段实现的服务和商业策略，目的是提高客户与企业交互时的体验。传统企业与客户的关系多为一对一交互关系。随着社交媒体的产生，客户之间、客户与企业之间的关系错综复杂。传统CRM需要适应这种变换。企业也需要倾听客户需求、与客户交流。

Social Customer Relationship Management（SCRM），即社会化客户关系管理。SCRM 不仅对 B2C 有重要价值，对 B2B 也是不可或缺的。SCRM 基于微信生态，通过微信及企业微信，实现获客—转化—裂变全场景以获得更多精准粉丝。通过营销数字化转型，SCRM 让客户更有归属感、趣味感和成就感。

（三）营销自动化

Marketing Automation（MA），即营销自动化，是以大数据为基础，用于执行、管理和自动完成营销任务和流程的云端软件。通过营销数字化转型，传统企业应用图形化自动营销设计器，结合不同营销场景和客户标签，精准触达潜在客户，进一步提高线索转化率，个性化、有温度地输出更多有效线索。MA 的主要特点是互动触达，数据驱动，持续互动，涵盖微信、企微、短信、邮件、视频、直播等互动方式。MA 可以分为三种：一是实时营销，在线索产生了某个事件动作或线索属性发生变化时，实时对其进行个性化触达。二是周期性营销，以某个时间周期为条件，重复循环执行的营销策略。三是单次营销，对指定客群进行一次营销触达，执行一次即结束。

（四）内容管理系统

Content Management System（CMS），即内容管理系统，是一种位于 Web 服务器前端和后端办公系统或流程（内容创作、编辑）之间的软件系统。通过营销数字化转型，内容的创作人员、编辑人员、发布人员使用 CMS 来提交、修改、审批、发布内容。这里指的"内容"可能包括文件、表格、图片、数据库中的数据甚至视频等网站信息。如今，CMS 是传统企业信息化建设和电子政务的新宠，是一个相对较新的市场。

三、营销数字化转型的步骤

数字是为营销服务的，但营销不是为数字服务的。获得数据并不是营销数字化的关键，而基于数据制定的营销战略，才是营销数字化转型的核心。在营销数字化转型过程中，传统企业要借助数字技术和手段增强自身营销能力，增强企业产品和服务的竞争力。主要步骤如下：

（一）诊断营销数字化转型现状

客户需求是传统企业推进营销数字化转型的起点。营销转型之前，传统企业要全面诊断营销数字化转型现状，对营销瓶颈进行全面诊断。

1. 现有客户和业务分布情况诊断

现有客户是 to B 还是 to C 业务？to B 业务是大客户的业务，还是中小客户的业务？各业务部门的产品和服务差异化如何定位？产品和服务输出是以传统渠道为主还是以数字化渠道为主？业务模式的优势和劣势分别是什么？针对这些问题，传统企业要进行全面诊断。通过诊断，全面了解传统企业客户构成和业务分布情况。

2. 组织结构和工作方式诊断

在传统企业推进营销数字化转型过程中，要明确其组织结构是否适应数字经济时代扁平化管理需要，营销职责分工是否明确，是否存在重复、交叉或遗漏，有没有内耗等情况。

3. 技术和数据诊断

数字技术和营销数据是传统企业营销数字化转型的底层能力，这就要求传统企业在营销转型过程中对现有数字技术和营销数据进行全面诊断。

（二）构建营销数字化转型体系

完成了营销数字化转型现状诊断之后，传统企业要制定营销数字化转型原则，这是营销数字化转型的关键步骤。一般来说，传统企业要构建如下营销数字化转型体系：

1. 看清客户真实心理

接入各种营销渠道，全面采集各类客户数据，并进行集中统一管控。内容交互平台、营销自动化系统无缝相连，完成了从洞察到行动的全面数据变现能力。

2. 重新定义客户关系

通过各类信息与互动模式，改变单一记录客户信息的传统客户关系管理模式，实现客户互动管理。利用各类数字化触点与客户形成直接关联进一步理解客户消费心理，用有价值有温度的客户信息与客户进行持续交流，从而形成传统企业自己的信息流量池。

3. 搭建敏捷的营销体系

敏捷营销体系是指传统企业能够利用数字技术及时追踪和监视外部环境变化，树立以客户为中心的理念，对产品营销做出快速响应。对传统企业来说，小到线下宣传活动，大到公司整体数字化转型场景，都可以通过敏捷营销体系达到预期目标。

4. 建立高效营销漏斗

无论是直接面向大客户，还是代理商、经销商，传统企业要将 MQL（营销合格线索）自动分配到营销人员手中，从而让营销人员实时获得最新的营销线索和客户行为轨迹，有效促进商机跟进效果，完成营销一体化协同。

（三）打造营销数字化转型团队

营销数字化转型团队是传统企业推进营销数字化转型的核心。在团队打造过程中，传统企业所需的营销数字化转型团队需要满足如下条件：

1. 了解营销数字化人才概况

企业高层要十分清楚营销数字化转型所需人才特点，是从外部引进，还是内部调剂。如果从企业内部调剂，现有人才能否满足营销数字化转型需求。

2. 打造敏捷性营销转型团队

转型团队要具备敏捷性特点，团队要有共同目标，成员之间要充分沟通，并快速反馈自己的想法。

3. 营造良好的团队工作氛围

良好的工作氛围是团队成长的重要条件。在营销转型过程中，团队负责人要营造良好的营销数字化转型氛围，提高团队成员营销数字化转型的积极性和主动性。

（四）导入营销数字化转型工具

营销数字化转型不能是一蹴而就的事情，需要持续推进。对传统企业来说，从获得新客户到留住老客户，从营销活动开展到营销活动目标达成，需要各种营销数字化工具支撑。通过数字化转型，传统企业要像客户一样思考才能知道客户真正想要的是什么。借助各类营销数字化转型工具，全面把握客户需求，从而推进传统企业数字化转型。

1. 全程引流获客

客户是数字化营销的前提条件。在传统营销中，获客渠道分散，营销场景割裂，客户画像缺失，导致营销数据混乱，难以开展精准营销。通过营销数字化转型，整合线上线下全渠道营销数字化触点，识别跨平台客户身份，整合客户行为轨迹，将客户全渠道、全路径数据自动汇总到统一的客户档案，实现全程引流获客。

2. 私域流量运营

流量是成功营销的关键要素。随着公域流量红利的减少以及流量红利时代的终结，广告获客成本越来越高，而且转化率越来越差。传统企业在营销数字化转型过程中要发挥私域流量功能，将全渠道客户统一至微信生态（微信公众号+企业微信），收集客户行为和客户画像，培育及再利用客户，做好客户长期维护工作。

3. 自动线索培育

线索是传统企业做好营销的基本前提。但是，零散的、不成系统的线索不但不会给客户带来积极的体验，反倒会影响营销效果。在营销数字化转型过程中，传统企业要根据多种营销场景，激活营销线索，减少营销线索流失，通过自动化流程提升营销线索转化率，个性化触达潜在客户，从而实时客户行为洞察客户意向，达到营销目的。

4. 市场营销协同

协同是营销数字化转型的重要保障。在营销数字化转型过程中，传统企业要根据业务规则进行线索自动打分和线索智能分配，实时获得最新客户行为轨迹，完成营销一体化协同。

（五）营销数字化转型结果评价

结果是营销数字化转型的主要目的。在这一环节中，营销部门要收集客户对于产品的反馈、使用情况，用科学的方式衡量产品销售情况及客户满意度。同时，要设定科学的营销评价体系，监测营销线索和客户流量的转化情况、客户互动情况。要清楚通过营销数字化转型，产品对实际的业务产生了什么样的实质性影响？是销量增长了、客户转化效率提升了还是复购率提高了？

四、营销数字化转型的发展趋势

（一）客户来源多样化趋势

在传统营销中，传统企业客户来源单一。而在数字经济时代，微信、抖音、小程序、公众号等都可以帮助传统企业获得客户。传统企业客户来源呈现多样化发展趋势。

（二）产品传播线上化趋势

近年来，数字营销，尤其是短视频营销，图片"直播+"等呈现爆发式增长趋势，如"直播+短视频""直播+电商"等。在营销数字化内容设置中，头部 KOL（关键意见领袖）的短视频占有率、电商的转化率都远远高于非头部 KOL。在营销数字化转型过程中，传统企业要借助数字技术加强营销数字化内容建设。

（三）营销渠道多元化趋势

在传统营销中，客户来源渠道单一。而随着数字经济时代的到来，尤其是智能手机的快速普及、社交媒体与自媒体迅速发展，传统企业越来越依赖数字化技术渠道获得客户信息。借助抖音、小程序、微信公众号、自营第三方电商平台等线上渠道，传统企业可以接触到更加精准的消费者。

（四）客户需求个性化趋势

通过营销数字化转型，传统企业能够根据用户特定的需求和场景来设计产品及营销方案，不断升级以移动、社交、内容、视频为主流的营销手段，利用大数据分析与挖掘，让购买触点无处不在，构筑服务无缝链接，满足客户个性化需求。

（五）营销方式全域化趋势

在营销数字化转型之前，传统企业的营销主要是以企业为中心，点对多进行传播。随着数字技术的发展和营销模式的创新，营销方式呈现全域化发展趋势。全域营销以客户为核心，以数据为驱动，实现全链路、全媒体、全数据、全渠道营销。通过打通全链路数据，传统企业将能够实现从产品生产、营销、流通到终端的整个营销链条的全链路数据化。运用大数据、机器学习技术，传统企业将能有效锁定并触达目标客户，并为客户提供更优质的体验。

（六）客户服务实时化趋势

随着数字技术的普及应用，传统企业客户服务呈现实时化趋势。在线服务成为传统企业增加客户体验，影响客户决策的重要措施。对传统企业来说，通过在线为客户提供实时化服务，能够更好满足不断变化的客户需求，并提高客户的忠诚度，有利于传统企业转型发展。另外，微信、短视频、小程序、公众号以及各种 APP 也是传统企业与客户进行实动沟通的重要方式。

（七）产品价格透明化趋势

价格是营销的重要抓手。在营销数字化转型之前，哪怕是同类产品，其价格也往往是不公开的。而在数字经济时代，传统企业通过各类网络平台销售产品，产品价格不再是遮遮掩掩的，而是呈现透明化的发展趋势。

（八）流量呈现私域化趋势

私域流量的重要特征是几乎可以以零成本接触客户，而且不受限制。不同于公域流量，私域流量的获客成本低，但客户的转化率较高。因此，私域流量建设是传统企业营销数字化转型的重要趋势。如今，私域运营已经成为传统企业营销数字化的必选项，已经形成拉动客户生命周期总价值（LTV）促进生意长期效益的关键因素。

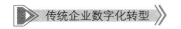

五、营销数字化转型的注意事项

营销就是通过对消费者心理施加影响，进而改善消费者行为的过程，但需要注意以下事项：

（一）注意营销团队打造

传统企业的发展主要依靠人才团队的支撑，要按照业务需求合理设置人才团队，传统企业应该考虑到实际的用工需求和优化人才团队的整理构造，进一步加强各个专业岗位之间的沟通和联系，将工作细分到各个岗位，并且设计对应的考核方式，实现岗位考核到岗到人。

（二）注意营销素养培养

营销团队的业务能力很多时候还要依靠持续的营销能力的培训工作。通过培训可以实现营销能力的提升，通过构建营销网络可以使服务逐渐标准化，通过专业化的培训可以构建成熟和具有实践能力的优质团队，落实传统企业产品的营销工作。

（三）注意全面顾问服务

传统企业主要的收入来源于重要客户，这些重要客户占据了传统企业营销收入的主要部分，也对服务的水平和需求要求较高。传统企业应该匹配相应的服务，进行专业化的服务营销，设置不同的特殊岗位匹配高端客户，把营销工作做到极致，提升潜在的营销能力。

【案例分享】

案例：湖州诸老大实业股份有限公司营销数字化转型

湖州诸老大实业股份有限公司（以下简称"诸老大"）成立于 2011 年，其诸老大粽子品牌创始于 1887 年。诸老大粽子传承嘉湖细点的江南风味，外形为瘦长四角枕形，鲜香糯美，甜而不腻，糯而不烂，余香满口，在杭嘉湖地区享有盛名，有"粽子状元"的美誉。如今，诸老大是一家集食品研发、加工、销售和品牌运营为一体，并以弘扬传统美食文化为宗旨的老字号企业。公司主要产品有猪油洗沙粽、黑猪鲜肉粽、黑松露粽、玫瑰白玉洗沙粽等。

为了顺应数字经济时代的发展，诸老大积极进行营销数字化布局，加快线上产品布局，为老字号企业营销数字化转型提供了经验借鉴。

（一）注入数字元素，激活品牌活力，加快营销转型

在品牌数字化方面，诸老大充分利用线上资源，结合"线上+线下"模式，用数字赋能老品牌。2020 年诸老大举办粽子行业首个线上新品发布会，得到四个百万粉丝级网红助阵，直播期间吸引 8.9 万人次围观，各平台累计观看人数突破 24 万人次，腾讯新闻、今日头条、中国食品安全网等多家媒体予以了报道。期间，公司还邀请知名演员董璇作为品牌形象大使，并与公益品牌任小米进行跨界联名合作，品牌曝光突破 200 万+人次。在这之后，诸老大还利用直播发布新品，举办直播带货活动。在多位头部网红、知名主持人等流量加持之下，实现了线上营销突破。

（二）塑造媒体数字形象，提高品牌知名度，促进营销转型

作为老字号，诸老大具有较高品牌知名度和美誉度。在营销数字化转型过程中，诸老大不断融入数字元素，通过产品品类、品种更新，进行品牌联名，举办端午节亲子狂欢活动等塑造品牌媒体数字形象，提高品牌知名度。在这个过程中，诸老大运用数字技术在公司内部设置产品品牌部，指导诸老大品牌建设与维护，将全国市场划分为 8 个大区，设立相应办事处处理有关品牌的事务。如今，诸老大销售地区已覆盖长三角并向北京、广东、湖北、湖南、四川、云南等 21 个省市地区延伸，实现全国分销、社区门店、连锁门店、电商平台等全覆盖营销网络，连续多年登上《中国粽子品牌排行榜 TOP10》。诸老大也会在大区间的重点城市举行品牌巡回展。例如，2021 年的品牌发布会巡回展从嘉兴出发，先后前往上海、北京、东莞和重庆等地展出。

与此同时，诸老大借助微信公众号、微博、小红书、抖音、b 站等平台联合大网红进行产品日销宣传，通过打造烹饪食谱、对比测评等软文、视频，拉

近诸老大与消费者之间的距离，助力"一日五餐"概念实现。

（三）开通线上营销，扩大品牌影响，加快营销转型

门店是老字号品牌宣传、服务体验和影响扩大的载体。通过社区门店和连锁门店，诸老大实现了线上点餐，线下门店配送的目标。同时，诸老大还以分散在各地的自营店打造因地制宜的优秀范例，引导加盟商有序经营，共同组成门店零售网络。在营销数字化转型过程中，诸老大借助数字技术，开展门店示范引导，加快门店数字化转型，培育新型零售商，增加门店数量。

此外，诸老大还借助阿里巴巴、天猫、拼多多等网络平台实现全平台电商营销。

案例来源：根据 2022 年 7 月 20 日至 23 日湖州诸老大实业有限股份公司实地调研起草。

※思考与探索

细节决定成败。网络作为传播和通信工具，是营销流程中的关键角色。针对网络时代下的危机公关问题，应从细节入手，注意网络上口碑的乘数效应。要防止网络上危机的"非典型"效果（小报媒体快速崛起为国内媒体）、"滚雪球"效果（持续产生新的消息）、"野草"效果（网络的负面报道无从根除）。

请结合本章内容的学习，谈谈你对营销数字化转型的理解。

【参考文献】

[1] 陈雪频．一本书读懂数字化转型［M］．北京：机械工业出版社，2021.

[2] 陈政峰．新媒体运营实战指南［M］．北京：人民邮电出版社，2019.

[3] 崔光野，马龙龙．数字时代新型商业模式和消费行为下的品牌建设［J］．商业经济研究，2020（2）：5-8.

[4] 华强森，成政珉，王玮，等．数字化重构行业价值链［J］．科技中

国，2018（3）：53-62.

[5]［美］加里·奥布莱恩，郭晓，［美］迈克·梅森. 数字化转型——企业破局的34个锦囊［M］. 刘传湘，张岳，等译. 北京：机械工业出版社，2021.

[6] 李翔宇. 万物智联：走向数字化成功之路［M］. 北京：电子工业出版社，2018.

[7] 刘宸希. "网络+"时代传统企业网络化转型路径研究［J］. 技术经济与管理研究，2020（11）：56-60.

[8] 刘玉奇，王强. 数字化视角下的数据生产要素与资源配置重构研究——新零售与数字化转型［J］. 商业经济研究，2019（16）：5-7.

[9] 卢彦. 网络思维2.0——传统产业网络转型［M］. 北京：机械工业出版社，2015.

[10] 秦勇. 营销渠道管理实务［M］. 北京：清华大学出版社，2015.

[11] 王强，刘玉奇. 新零售引领的数字化转型与全产业链升级研究——基于多案例的数字化实践［J］. 商业经济研究，2019（18）：5-8.

[12] 张闯. 中国渠道研究30年：回顾与展望［J］. 北京工商大学学报（社会科学版），2020，35（6）：1-14.

[13] 郑锐洪. 营销渠道管理［M］. 北京：电子工业出版社，2012.

[14] Mounaim C，Tom R Shikko N. The Digital Transformation Accelerator for Banks［J］. Journal of Payments Strategy & Systems，2019（1）：13-27.

[15] Thambiah S，Eze U C. Customers' Perception on Islamic Retail Banking：A Comparative Analysis between the Urban and Rural Regions of Malaysia［J］. International Journal of Business and Management，2016，6（1）：22-29.

[16] Kang J. Mobile Payment in Fintech Environment：Trends，Security Challenges，and Services［J］. Human-centric Computing and Information Sciences，2018：1-16.

［17］ Riedl R，Benlian A，Hess T，et al. On the Relationship Between Infor-mation Management and Digitalization ［J］. Business Information System Engineer-ing，2020（6）：475-482.

［18］ Greenbaum S，Haywood C. Secular Change in the Financial Services In-dustry ［J］. Journal of Money，Credit and Banking，2020（2）：571-589.

［19］ Zheng L. A Brief Analysis of the Internet Finance Strategy to the Retail Banking Business ［J］. Technological Development of Enterprise，2015（17）：5-13.

第六章

传统企业管理数字化转型

    人类社会从工业化时代进入数字化时代之后，管理者的职能和管理者角色发生了重大变化。在新工业化时期，规划、管理、领导和控制是最重要的四项任务。此时，管理者将扮演发号施令的角色，是自上而下的单向管理，与被管理者之间相互脱节。传统企业多采用传统管理的组织结构设计模式，呈现自上而下的金字塔结构，具有明显的科层式结构特征。这种组织形式有利于高层管理者开展管理，但主要缺点是存在数据不对称问题，不利于传统企业中基层管理者成长。

    在数字经济时代，在数字技术的驱动下，自上而下的集权式、科层管理模式已经无法适应现代企业管理要求，企业需要通过管理数字化转型构建去中心化的扁平式组织结构。这种组织结构减少了管理层次，不仅有利于传统企业与不同个体与组织之间建立起更加紧密的分工与联系，数据传递更为直接，也能够更好地解决传统企业原有组织结构臃肿、管理僵化和数据传递失真等问题，为传统企业管理数字化转型实现量变到质变创造了条件。在这个时代，管理对象发生了重大改变，知识工作者成为主要的被管理者，这就要求管理者进一步转换管理角色，要以身作则，从原来指挥者和控制者的角色变为指导者和支持者的角色，从而让团队成员从原来的被动服从转型为如今的主动追随。在管理过程中，要从制度和流程入手，运用数字化思维对管理进行赋能。在考核上，要从KPI向OKR转型。因此，在管理数字化转型过程中，传统企业要对组织结构进行转型。建立以客户为核心的组织形式是传统企业管理数字化转型的关键。

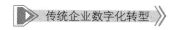

第一节 传统企业管理数字化转型概述

在世界各个主要经济时期，企业管理运作模式也是多种多样的。在新工业经济时期，大规模经营与获取资源成为了争夺的制高点，其管理模式是科学管理。但在数字经济时期，企业管理发生了巨大的改变，数字化管理成为新的管理模式。传统企业要重视从工业经济时代迈向数字经济时代带来的管理模式新变化。管理数字化转型已经成为企业适应大数据经营浪潮的必然选择。

一、管理数字化转型的挑战

在数字化背景下进行管理活动，传统企业将面对和以往迥异的管理环境。受数字化与数字技术发展的共同影响，传统企业管理活动主体的行为特点、生产属性以及产品开发的创新流程等均出现了很大的改变。李海舰等（2014）指出，数字重塑了传统企业，"去管理化""零管理"的呼声日渐增强。因此，传统企业要通过自组织管理进行再造。从现代企业管理视角出发，利用数字化数据技术提高企业制造效能，创新生产的附加价值，将成为中国传统企业利用管理数字化技术进行变革发展的巨大契机。

（一）环境条件变化带来的挑战

经营业务大多在实体场所内完成，时间、距离、连接等因素都比较稳定。传统企业一般只在一定的时间地点，对一定区域的客户进行咨询服务。因此，类似选择、规划之类的问题在传统企业运营决策中也变得格外关键。随着数字化水平的提高，这个状态出现了很大的改变，构建在数字化平台上的虚拟组织对企业管理数字化转型越来越重要。实物和虚拟化的进一步结合，丰富了企业经验，为企业提供了越来越多的发展机会。

1. 时间要素变化

从技术维度考虑，在数字化场景下，外部环境变革导致企业很难维持自身的竞争优势。但对用户来说，数字化科技解放了他们的业余时间，让他们获得了更多的休闲时光，能够根据自己的兴趣爱好发挥创造力。知识维度的延伸，促使客户对产品和服务的要求更趋多样化。

2. 空间要素变化

从空间要素上来看，通过数字化数据技术把实体的线下运营转化到虚拟化的数字空间的线上运营，能够提供的产品类型也不再受物理空间设计的束缚，可以更好地支持中小企业更多地处理长尾的现状。但对消费者而言，由于借助数字化，地理位置便已不再成为直接影响其消费行为的主要原因，各大采购网点的存在极大地方便了消费者的购买活动，同时也彻底改变了传统企业的物料购买习惯。

3. 连接要素变化

从连接要素来看，企业内部、产业之间、客户内部、产品或客户与企业内部的联系都远比过去丰富。虚拟空间中供应链成员间的互动越来越频繁，传统企业更容易接触到新兴的贸易合作伙伴；智能化数字产品的出现让传统企业内部之间、行业部门与企业内部之间、行业企业之间及跨行业企业之间的联系越发紧密。对于客户来说，在传统线下关系中，与传统企业之间只能保持有限的关系网络；在数字经济时代，客户实现了虚拟空间中的社交，其社交成本大大减少，在虚拟空间中的联系频次将远远超过现实生活中的面对面沟通。根据网络关系理论，大量的点对点的连接不仅能够创造巨大的商业价值，还能促进以生态圈为代表的新的商业模式。

由此可见，相比于线下环境，在线上环境中的时间、空间、连接等要素都发生了根本性改变。但需要说明的是，线下线上环境之间是相互共存而不是对抗的。线上环境不仅拓宽了传统企业的经营渠道，还创造了新的商业机遇，传统企业还应及时革新原有的经营管理模式。

（二）行为方式变化带来的挑战

管理数字化转型不仅改变了传统企业的时间、空间与连接关系，也改变了管理活动主体的行为。

1. 企业行为变化

在工业经济时代，传统企业为实现收益最大化，往往聚焦于自身的竞争优势与其他企业争夺市场。而数字经济时代，传统企业则要以创造客户价值为最终追求目标，将与其他企业之间的竞争关系转化为合作共生关系。在这个过程中，企业自身的经营目标也变得越来越多元化，为用户提供综合的"数据—服务—产品包"成为管理数字化转型的重要内容。

2. 客户行为变化

客户习惯的改变对企业管理的影响越来越重要。深度分析在数字化环境下客户的行为变化规律，可以帮助企业更好地认识其所面对的市场环境，是企业合理制定其经营管理决策的重要基石。数字化环境下客户的行为变化如表6-1所示。

表6-1　数字环境下的客户行为变化

序号	特征	特征描述
1	移动化	全球数以十亿计的人通过智能手机与他人建立沟通与联系
2	社会化	在线社交网络（Online Social Networks）逐渐变成了网络上主要的交流、沟通、合作和服务中心载体
3	个性化	网络使得客户更容易表达意愿，科技进步创造更多休闲时光，也使用户能够根据自己的兴趣爱好发挥创造力，使用户活动更加多样化

（三）产品特点变化带来的挑战

不管处于怎样的时期，传统企业始终通过为客户提供产品来创造客户价值。所以，传统企业管理的核心工作还是要围绕着新产品进行。数字化在改善管理环境及其参与者活动条件的同时，相应地也改善了产品质量这一核心管理要素。

1. 产品智能化

在以数字化为标志的新时期，产品的一项主要特点就是自动化。借助大量的传感器、处理器、内存等电子元器件，智能产品企业完成了对应用数据的即时捕捉，这部分数据可以被企业用来解析客户的实际应用情况，或者进行对智能产品的自主学习，从而给客户带来良好的应用感受。而通过相应的控制系统和应用管理，让客户可以在采购到产品之后，自动完成最后的产品定制环节，进而能够根据个性化需要管理和应用智能产品。

2. 产品连接性

数字化条件下产品设计的另一个主要特点是不断增加的连接性。实际上这种情况不仅出现在产品设计内部，还出现在各种事物内部，即事物交互。例如，智能家居系统可以把声音、视频、灯光、空调等不同类型的产品数据连接起来，实现互动，从而共同为用户创造一种无缝的生活应用环境。利用智能产品间的数据连接，把不同活动主体连接起来，成为新的商业机会。比如，智能可穿戴产品通过智能连接，可以帮助客户了解身体的各项指标。

（四）创造方式变化带来的挑战

产品设计的创新过程也深受数字化进程的影响。3D打印等科技也促进了产品设计的创新过程虚拟化。新兴的数据企业凭借其对数据的管理能力，在很多行业的现有供应商中取得了一席之地，为领导者创建新型的商业模式和供应链架构。随着数据变成企业的核心资本，供应链中企业内部的关系被重新界定。数字化技术给企业创新生产提供了更多机会，供应商架构也显得越来越复杂。数字化技术已经在多个方面影响企业的生产创新流程。

1. 消费端数据助力产品创造

传统企业获得了更多的消费需求端数据统计和分析资料，既包含了分布于数字化管理平台上的客户评论数据分析，也包含了客户在应用智能化数字产品时形成的实时消费数据分析。通过对财务数据的分析，传统企业既能够掌握客户作为整体的群体消费行为特点，也能够掌握客户作为个体的个人消费行为特点，即能够更加精确地刻画出客户的消费者行为画像。有了这些数据支撑，传统企业能够更精准地设计并生产出更加接近客户需要的产品。通过对实时数据的分析，传统企业能够更为敏捷地对客户的需求变化做出反应。

2. 数字化技术助力产品创造

企业的生产创造流程本身就深受数字化数据技术的影响，智慧、自主的加工工厂不仅可以自动识别潜在的加工设备问题，还可以借助与智能装置间的连接实现对加工过程的主动优化。3D打印技术也革新了传统生产的产品创造流程，促使企业可以用较低成本进行产品的个性化制造，进而转型为企业解决客户需要的新方法。通过把实体生产数字化，企业管理的对象将变成数字生产过程。由于产品创造流程的虚拟化，企业传统的加工生产、仓储管理、产品价格等经营决策过程都将产生重要变化。当前，越来越多的传统企业开始使用基于大数据分析的企业管理分析技术来提升企业的核心竞争力，但是仅凭借自己的资源和实力是不足的，传统企业还需要整合不同的资源以达到合作共赢。

在数字技术引领下，传统的从供应商到生产商、批发商，再到零售商的供应生产方式将被颠覆，职责部门之间的界限被破除，来自不同行业、不同地区的企业和个体形成错综复杂的"供应网"。在"网络化"的世界中，这些"跨界"整合与集成给传统企业经营管理模式带来了更大的风险，从而导致企业内部的协同运作尤为重要，同时也提出了一种新的问题，比如，创新企业内部对专利技术的各种授权形式在一种联网的供应链中会产生怎样的影响？

二、数字化管理

任何一家大企业都喜欢不断引进新的技术人才，完成自己的发展和创新，同时给已有的员工营造"危机意识"，刺激员工保持学习不断进步。这其实源于管理学上著名的理论鲶鱼效应。在经济学上"鲶鱼效应"是指企业的经理部门通过吸引优秀人才激活企业员工活力，从而达到一石激起千层浪的激荡效应，是企业管理者充分调动员工活力的最有效举措。它的主要意义就是充分调动了大家的积极性原因，有效激发了员工的工作热忱与冲动，使员工在积极性的刺激作用下展现活力，使其更好地为企业的事业发展而服务。

（一）数字化管理概念

在数字化经营活动中一定要注重以人为本，要理解人，尊重人，激发人的积极性和创造性，挖掘人的潜能，充分发挥人的才智，以取得最好的工作业绩。注重情感管理，以塑造良好的人际关系；注重民主管理，增强员工的参与意识；注重自主管理，最大限度地调动人的主动性和积极性；注重人才管理工作，充分利用企业人资；重视文化管理，打造企业文化，培育员工文化。

所谓的数字化管理模式是指运用计算机技术、通信、数字等现代数据，并运用大数据分析技术手段的数字化管理对象及其管理工作活动，以完成研究、规划、组织、生产、协作、营销、服务、创新等职责的科学管理活动与方式。在数字化管理流程中一定要注重以人为本，要充分调动人的积极性和创新性，充分挖掘人的潜能，发挥人的领导才能，以取得最好的工作业绩。

企业的数字化管理模式是一个强调人才素质型的管理模式，注重开放，认为管理人员就是知识工人，是为了知识共享与知识创新。要实现数字化管理模式，首先需要使员工的综合素养得到全面提高，使员工掌握更多的专业知识，并能够真正共享专业知识和创新知识，如此就可以在数据资源公开、共享的同时，形成更良好的宣传效果和影响，从而提高企业管理水平和自主决策水平，最后达到企业的飞跃发展。数字化管理模式作为现代企业管理方法，更具备了数字化的、全数据的、在线的、可控的管理特征；作为一个数字化的企业管理手段，可以形成客观的评估系统，可以将一个模糊性管理工作目标被分解成若干个可以衡量的数字目标，使企业管理工作更加一目了然；作为一种数据的管理方法，计算机的发展极大地提高了对数据的运算、统计、分类、管理的效率，从而可以迅速高效地提供对企业管理有用的重要资讯；作为一个网络的管理方法，可以减少地理障碍，使企业管理得以高效布局，并在全球的商务运营中大量应用，能与全球管理成功接轨。将数字化管理作为企业管理策略，在企业区域内制定综合性战略规划，对企业的长远发展和增强竞争能力必不可少。

（二）数字化管理特征

做任何工作都需要经验，但所谓的经验也不过是在分析后得出结论。因为管理者必须每天都去分析自己的库存数据、财务、营销网络、产品生产流程、质量数据，以及售后服务数据。例如，企业存货结构是否合理、经营财务是否健全、营销网络是否正常、生产流程是否顺畅，以及售后服务网络是否健全。通过这些数据分析，企业可以做出合理的评估，进而作出合理的决定。对传统企业来说，数据管理不同于单一的知识管理、内容管理、AI 管理、竞争情报和数据仓储，而是在权衡效益和成本的基础上，综合企业各个业务子系统的信息所开展的以数据为核心的管理。

数字化管理特征如表 6-2 所示。

表 6-2　数字化管理的特征

序号	特征	特征描述
1	业务数据化	利用数字化工具，把杂乱无章的业务数字化。商业数据化时，也可利用管理数据的可预测性和可分析性来控制业务
2	工作流程化	操作不但能够减少数据不对称造成的协调问题，打通作业过程，还能够利用标准化业务流程梳理来减少管理冗余，提升工作效率
3	工作任务可视化	通过数字化管理，帮助需要完成的工作、正在进行的工作和已经完成的工作可视化，做到一目了然

三、管理数字化转型

科学管理数字化的实质是把现代化管理思维、科学管理方式的管理技能、管理手段等全面数字化，以全面提高科学管理的效益与效率。数字化重视迅速反映和实施效率运作效果。目前已经有许多传统企业借助数字化管理工具实现了数字化管理，同时进一步完成了数字化转型。市面上的数字化管理工具种类繁多，但针对的行业和具体功能各不相同。

（一）管理数字化

管理数字化是由于数据网络的形成而产生的，因此有着明显的新经济时代特点，并体现为系统、综合、集成、智能、量化、动态管理等显著的特点。管理数字化最主要的特点就是数字技术基础，即网络数字技术的广泛应用。管理数字化并不仅是将企业经营、日常管理等活动迁移到网络上，而是对传统企业内部管理模式的一次深刻变革，在企业管理发展历史上具有重要意义。

数字化管理（Digital Management，DM），是指运用计算机技术、通信、数字、人工智能等现代数据技术，以完成对规划、管理、协作、服务和创造价值等职能的科学管理活动和管理方式的统称。经营数字化有两个基本含义：第一，企业经营行为的实现，如产品的研制、制造、营销等一系列行为是通过网络来完成的，企业的诸多重要资源，如智力资源、数据、人才资源、金融债券等都可以数字化；第二，企业运用数字化数据技术来破解企业经营难题，即经营的可控制化。

管理科学数字化工程是以现代管理学思想与决策学思想为基础，借鉴两大科学理论中的先进管理方法、模式和技术，在汲取系统论科学的管理理念与技术，以及现代行为科学中有关个人和团体活动的理念和观念的基础上，充分发挥并应用计算机技术、通信、数字、计算机等现代科学技术中的各项新科学技术，来破解管理科学的难题。

（二）管理数字化转型

数字化转型已经成为最受欢迎的术语。在数字经济时代，从大数据到云计算，再到工业物联网和5G，不断发展衍生的数字化新技术如同一条条"鲶鱼"，催促着企业在数字经济时代努力向前游动制造氧气来保持自身生存的活力。

管理数字化过程是一个包括数据、工艺、过程、管理等基本要素的系统化过程，不能只关注短期利益，还应注重长期效益。企业管理数字化转型需要因企制宜，根据企业所处的产业特征和新发展阶段，寻找适应企业发展需要的策

略方向，并制定政策有针对性地分阶段分步推进。管理数字化转型不是一个项目，不会有具体结束的时间，需要跟随技术及时代的发展不断优化升级。

四、管理数字化转型的功能

数字化管理的核心还是管理。管理是指在特定的环境条件下，以人为中心通过计划、组织、指挥、协调、控制及创新等手段，对企业所拥有的人力、物力、财力、信息等资源进行有效的决策、计划、组织、领导、控制，以期高效地达到既定组织目标的过程。因此，管理本身是一种希望可以高效实现既定目标的过程。企业通过进行管理数字化转型可以高效地提升企业的经营、业务管理水平和电子商务、管理模式创新等，从而促进企业的经营提升。

（一）优化企业组织结构

数字化管理系统彻底改变了企业传统的金字塔式的组织架构，改造了企业的内部神经系统，进而实现了全方位改变物流体系、资金流管理系统、决策指挥系统，从而全面改善了管理和决策过程的速度，使企业的运营变得更加稳定和高效，对风险和机会都能快速做出反应，并把信号快速传达给需求者。由于企业业务的推广和经营规模的扩大，大量企业的营销、服务网络已遍布国内世界各地，但组织的离散、员工的流动、营业地域的局限，以及随之所产生的企业信息系统、费用、登记、审核等一系列业务流程混乱，使企业的管理人员感到头痛，无法兼顾全局利益。因此，实施企业数字化管理系统，对于克服这一历史困难具有重要的优势。

（二）创新商业盈利模式

数字化管理从根本上变革了传统企业的经营管理模式、业务方法和企业管理手段。企业能够主动应对经营环境的变革，从根本上提升企业效率，从而成为现代企业的成长目标和必经之路。现代企业数字化管理主要运用以现代数据科学技术为主要技术基础的新型设计管控数据，采用 SCADA（计算机监控系统）控制生产的全过程；适时引入 BPR（业务流程重组）、PLM（产品生命周期管理)、ERP（企业资源计划系统）、MRPII（制造资源计划）等现代化管理手段，对企业的生产制造、经营等活动实施了规划、数据管理、领导、管理工作，并制定了合理的产品开发策略，利用 CIMS（计算机集成制造系统）把工业生产的各部分组织活动整合起来，使企业按计划进行均衡生产，降低成本、增加收入，以此增强企业的总体实力，进而增强企业的总体业务竞争能力和盈利能力。

（三）创新知识管理方式

企业管理者和雇员之间、雇员相互之间都使用电子邮件进行联系、沟通可以对最新的资讯进行迅速正确的反映，有助于加强人与人之间的感情，提高他们的使命感和上进心。通过把网上的营销数据提交给企业内部营销和业务员工共同使用，从而分析营销的总体态势，为客户创造良好业务。通过使用数字系统打造虚拟队伍，培育创新型人员，并使用电脑进行管理数据分析，培养企业管理者和人员思考能力。无纸化办公方式的使用将大大减少空间与资料耗费，避免文档流失，便于文档应用。

（四）激发传统市场活力

如果每一位人员都安装了最先进的数字管理，可以直接参与企业决策，所有单调的机械技术管理工作都将全面被消灭，人员的能力被充分调动出来，所提供的单个岗位的附加值也将大大提升。同时，如果建立了数字反馈过程，企业管理人员可以更有效掌握员工和客户的意见，能够更有效地解决员工意见和客户抱怨，从而大大提升生产质量和业务上的服务品质。此外，通过使用数字通信控制系统还可以合理设定企业服务本质和范畴。网络的使用极大地拓展了企业的工作空间，也彻底改变了企业需要集中办公的传统观念，只需借助现代数字化通信系统和管理，就能够把产品和客户直接联系到一起，这既减少了产品购买时间或供货的时限，也可以更加灵活地服务于客户，最终实现增强企业核心竞争力的目的。

（五）推动电子商务发展

企业通过运用数字化管理技术把准确的资讯及时地传送至企业关键人物手

上，企业管理人员便能按照订单组织生产，产品完成后按时交付，进而实现了按时产出和达到零库存状态。这就大大减少了中间商，降低了销售成本，为客户提供了更多利益，也增加了企业的自身经济效益。同时，传统企业将日常事务转移至在线处理，创建交互式服务与系统，让多数客户自行解决，企业能够集中精力去和少数关键客户展开面对面的交流。在数据社区里。

（六）加快数字管理创新

数字化管理模式可以传统模拟技术和模拟化管理方法转换为数字化技术开发和数字化管理模式，并结合生产工艺实际构建起指导实际工业生产的各类数值模式，产品制造标准均采用精准的数值。这样一来企业就能动态解析产品中所有工艺技术数据，及时调节生产制造中的实际问题，使所有单凭实际经验和无法精准定性的知识化为一个个精准的数值，把少数人熟悉的高大精尖技能教给大多数人应用，以此提高企业研发能力，把企业技术创新带到更高更新的境地。

五、管理数字化转型的现状

近年来，随着数字技术的迅速发展，传统企业内部管理数字化转型取得了一定的效果，但传统企业一方面由于行业特点，员工学历普遍较低，对数字化依赖性较弱；另一方面，管理层思想相对固化，传统经验管理根深蒂固，对数字化转型危机意识不足，阻碍了传统企业管理数字化转型。对传统企业来说，只有加快管理数字化转型，并对管理数据进行深入分析，才能做出更加精准的管理决策，推动企业持续健康发展。也就是说，数字化管理将能进一步增强企业的核心竞争力。反之，不懂得数字化管理的传统企业将有可能被淘汰。当前，传统企业由于自身管理基础较差，传统企业在管理数字化转型过程中仍面临诸多短板弱项，主要表现在：

（一）管理观念未转变，转型认识存在误区

管理意识决定管理行为，而管理行为决定管理效果。很多传统企业对数字经济的认识存在误区，大量数字技术应用场景还停留在设想层面，很多新的管理应用场景并没有被有效挖掘出来。在管理数字化转型过程中，由于对数据意识不强、数据能力较弱、数据思维缺乏，对管理数字化转型还是比较片面的。很多传统企业只是推进了局部的数字化进程，就以为是完成了数字化转型。比如，一些企业引进了一个新的数字化系统就以为是完成数字化转型了，这是典型的管理数字化转型上的认识误区。

（二）技术应用不到位，管理转型没有到位

近年来，数字新技术蓬勃发展，但许多传统企业对这些数字技术的应用还停留在构想或测试阶段，没有经过系统的评价。管理数字化转型仅有大数据技术是不够的，虽然许多传统企业希望通过管理数字化转型驱动企业其他方面的数字化转型，但还需要在文化、流程、制度方面有一整套转型的模式，并经过不断落地的实践验证，才能取得预期效果。由于管理数字化转型不到位，数据的价值无法得到充分体现。另外，一些传统企业将局部管理转型当作对数字化的"彻底改造"，导致管理转型不到位。要实现数字技术在传统企业管理数字化转型中的更大效果仍有很长的道路要走。

（三）转型数据多而杂，数据共享难以体现

随着数字化转型的不断深入，许多传统企业的数字化软件越来越多。但数据标准不一、需求场景多样、安全性难以保障等诸多问题带来了数据孤岛和数据冗余等问题，影响了管理数字化转型的推进：一是数据标准不一，各个业务系统中的数据多种多样，标准不一、质量参差不齐，不利于数据有效交互和共享。二是需求场景多样，数字经济时代要求数据交换适应复杂的环境，既要支持跨网段、跨区域，甚至是跨境交换，还要实现多层级、集团化海量数据交换和服务，由于当前管理数字化转型没有到位，难以满足越来越多样的应用场景。三是安全性难保障，网络安全与数据合规是传统企业管理数字化转型长期且重要的任务，数字安全隐患仍普遍存在，用户担忧数据泄露的心理不利于传统企业管理数字化转型的推进。

（四）平台赋能不明显，转型成效难以评价

尽管平台赋能是传统企业数字化转型的重要推动力，加速了传统企业的管理转型发展，但是平台在赋能数字化转型中也存在一些问题：一是平台不够成熟，影响数字化转型体验。现有平台软件多是通用型解决方案，难以有效满足传统企业的个性化需求，方案缺乏行业标准。二是平台与企业需求不匹配，延缓数字化转型进程。一方面，平台受限于自身业务范围与市场能力，虽有针对传统企业的转型服务和产品，但难以高效搜寻和匹配服务对象，导致帮扶成效甚微；另一方面，多数传统企业缺乏数字平台或数字业务运营经验，在技术平台、变革业务流程和选择商业模式方面始终是"摸着石头过河"，不敢吃"第一只螃蟹"。三是平台赋能生态尚未形成，弱化了数字化转型效果。不同类型的数字化平台各自为战、单打独斗，相互之间缺乏合作与互动，支持传统企业数字化转型的生态尚未形成。平台在数据共享、资源共享、需求对接方面既不愿合作也不想合作，难以形成持续推动传统企业数字化转型的合力。

（五）管理转型缺计划，转型工作难以持续

管理转型既是传统企业数字化转型过程中需要做出的重大战略选择，也是传统企业重构核心竞争力的重要手段。很多传统企业在管理数字化转型过程中想到什么就做什么，既没有系统性思维，也没有前瞻性的管理数字化转型方案，导致管理数字化转型效果难以评价。由于缺乏整体规划，无法系统做好管理数字化转型的蓝图设计，给管理数字化转型带来了困惑，造成传统企业管理数字化转型工作难以持续推进。

第二节　传统企业管理数字化转型模式与内容

在管理数字化转型过程中，传统企业可以利用大数据、人工智能、区块链等数字技术，构建动态数据模型，打造数字化管理驾驶舱，获取传统企业核心经营数据。通过这些数据，传统企业可以及时洞察经营短板，有效防范异常情况，从而减少企业管理风险，降低经营管理的不确定性，帮助传统企业提质增效，形成核心竞争力，切实夯实传统企业发展根基。

一、管理数字化转型的目标

管理部门数字化变革的主要目标是利用企业数字化管理，完成传统企业的数字化转型。管理数字化转型是传统企业利用数字数据技术对开发、制造和市场营销等业务管理活动实施数字化管理的过程，其核心还是管理。管理数字化转型的目标主要有：

（一）企业资源数字化

通过管理数字化转型，引进数字化管理系统，对企业各类资源进行数字化编码，实现数字化管理。

（二）管理行为数字化

借助 OA、钉钉、腾讯会议等数字软件管理系统，推进管理行为数字化转型，实现管理行为在线化、可视化，可以更好评价管理者的管理行为。

（三）员工知识数字化

通过管理数字化转型，推进员工知识向数字化方向发展，提高传统企业员工创造创新力，增加员工数字化知识。数字化知识的积累又为传统企业数字化转型创造了条件，从流程中解放出来，创造更大价值。

（四）工作评价数字化

工作评价是管理数字化转型的重要目标。通过数据的驱动，对传统企业的成本实现数据化分析，制定出最科学合理的管理方案，实现科学、有效的成本降低。

二、管理数字化转型的模式

管理数字化就是传统企业运用数字化相关技术与工具，把企业的生产经营过程数字化后，再利用管理数字技术实现企业内部管控。数字化管理能够将传统企业内部的各个部门、组织都联系起来，改变了传统的组织形式，突破了企业内部的"数据孤岛"，使各部门间真正地实现"协同办公"。管理数字化转型将彻底改变传统企业的管理模式和成长方式。

（一）颠覆式管理数字化转型模式

数字化不仅是一门科学技术，其诞生必将带动管理思维的改变。数字化管理对传统企业管理者和传统企业人员而言是一个崭新的管理模式。

1. 组织形式

传统管理思想的组织方式为金字塔形式，下属必须全面落实上司的每一条命令。数字化控制则采取扁平化、网状、无中心组织形态，强调管理者和人员直接互动和沟通，命令传达变得非常快捷，既节省了时间，也提高了效益。

2. 职场角色

传统管理思维认为，企业管理者是监督者和控制者，而员工则是被监督与被管理的对象。数字化管理思想表明，企业员工主要是服务者与创新者，而企业管理者则主要是谋划企业未来发展以及引领员工迈向未来。因此，员工在企业管理层的指导下不但要将正在做的事做好，同时还要做得有特色。

传统管理理论认为，企业员工只是被雇用者，必须要不折不扣地完成职责范围内的工作，绝对不能超越其权限范围。而数字化管理则强调开放，支持每一位员工在生产知识、传播知识与共享知识过程中参与决策。在这个过程中，尤其要强调管理者和员工之间的沟通交流，从而使双方都能得到最大的利润。

3. 管理手段

传统管理方法是粗放的人工模拟管理系统，通过纸面、用笔、口授等传统文化工具和方式来完成，数据与知识之间无法资源共享，且传播成本也非常高昂。而通过数字化管理的数字神经系统（Digital Nervous System），借助相互连接的计算机网络和集成软件创造出新的协作方式，其传播的速度快、有效，并能达到企业数据与知识的资源共享。由于数字化管理才是真实的以人为本的管理，所以企业数据神经系统也给企业管理者和员工带来了尽可能多的外部帮助，让企业员工不至于把大量时间耗费在单调、乏味和机械的单一性管理工作上，从而有了更多的时间进行思考、沟通和战略决策。

（二）跳跃式管理数字化转型模式

传统企业崇尚的是规模经营，企业规模越大，投资成本就越低。但借助网络，企业的研发、营销、制造等均可以在各地以不同的形态出现，将企业共同的服务标准与品质统一。中国传统中小企业的主要发展方式为资源型成长，但传统资源型发展通常面临着某种陷阱，比如，在商业环境出现变化时（特别是面临战略转折点时），传统资源型产品企业往往由于存在着巨大惯性而无法快速反应，常常会错失新的发展机遇，成为时代变迁的牺牲品。中国目前不少中小企业所遭遇的发展困难，正是因为商业环境出现了快速变迁，而中小企业却又无法快速适应商业环境变化。在当今这个快速发展的年代，资源类的发展方式必须转型为管理类的发展方式，并通过管理规模（能力和范围）的扩大实现企业的整体发展。

（三）拉动式管理数字化转型模式

简单地讲，所谓拉动式管理是指依靠拉力达到改进管理的目的。拉动式管理与拉动式生产相适应，所谓拉动式生产是指前道工序先将产品生产制造出来再"推给"后道工序生产制造。在拉动式生产中，后道工序不是根据前道工序生产制造出来的产品组织生产制造，而是根据客户需要组织生产制造，而且还要求前道工序根据后道工序需要量来组织生产制造。在拉动式管理中，外部需要是动因，是一种业务导向型生产管理模式。管理活动的需求一般从企业终端层面发出，大多数初期的企业管理模式的改变都采用拉动方式，并且利用行业需求或客户需要来促进企业管理模式的完善和提高。

拉动式管理工作通常具有以下特点：一是企业高层对行业的关注度较高。凡行业发展所产生的管理要求，都可以迅速确定下来并积极组织执行。二是对社会组织的接纳度较高。推动式管理工作确实属于组织活动，但基本是根据社会组织的实际要求而展开。三是改革持续时间长，但见效速度慢。推动式管理工作，改革源于行业，一般以点与线为主，具有较强的时间要求，任务一经完成，就立即见效。四是改革难度比较小。推动式管理以改进内容为主，对企业既有效益的破坏程度较小，但由于行业内部或客户的影响因素存在，就算有阻碍也会转化为压力与动力。五是改革成效具有确定性。拉动式管理工作，改革内容和成果未必符合企业的未来发展趋势，但必然支持了当下的行业发展趋势。六是主体管理在后面，领导者在前面。拉式管理工作强调"拉"力，这意味着企业管理的时候主体必须主动，领导者从前面发力，成功与否在于是否能引导被推着向前走。

管理工作是选择推进式还是拉动式，要因时制宜。推进式具有一定的技术先进性，而拉动式则追求阶段的实用性。两种方法没有根本的好坏之分，合理可行就好。当然，企业终究都是要走向推动型管理的道路，我们所见到的管理标杆企业，无一不是如此。

(四) 推动式管理数字化转型模式

推动式管理是指通过推动生产方式实现企业管理发展。推动式管理与推动式生产相适应。推动式制造就是指根据 MRP 的制造规划逻辑，各个部门根据企业内部规定的制造规划完成制造。上工序无须为下工序负担，在制造出产品后根据规划将生产产品送到最后工序上即可，这种方法就叫作推动式生产。在推动式管理中，内需是动因，是一种自上而下的行为方法。管理活动的产生往往由企业决策者提出，如许多企业所实施的精益制造管理、高成本管理等。例如，华为在当年引入的 IPD（Integrated Product Development，集成产品开发），即是一种推进式管理。

推动式管理通常具有以下特点：一是企业高层对管理人员的认可度较高。自上而下推进行为的形成，往往要求企业高层具有充分的社会认知度，否则就无法保有坚定的信念与能容忍寂寞的耐性，因此推动式的管理方式通常具有一定的变革性。二是组织领导作用。推动式管理必须是团队活动，哪怕是由一个人所发起并推行的，也需要转型为团队行为。因此，驱动式管理对团队的学习能力和行动能力要求比较高，如果这两项素质都不够，推进式管理的成功概率就将大幅降低。三是持续时间长，但见效速度慢。所谓推动式管理，既然是绩效管理的结果，也就说明不会是自发的，而且内容也一般是新的。不管在意识方面、认识方面还是行动能力方面，都需要相当的时间掌握、认识、转换，最后产生行动和运作，而这种过程通常需要较长的时期，甚至在相当长的时期里也不一定显现成效。四是改革难度比较大。推动式管理，由于具有变革特性，改革势必会破坏一些利益，这也就意味着改革过程中阻力的必然产生，对团队资源和实力都是挑战。五是效果具有不确定性。管理是为客户服务的，推动式管理效果的不确定性就是如何高效地服务客户。所谓的有效性表现在能否与客户相匹配和能否与企业的成长过程匹配两个方面。如果匹配，效果将是有效的；如果不匹配，则会是无效的，甚至会起反作用。六是管理在先，管理者在后。推动式管理强调"推"，这就意味着管理的主体是被动的，是必须在后面推动的，管理者当然也要从后面发力，但成功与否取决于驱动力是不是足够强大。

三、管理数字化转型的原则

管理数字化变革是一场持久不断的管理革命，理念是先导、机制是基石、实施是手段、固化是关键、持续提升是精髓。管理数字化转型的实质是"精益生产"转型，精益生产方式的核心内容宗旨是"减少耗费、产生经济价值、持久改善"，而经营管理的实质则是持续不断地发现问题、研究问题和解决问题。管理数字化转型则给传统企业提供了一套发现问题、分析问题和解决问题的有效工具。

（一）以人为本原则

需要强调并实施现代数字化模式和在管理流程中以人为本的原则。数字化管理的工作主体是人，不能为了数字化忽略了企业的基本管理原则。

（二）伦理道德原则

数据分析因人而存在，数据分析的收集方式很重要，绝对不可以随意，更不可以伪造数据分析。数据分析的真相对于传统企业的投资决策与大数据分析来说是非常关键的，需要靠人的道义与商业原则来维护。在伦理学行动尚没有自觉地作为对真实数据的道义保障的时期，人们在对数据分析投入的信任和依靠不能忽略一个很关键的方面，那便是怎样以一种合理的概率范围来保证数据的有效性。

（三）数据分析原则

在企业数字化管理实施过程中，应深度进行企业内部数字化管理工作剖析。数字化管理并非把数据都采集到就完成任务，数字化管理人员还必须进一步做好数字化剖析，以此矫正过去人们在企业建立工作中"数字不清点子多、情况不明决心大"的错误管理绩效观念。同样也要对企业的科学合理计划、合理科学构建、民主管理工作和预算防灾等问题提出有理由、有依据、有操作性的财务管理咨询意见和辅导建议。

四、管理数字化转型的内容

企业内部实行数字化管理是一个十分困难的系统工程，高新技术企业也将为此付出相应的代价。不过，数字化管理也能给企业带来巨大的超额利润。在进行数字化管理工作以前，企业有必要预先掌握数字化管理工作的大部分内容。

（一）资源使用数字化转型

企业资源指的是企业在向社会供应产品和服务的过程中，所掌握的或管理的有助于实现企业战略目标的要素组合，包括企业的知识资源和财务资源等。通过对企业资料的数字化管理，把企业的知识数据和财务资料按照数据化和定量化的方式来进行数字化和数据化，可以为企业管理者带来所需要的实时存货数量、财务、营销网络、产品生产流程、产品数量、售后服务数据。例如，存货数量是不是合理、财务数据是不是正确、营销网络是不是正常、产品生产流程是不是正常，以及售后服务系统是不是健全等。企业利用数字化管理方式进行资源管理，然后进行资源配置。

（二）管理行为数字化转型

企业的数字化管理是指利用数字技术来进行企业的各种生产管理活动，并通过创建合理的工作流程组织企业的各种生产管理活动，以达到生产管理工作活动的高度可计算性。其实，企业几乎所有的管理要素、模型和结论都应该数字化，包括确认消费需求、购物心理、消费行为模式、购物方法、产品定位、产品制造、产品周期、产品售后服务等企业活动过程。此外，数字化过程并非对个人的简单分析。

（三）管理主体数字化转型

因为管理工作活动由人来实施，所以管理工作活动受人的思想影响特别大，也就是说，人的思想意识、知识技术水平、上班思维态度效率、工作的顺利完成程度、未来的目标、能力及工作心态会对管理工作活动的实施成果产生巨大的影响。一线管理人员是数值生产者，对原有数值的正确、有效录入必须加以有效评价；基础管理人员是数值的管理者，对原有数值的筛选、加工、上传必须使用正确的操作方法；中级管理人员是数值的参与者，数值的分类、评价、管理需要有正确的计算公式和管理技能；最高层管理人员是数值管理者。数字化管理强调企业内部管理活动的科学性和人性化，在管理工作过程中贯彻了以人为本的原则，并对企业的科学合理计划、合理科学建造、民主管理工作和预算防灾等问题提出了有理由、有依据、有操作性的管理咨询与辅导建议。

（四）管理方式数字化转型

管理方式转型是提升传统企业内部行政管理效率的重要手段。在人员数字化管理中，传统企业要加强全员数字绩效考核和人效考核。设备数字化管理有助于对设备进行管理并将责任明确到人。采用进销存管理系统，开展仓库数字化管理和采购数字化管理，做好系统对接和成本核算。在会议室数字化管理中，传统企业可通过线上系统预定和使用，并进行数字化呈现，可以有效降低会议室成本，分摊会议室使用成本。车辆数字化管理可以将司机考勤和车辆使用成本进行核算。考勤可以对接考勤系统，也可以由司机自主填写。

第三节　传统企业管理数字化转型路径与方法

管理的新时期已然到来。数字化及其相关技术不仅提升了企业的优化管理，而且提升了管理水平，为企业在创新客户价值、围绕客户革新产品与服务、整合企业组织结构与流程、重建供应商关系等方面创造了机会。但是，数字化及相关技术在企业内的成熟运用并非一蹴而就，特别是对原本没有数字化基础的非数据技术企业来说，更是如此。

一、管理数字化转型的路径

管理数字化是指利用数字化相关技术和工具，将企业的业务量化，通过数字进行管理。数字化管理把企业内部的各个部门连接起来，改变了原有的组织分工方式，实现同步协同办公。数字化的开发与广泛应用提高了企业对管理中各个环节的洞察力，有助于企业更好地进行管理决策、提高管理效率。

（一）数字赋能式管理转型

企业管理决策的根本任务是为用户创造最有竞争力的产品。为了达到这个要求，企业需要认识客户、了解客户需求，根据客户需求做出有针对性的产品，进而为产品合理定位，并建立与之相应的库存管理决策。同时，当下商务场景中的管理决策不仅是企业自己的问题，而且需要从行业的角度米进行更加深入的思考。

1. 需求预测

需求预测是现代企业管理的基础。进入数字化时代，客户需求变化更快、个性化需求更为明显。同时，企业能够掌握的数据类型和数据量都远远比过去丰富。以亚马逊公司为例，除交易数据之外，还能够把用户访问、选择、使用、评论等数据都记录下来，包括搜索的内容、网站的时间等。这种行为特点往往是用户喜好以及个性化要求的直观体现，加之强大的统计分析功能，有助于更为精确地预测用户的需求，为提高传统企业管理绩效夯实了基础。

2. 产品设计

数字化技术可以完成更为契合客户要求、性能更好、更高效的产品设计工作。一是巨大的客户使用数量和社会媒体数量为企业正确设计适应市场潮流的新产品创造了机会。二是数值仿真、虚拟现实和增强现实等科学技术的蓬勃发展，促使了数字技术逐渐成为设计工具、建模和仿真产品中的物理参数。数字化技术采用可视化的模型进行表现，特别是能够在不同参数、不同环境条件下仿真各种产品的性能差别，以便生产最优化性能的新产品。三是想要更好地满足数字化时代客户越来越个性化的需要，就要最大程度地完成人性化产品设计，很多企业已经开始运用了云计算技术。企业把越来越多的设计功能迁移到了云端服务器，加强了和客户之间的交互设计，并利用软件进行了客户端产品设计的定制。

3. 定价和库存管理

通过数字化技术，企业能够进行更为优化的价格管理与库存策略。在价格决策方面：一是企业可以动态优化价格战略，从而进行更好的利润管理；二是企业能够做到不同营销方式或各个分类市场上的不同价格；三是在一些行业，根据客户的行为数据，甚至能够实现"一人一价"。

4. 供应链管理

数字化管理和相关数据技术在现代中小企业的供应链管理过程中起到了巨大作用，一是现代制造业正在变得更加智慧，中小企业更多地通过感应器和无线数据技术来捕捉中小企业制造环节中的各类数据，并传送回智能系统以帮助中小企业制造，工业生产也将从集中控制转化为分散型自适应的智能网络；二是在网络时代，更多的企业经营中的零售环节也开始实行全渠道零售方式，即零售商利用线上和线下的各种途径实现营销目的；三是在企业风险和财务上，数字化数据技术也起到了很大影响,来自各个领域的海量数据使进行金融服务时不再单纯依靠财务报表,而是通过各个方面的数据判断企业的资信,减少企业金融风险。

(二)数字使能式管理转型

数字化是传统企业转型发展的主要驱动力,在未来经济运行上将发挥更大的驱动作用。数字化及相关数字技术不仅可以提高产品生产效率,还可以通过打造产品价值,开启新的商业模式,定义新的价值呈现方式,进而打破现有企业流程,推动传统企业管理变革。在数字化时代,企业甚至可以比客户更了解其需求,并由此产生新的服务需求。为了更好地适应客户的需要,企业由单一的产品转型为"大数据—服务—产品包",以完成服务产品设计和商业模式建设,由传统垂直的线型供应商发展为高度虚拟化、动态化的网络供应商。企业的管理决策甚至突破了传统供应链的管理角度,而且从整个产品生态圈的管理角度出发,做出更加全局的思考。

1. 需求创造

在数字化环境中,企业可以比较精确地掌握客户的潜在需要,并利用自动化、智能化的工具进行技术支撑,把客户的潜在需要转型为现实需要。更进一步地,传统意义的数量是指客户选择产品(或服务)的数量,但是客户选择产品,终极目的是得到使用产品带来的价值,产品的使用价值才是客户的真实需要。通过数字化和相关技术手段,企业可以更加深刻彻底地了解客户深层次需要,通过提供全新的产品价值,带来全新的需求。

2. 业务设计

由于数字化和相关数据技术的广泛应用,近年来工业服务化的发展速度日益加快,企业不仅为用户提供服务,而且可以通过智慧系统、网络、云计算技术进行以数据处理为核心的业务。产品作为这些业务的主体,为企业转向提供数据、技术、产品包。

以 3D 打印技术为代表的增材制造技术正在改变着传统企业提供产品的形

态与模式。从产品生产形式来看，业务模式已经从大批量生产转向小批量生产、高定制化生产形式。从生产组织形式来看，业务模式已经由集中式生产转向分布式生产。从产品形式来看，业务模式已经由提供实体产品转向数字产品+周边服务+应用材料。但是，不同于传统的数字产品，3D打印的数字产品本身并不具有使用功能，而是需要在经过3D打印成为实物产品之后才真正具有使用价值。

3. 价值共创

数字化的另一个重要意义在于其能够推动价值共创，这涉及客户和企业之间、客户之间和企业内部之间的价值共创。在数字化环境中，传统企业的价值共创主要表现为客户、供应商、批发商和零售店之间通过智能终端、在线平台、虚拟设计环境等数字化平台，共同参与到企业产品的设计、制造、库存管理和营销等各环节，打破了传统的产品制造模式中传统企业和客户之间，以及传统企业内部之间的数据壁垒，生产制造商可以利用数字化技术不断优化改进产品生产制造，进而更好地满足客户多样化、个性化的消费要求。新一代的数字技术不但可以帮助客户更好地实现自身消费需求，同时也为其他客户带来了更大的消费价值。在新型的数字化经营产业中，价值共创在产品生产过程中起到了更大的功能，所有行业的核心理念都是价值共创，离开了价值共创，也就没有了产品或服务。

4. 供应链重构

在移动网络、云计算技术、物联网、智能技术、大数据分析、3D打印等数字化数据技术的支持下，产品设计、原材料采购、生产制造、仓储配送、售后服务等环节都可以在全球范围内完成。在这个过程中，供应商、生产商、批发商和零售商也可以加入供应链中，发挥不同的作用，履行不同的职责，共同满足客户需求。

相比于传统供应链，在数字化时代下，通过管理数字化转型，供应链呈现出网络化、动态化、虚拟化特征。在特定情形下，网上产品供应链可以高于传统直线产品供应链，甚至可以提高所有产品供应链主体的整体效益。尤其是由各种类型的企业共同承接产品设计和生产功能任务时，下游企业也能够通过分散性经营提高管理绩效。在未来，传统企业还需要进一步对网上供应链中的相关管理问题展开更深入的研讨。

5. 生态圈构建

由于移动网络的广泛应用以及人们消费习惯的逐渐变化，客户更加期待企业能以全方位、无缝连接的方式满足各种不同类别的消费需求，利用单一的页面或点击就可以实现大量的消费。整个环境圈的建立彻底改变了企业间以往的竞争模式，整个环境圈所提供的"大数据产品—服务—产品包"为客户提供了价值，而非一家企业以整个环境圈的某个局部进行了盈利。如果想要在整个环境圈的竞争中胜出，企业就需要考虑加入怎样的环境圈、在整个环境圈中扮演怎样的角色等问题。此外，政府职能部门要建立适当的数据公开机制和管理机制，在促进商业发展与保护隐私之间寻求平衡点，避免企业基于生态圈产生的垄断行为。传统企业作为生态圈的主导者，要明确生态圈的开放性程度，生态圈的参与者也要明确是加入一个排他的生态圈还是共同参与数个生态圈。

二、管理数字化转型的方法

如何进行数字化管理是传统企业管理数字化转型要面对的一个关键问题。数字化管理并不仅指应用先进的管理系统，而是要用一种科学的、系统化的管理数字化转型的方法来管理传统企业。许多传统企业都有一套适合自己的数字化管理方法。

（一）自上而下管理转型法

通常来说，传统企业管理主要是指在企业内部各部门之间如何配置资源和决策权的问题。自上而下管理是指大部分决策权掌握在传统企业的高层，由企业高层负责配置资源。当部门之间发生矛盾时，主要是由高层进行协调。在管理数字化转型过程中，采取自上而下的管理数字化转型有利于传统企业加快数字化转型进程。

（二）自下而上管理转型法

自下而上管理转型法作为数字经济时代的一种管理理念，已经得到了广泛的认可，并已经在企业管理中得到应用。

自下而上管理是指在自下而上的组织中，大部分决策权下放给中下层，高层只负责组织的长远战略和与组织长远利益有关的重大事项。当部门之间发生争执时，主要由部门自己协调解决。在管理数字化转型过程中，推行自下而上制定计划的经理人实行的则是"诱导式"的工作方式，尽力去发现"真空地带"。推行自下而上管理方式的经理人寻求新的市场机会，以外部为导向，认为取得近期和长远的成功都是有可能的。

（三）上下联动管理转型法

赫伯特圣昂吉提出"由中而上而下"的管理数字化转型方法。知识创新宜采自中而上而下的管理过程资本支出，一方面需要传承企业的整体战略，另一方面也需要深入了解企业投资的内涵。由于企业营运环境复杂，高层管理者并不一定能掌握企业知识本体，而底层人员亦因无技能及职权而无法掌握专业知识，故高级管理者的启动过程较为恰当，通过包含高级管理者与第一线人员之间的认知交换，创造专业知识。

在"由中而上而下"的管理中，较高层次管理者创造了远景以及理想，而中层管理者则发展一般人员所容易理解的、比较具体的价值观。中层管理者试着处理高级主管在理念与现实世界的矛盾。由中而上而下的模式是最有利于培育团队知识创新的模式。

三、管理数字化转型的步骤

数据化建设要想符合企业自身特色，需要制定怎样的数据化战略？企业数据化框架如何建立？先上哪步，后上哪步等这些都是企业在进行数据化过程中所无法规避的难题。此外，还要根据企业本身的特性、结合企业实际情况来确定。因为照搬任何一个企业数据化的建设模型都会出现错误。通常，企业数字化管理包括以下实施过程：

（一）构建数字化组织体系

建立数字化管理组织是对企业实施数字化管理工作的一个重要步骤。数字化管理组织根据业务数据的分类，包括企业人资系统、知识产权资源管理体系、客户资源系统、管理资源系统和企业财务资源管理系统。企业在制定数字化管理工作的战略规划以后，就必须逐渐把这些企业资源管理系统融入数字化数据管理的组织系统，形成支撑企业数字化管理体系的组织制度和组织方式。在这一体系中，不但有直接领导企业数字化数据管理活动的领导者，承担制定企业数字化数据管理活动的规划与策略，而且还要有更加专业化的组织，完成与企业数字化数据管理活动相关的任务。目前，中国企业的数字化管理尚处在摸索阶段，大部分企业仅在财务管理方面进行了数字化管理，并未应用在更为重要的知识管理方面。

（二）夯实数字化技术基础

对于中国传统企业来说，其数据化水平还处在比较低级的阶段，企业网络化程度较低，对网络资源的开发与使用还不能受到充分重视，企业数据化管理水平与企业数字化管理技术的实际需求还相去甚远。与此同时，企业现有的管理应用软件还无法充分适应各类企业数字化管理的实际需求，企业数字化管理也缺少真正具有实用性的管理工具，新引进的企业数字化人力资源管理软件系统也因为没有一定针对性，常常无法产生应有的应用绩效，从而使得企业数字化管理进度比较迟缓。所以，在企业数字化管理急需建设起支持企业数字化管理工作的基础建设的同时，还必须有针对性地引入与企业管理体系相匹配的数字化管理程序，从而促进企业数字化数据管理技术的深入人心。值得注意的是，数字化管理系统在带来方便的同时，也可能存在着风险：有不少企业在实施数字化技术改造的时候，往往忽略了数字化管理系统的安全性问题。如果发生了系统中毒、操作错误等情况，将导致系统崩溃、信息系统资源流失，其结果将不堪设想。因此，企业在实施数字化技术改造时必须把数据安全放在首位，并从数据安全问题入手，以逐步巩固已有的技术基础。

（三）制定数字化管理规划

流程是指一个共同为客户提供价值而又彼此联系的活动，企业是利用各种流程来运营的。流程是组织设计的基石，所以数字化管理应该首先从流程管理入手。业务流程重塑性是指对企业的所有流程都作出了基础性的再反思和彻底性的再设计，进而达到能够用包括成本质量服务价值以及速度等方面的整体业绩标准来评价企业的戏剧性的成果。当涉及企业运营的所有流程都开始被数字化，将企业各部分管理过程都联系在了一起，而成本费用也是可以计量、监控和管理的时候，整个数字化流程就开始了运转。

（四）跟踪数字化转型进程

管理数字化转型领先的传统企业都会实时追踪数字化 KPI，并就各部门 KPI 完成情况实时进行沟通。

这些传统企业会根据各部门数字化的优先级来衡量管理数字化转型 KPI，并确保高层能监督和管理这些指标。通过管理数字化转型，能让传统企业更好地推进数字化。

四、管理数字化转型的发展趋势

企业数字化管理既可能是较低层次的运用，如企业业务流程的智能化，也可能是较高级的运用，如业务流程再造。企业采用数字化管理系统改变业务流程以后，往往会带来相应的组织和文化变革，由此导致企业管理体系发生全面改变。

（一）知识价值呈现数字化趋势

当今世界的经济社会已由传统农耕经济、工业经济时代演变到了知识经济时期，由于工业社会的发达使得知识已经变成了最主要的生产资本，而知识也在创造社会财富过程中起了至关重要的作用，因此知识也成为了社会创造物质

的最主要手段。

（二）流程再造呈现数字化趋势

数字化管理引发企业流程变革。流程再造作为中国传统企业管理数字化变革的主要核心内容，被喻为是由"毛毛虫"变"蝴蝶"的管理工作革命，也被看作是继全面质量管理工作后的二次管理模式革命。但企业再造与中国传统的管理模式有所不同：一是将传统的由上至下的管理工作模式，变为数据流程的增值模式；二是企业再造并非在传统的管理基础上的渐进式改变，而是强调从根本上着手。

（三）组织变革呈现数字化趋势

数字化控制的实际使用意义主要表现在更深层次的应用——业务流程再造。企业再造理论指出，正因为计算机技术的出现彻底改变了企业原来的运行模式，才使企业再造的设想变成实际，是计算机技术和工作过程的创造性融合产生的奇迹。企业运用数字化管理使流程再造成为可能。常规的企业组织架构都是金字塔式的结构，最上面的代表是企业的最高执行官，接着是中央层，最后是基层。指挥自上而下，行动都来自最上层，接下来才是行政层。但是，人们了解社会市场最多的地方还是基层。而在不断变化的年代，消费者的个性化日益突出，这就需要把上述金字塔式架构颠倒，即消费者——一线工作者——管理层。而现在的政策由第一线工作者确定，由上级主管，支持服务提供往往会相应地引发企业组织的变革。组织变革是指在一种机构中所有的人事、架构或是技术上的变革。架构的变革通常包含了变更权力关系、协调机构、中央集权化程序、职位再设置及一些架构变化。技术变化主要指工作进行的方法、所采取的方法，以及工作设备的变化等。而员工的心理变化，则是指员工的工作心态、目标、意识，以及实际行动的变化。

（四）跨文化管理呈现数字化趋势

战略竞争的国际化必将产生战略管理行为的全球化，战略管理行为受人类的传统价值观、伦理道德、管理行为准队等社会习俗的广泛影响，并将其与不同文明有机融合，就产生了不同的管理文化和管理方式，因此，我国应怎样形成一个既富有中国传统文化特点，又吸收了人类的优秀文化成果的战略管理发展方式，是一个迫切需要研究的课题。

五、管理数字化转型的注意事项

在高度数字化的企业里，科学有效的管理流程减少了工作人员的冗余工作量，从而能够从总体上缩短工作时限。同时，数字化工具还能够让数据分析进行实时可视化，员工能够通过仪表盘看到自身正要完成或者未来计划的任务，及时进行监测与数据分析，帮助工作人员把握工作节拍，提升效率。数据是否全面、正确、有效，直接关乎数字化管理的成败。获取数据并不难，因为一个企业的内外部数据是成千上万的，关键问题是怎样搜集、整合到有效的数据。一旦采集到的数据本身并不准确或已经过期，就算数据加工处理的流程再合理，输出的数据也是错误的，这也就是许多传统企业信息系统失败的根源所在。传统企业要从全局入手，系统了解数据流向，有针对性地进行数据采集、整合等工作，以做好数据的源头管理工作。具体需要注意以下事项：

（一）战略数字化转型要先行

战略转型是指企业利用新技术开展全新业务合作，拓展客户群或市场。例如，小米原本是以家电制造为主的企业，但目前企业也将推出电动车，而这便属于一个战略转型，也是企业利用科技技术，重新思考团队发展以及运作模式的具体体现。

（二）决策数字化转型是核心

决策转型是指转型以往凭经验做决策的思维，利用大数据以及一些数据科技来帮助判断。在数字化转型之前，传统企业主要凭借经验进行管理决策。在管理数字化转型之后，传统企业就可通过大数据来寻找客户，并据此做出管理决策。

（三）文化数字化转型是结果

文化具有滞后性，在管理数字化转型过程中，传统企业要利用文化数字化转型改变员工思维，引导员工改变守旧思想，主动开展创新，提高自身素质。

（四）运作数字化转型是保障

经过管理数字化转型，业务流程也随之改变。员工要注意提升自我工作价值，将简单的重复性工作交给智能设备来处理。

【案例分享】

案例：浙江世仓智能仓储设备有限公司管理数字化转型

浙江世仓智能仓储设备有限公司（以下简称"浙江世仓"）成立于2017年，位于浙江省湖州市吴兴区，公司占地面积224亩，现有员工340多人，隶属于世仓智能仓储设备（上海）股份有限公司。浙江世仓专注于立体仓库货架产品的研发、设计与制造，年产10万吨仓储物流货架，1000台智能穿梭车产品，是国内货架行业的领军企业，也是浙江省高新技术企业。浙江世仓通过管理数字化转型，打造"世界一流货架企业"，实现项目"零风险交付"，让客户百分百满意。

（一）依托管理数字化转型推进精益生产改善

浙江世仓专注于"货架产品"生产，通过管理数字化转型，推进现场精益改善，丰富产品种类，提高产品性能，持续降低产品成本。通过管理转型，浙江世仓按照客户订单要求加强项目规划、结构设计、原材料采购、冲孔、轧制、焊接、喷涂、包装、发运、安装和调试等环节精益管理，切实提高项目可行性。为提高管理数字化转型成效，浙江世仓成立精益生产改善管理机构，运用 ERP、CRM 和 OA 等数字化软件系统和精益生产管理系统持续推进成本、工效、安全、品质和交期等改善和提升。

（二）依托管理数字化转型提高研发创新成效

随着大型智能立体仓库货架的需求增加，货架生产不再是简单的机械加工和现场安装，而是技术含量更高的结构设计和精密制造。大型智能立体仓库货架对材料性能、结构形式、制造工艺和安装精度的要求越来越高。近年来，浙江世仓通过管理数字化转型，不断优化升级公司财务管理系统，提高公司研发资金管理水平和使用效率，扩大公司研发资金投入，增强公司新材料和新工艺开发水平及新结构设计能力，不断提高公司产品技术含量和设计规划服务能力。通过管理转型，近年来公司产品质量更加稳定可靠，市场占有率持续扩大。

（三）依托管理数字化转型实现产品零风险交付

大型立体仓库项目从前期设计规划到建成投运不仅环节多、结构复杂，而且项目建设周期长、安全要求高。在项目实施过程中，项目管理能力至关重要。浙江世仓从管理转型入手，依托数字技术，从项目前期规划设计、房屋场地和设备基础施工开始，到产品生产制造、物流运输、现场安装调试、库内自动化设备联动运行等每一环节实施数字化管理，确保每一个环节无缝衔接。在货架生产制造过程中，对原料采购、外购件采购、零件图设计、生产排产、加工制造、品质检验和包装入库的每个环节采用扫码管理，确保产品质量、交期和安全。通过管理数字化转型，排除项目实施过程中因材料供应和成品发运、设备异常导致生产延期或者质量异常导致返工生产等异常情况，确保项目"零风险交付"，提高客户满意度。

（四）依托管理数字化转型提高客户满意度

客户满意度是公司各项工作的出发点和首要目标。为提高客户满意度，在管理方面，浙江世仓建立客户满意度调查机制和管理流程，借助数字管理系统，每月定期组织开展客户满意度提升活动：一是组织开展客户满意度调查分析活动。活动由公司高层领导牵头组织，在现场调查、书面问卷调查或微信群调查等基础上，召开现场会议或视频会议，并形成专题报告，通过 OA 系统报送公司高层领导及相关责任部门和责任人员。二是客户满意度改善活动。会议由主管领导组织，分析讨论顾客反馈的意见和问题，制定整改措施，并跟踪落实。通过客户满意度调查分析活动和改善活动，持续提升公司管理数字化水平，实现公司持续健康发展。

案例来源：2022 年 10 月 17 日笔者在浙江世仓智能仓储设备有限公司现场

调研的基础上撰写。

※**思考与探索**

传统中小企业的数字化转型升级，虽然口号都叫得响亮，但实际上更多中小企业面对的就是不能转、不敢转等问题，真正能够完成转型的企业也是少之又少。正像美的控股董事及总裁方洪波等公司高层在接受专访时说的一样，"数字化转型就像一口气，一口气突破了、顶住了，可能就是一片新的天地。而没憋过去的，便只能回到起点"。

请结合本章内容的学习，谈谈你对管理数字化转型的理解。

【**参考文献**】

[1] 陈雪频. 一本书读懂数字化转型［M］. 北京：机械工业出版社，2021.

[2] 何帆，秦愿. 创新驱动下实体企业数字化转型经济后果研究［J］. 东北财经大学学报，2019（5）：45-52.

[3]［美］加里·奥布莱恩，郭晓，［美］迈克·梅森. 数字化转型——企业破局的 34 个锦囊［M］. 刘传湘，张岳，等译. 北京：机械工业出版社，2021.

[4] 荆浩，尹薇. 数字经济下制造企业数字化创新模式分析［J］. 辽宁工业大学学报（社会科学版），2019，21（6）：51-53.

[5] 李海舰，田跃新，李文杰. 数字思维与传统企业再造［J］. 中国工业经济，2014（10）：135-146.

[6] 李舒沁. 欧盟支持中小企业数字化转型发展政策主张及启示［J］. 管理现代化，2020，40（5）：65-68.

[7] 刘宸希. "数字+"时代传统企业数字化转型路径研究［J］. 技术经济与管理研究，2020（11）：56-60.

[8] 卢彦. 数字思维2.0——传统产业数字转型［M］. 北京：机械工业出版社，2015.

［9］马晔风，蔡跃洲，陈楠．企业数字化建设对新冠肺炎疫情应对的影响与作用［J］．产业经济评论，2020（5）：80-94.

［10］逢健，朱欣民．国外数字经济发展趋势与数字经济国家发展战略［J］．科技进步与对策，2013，30（8）：124-128.

［11］孙利君．我国数字经济发展战略与对策研究［J］．管理现代化，2020，40（3）：74-76.

［12］孙志燕，郑江淮．全球价值链数字化转型与"功能分工陷阱"的跨越［J］．改革，2020（10）：63-72.

［13］王春英，陈宏民．数字经济背景下企业数字化转型的问题研究［J］．管理现代化，2021（2）：29-31.

［14］Tapscott D. The Digital Economy：Promise and Peril in the Age of Networked Intelligence［M］. New York：McGraw-Hill，1996.

［15］Velu C，Stiles P. Managing Decision Making and Cannibalization for Parallel Business Models［J］. Long Range Planning，2013，46（6）：443-458.

第七章
传统企业文化数字化转型

"成功的企业都是相似的，失败的企业各有各的原因"，这句话能够很好地总结当前传统企业数字化转型的困境——缺乏数字化转型总体规划，企业高层对数字化转型的认识和支持不够，数字化人才短缺，数字化转型资金投入不足等。所有这些原因归根到底都是因为传统企业没有形成与数字化转型相匹配的数字化文化。根据麦肯锡的研究报告，当前国内传统企业数字化转型的成功率仍然不高，尤其是像石油、天然气、汽车、基础设施和制药等传统企业的数字化转型成功率更低。传统企业数字化转型究竟难在哪里？没有获得预期转型目标的原因究竟是什么？成功的数字化企业转型企业究竟有哪些成功的数字化转型秘诀？

传统企业要与时俱进，就必须要紧跟时代发展潮流。当前，数字技术日新月异，而市场环境、客户需求和营商环境快速变化，传统企业要实现持续健康发展，就要正视这种变化，加快文化数字化转型，培育与数字化转型相吻合的数字化文化，支持数字化转型。只有具有强烈的转型意识，才能在不断变化的市场环境中加快技术革新，推动传统企业文化转型，只有打造灵活、敏捷的数字化文化才能更好实现传统企业发展。

第一节　传统企业文化数字化转型概述

传统企业普遍存在变革意识不强、接受新生事物慢、企业文化敏捷性弱等问题。在数字经济时代，传统企业数字化转型需要"创新至上、客户至上、数据优先、灵活敏捷、协调共进"的企业文化支持。随着数字化转型的推进，传统企业要逐步推进文化数字化转型，构建数字化文化，适应传统企业数字化转型需要。

一、文化数字化转型的挑战

数字技术是文化的一个重要组成部分。数字技术的普及应用给传统企业文化建设带来了新的挑战。传统企业在数字化转型过程中要以数字技术为抓手，建立起灵活、动态、有韧性、有活力和高黏合性的企业文化体系，适应传统企业在新时代的发展需要。在这个过程中，需要建立彼此相互信任、资讯更加透明、个人价值获得认同的数字化文化。

（一）管理方式颠覆的挑战

在数字经济时代，由于数字技术的发展，技术密集型企业已逐渐代替劳动力密集型企业，成为物质财富的主要创造者。由于更多的知识型工作者代替了原来的体力型工作者，传统企业面临着颠覆管理方式的挑战。与此同时，传统企业的营销价值观和战略决策也必须被市场经济所接受与接纳，这就需要加快传统企业文化数字化转型。因此，传统企业需要创建有利于企业数字化转变的数字化文化，使传统企业的价值观深入员工心中，并通过激励的方式充分调动他们的积极性，让他们在工作时最大限度地为企业发展作出贡献。基于数字化文化本身的特性，传统企业完成数字化转型之后将能获取更大的竞争优势。

（二）核心竞争力重塑的挑战

通常来说，成功企业获得最终竞争优势常常依靠他们与众不同的、具有鲜明个性的企业文化。随着移动网络时代的到来，消费市场变得更加多样化和个性化，传统企业需要拥有这种独特文化。这种企业文化不仅能提高企业的竞争层次和竞争格局，还可以增强企业的整体素质和综合能力，从而提高企业的核心竞争力。这是传统企业当前面临的挑战。也就是说，传统企业要想在激烈的市场竞争中立足，必须要形成富有自身特点的数字化文化，这是传统企业核心竞争力的重要体现。在数字化转型过程中，传统企业要不断在传统文化建设中加入新元素，形成具有自身特色的数字化文化。这种文化既要注重个性，也要同中求异。

（三）国际化发展的挑战

当前，国际化程度日渐加深，在国际竞争越来越激烈的市场环境中，各国经济相互渗透、相互依存，跨国公司的发展与兼并使世界性的企业越来越多，这就需要传统企业在数字化转型过程中的企业文化能够适应更加多样化的发展需求。传统企业很难再单纯凭借自身可用资源获得国际竞争优势，即国际化发展成为传统企业文化数字化转型的重要挑战。在这个过程中，更加多元的文化是传统企业实现数字化转型发展的重要内容。因此，传统企业需要反思企业文化的缺点与不足，打造具有数字化特征的企业文化，实现传统企业可持续发展。

（四）管理变革推进的挑战

当前，企业竞争已经从区域市场的竞争延伸到全球市场的竞争，从产品竞争转向客户竞争，市场的差异性大幅提高。这种新的竞争形势必然会增加传统企业的应变能力要求。为了满足新时代市场竞争的需要，传统企业的组织架构也要逐步从以集权为特征的金字塔式的层级结构演变为以分权为特征的扁平型组织架构。在新的组织结构中，由于管理层次简化，企业内部分工和因分工而产生的管理和协调大幅减少，这就大大削减了上下层级之间的沟通联络工作，减少了中层管理者使用人数。与此同时，为应对迅速变化的竞争形势，企业的不同部门组织和业务部门不断整合，企业内部的管理层级边界和职业组织边界也不断模糊，企业更加注重各组织目标的协调和结合。此外，提高团队荣誉感也是企业追求的重要目标。这些变化均要求传统企业进行管理变革，并对企业文化提出了新的要求。

（五）竞合关系改变的挑战

20 世纪 90 年代中期，拜瑞·内勒巴夫和亚当·布兰登勃格首次提出"竞合"这一概念，认为竞争与合作是不可分割的整体，通过合作中的竞争、竞争中的合作，才能实现共存共荣、共同发展。传统企业要正确认识竞合关系对自身发展的影响，通过文化数字化转型，建立和巩固各自的市场竞争地位。当前，传统企业只有更加注重企业社会责任感，才能更好地为社会服务，进而取得良好的经济效益。传统企业还应该注重以人为本，通过充分的信任员工和激励员工，将传统企业的核心价值观念传到员工的个人信念之中，并通过培养员工的职业素养和对企业的使命感，来完成传统文化到生产力的转化。在当前形势下，随着竞合关系的改变，传统企业文化建设面临前所未有的社会责任与挑战。经济全球化与社会的不断进步赋予了企业文化巨大的发展空间，建设具有先进性、开放性、多样化、符合自身发展需要的企业文化是传统企业的重要任务，也是数字化时代构建数字化文化的迫切需求。

二、企业文化与数字化文化

企业文化为企业发展而生，是集体的文化信仰、价值取向的融合产物，也是传统企业在发展壮大过程中不可或缺的黏合剂。对传统企业而言，不同的发展阶段需要不同的企业文化支持。数字经济时代，数字化文化的培育就显得尤为重要。

（一）企业文化

在西欧，罗马演讲家西赛罗首次采用"文化"一词。"Cultura animi"在拉丁文中的意思是指"灵魂的培养"，并由此衍生出生物在成长历程中逐步积累起的跟自身生活相关的知识或经验，这也是在相同自然环境和经济生产方式

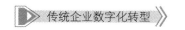

下所形成的一种约定俗成的潜意识的外在体现。

在考古学上，文化是以历史时期的工具特性来区分文化差异的。在同一时空条件下的工具与制造技术因相似而被视为同一种文化类型。随着网络的发展，关系相对疏离的个人或组织借助网络工具形成了依托信息环境的数字时代价值观，从而产生了各种文化现象。这些文化现象反映了数字时代文化生态的变迁和文化结构的改变，从而引起传统企业文化结构的调整和文化格局的改变。

企业文化是企业的灵魂，是指在特定的历史条件下企业生产经营和管理活动中所创造的，带有该企业特色的精神财富和物质形态。通常来讲，企业文化不仅包含企业愿景、企业精神、价值观念和文化观念等内容，还包括企业的道德规范、行为准则、人文环境、历史传统、企业制度、企业产品等内容。企业文化是促进企业发展的源泉，其内核是企业的精神与核心价值观。

曹卓君（2014）认为，互联网时代传统的企业文化存在不落地、不实际和不走心三大困境，指出在"快""新"的互联网时代，企业文化要实现从复杂到简单、从领导到用户、从单调到有趣三大转型。张桂平等（2017）以"人"的演进作为核心，分析了工业时代到互联网时代企业文化的变化，指出随着企业所处的外在环境和"人"的内在精神的变化，企业文化也会发生新的变化。根据这项研究，在互联网时代，企业文化具有开放性、生态性和体验性特点。因此，企业文化会呈现出价值共生、文化共创和精神共依的趋势。吕亦湘（2018）以西方的管理思想和我国的传统文化为例，分析了互联网时代传统企业面临文化转型的困惑和瓶颈，认为传统企业要基于国内企业的文化特点，结合互联网的时代要求推进文化转型。刘宸希（2020）认为，在互联网转型过程中，传统企业的员工为了适应企业转型发展需求，会在企业文化的熏陶下和外界环境的激励下实现改变升级。

特伦斯·E. 迪尔和艾伦·A. 肯尼迪把企业文化概括为五大要素，如表 7-1 所示。

表7-1　企业文化的五大要素

序号	构成要素	特征描述
1	企业环境	反映企业的性质、经营方向、所处环境、社会形象及其与外界的联系等方面内容，是企业行为的决定因素
2	价值观	企业内全体员工对某个特定事件或某种特定行为的好坏、善恶、真伪与是非等的判断与认识
3	英雄人物	能给企业其他员工提供学习榜样的人物形象，对企业文化的形成和发展起到促进作用，是企业文化的人格化
4	文化仪式	通过举办庆功会、周年庆典等文化活动，对影响企业发展的事项固化和形象化，引导领悟企业文化的同时进一步强化企业价值观
5	文化网络	作为一种非正式的信息传播渠道，能够传播出员工对企业的真实心态和愿望

（二）数字化文化

通常来说，数字化文化是指依托现代信息技术与智能工具将文化数字化之后形成的文化类型。不同于传统文化，数字化文化融入 AR、VR、3D 等数字技术以及网络和大数据等平台内容，其创新性、共享性、互动性和体验性更加明显。早在 2011 年，文化部和财政部就共同出台了《关于进一步加强公共数字化文化建设的指导意见》，要求加强公共数字化文化建设。2022 年 4 月 20 日，国务院办公厅在《关于进一步释放消费潜力促进消费持续恢复的意见》中进一步指出要培育壮大"数字化文化"这一消费新业态。

对传统企业而言，数字化文化就是基于数字化创新而形成的企业文化。在推进数字化转型过程中，传统企业的文化需要通过数字化创新，形成支持数字化转型的企业文化。这种文化既要突出以客户为中心，还要适应扁平化的组织结构调整需要。

（三）数字化文化的特征

数字化文化是数字经济时代数字技术驱动的文化，因此具有数字网络的诸多特征。数字化文化的特征主要有以下几点：

1. 技术依赖性

数字化文化是信息技术在企业文化方面的具体应用，有着很明显的数字技术特征。数字化文化既是数字技术的承载方式，也是数字技术的具体体现。数字化文化对数字技术具有很强的依赖性，数字化文化需要依靠相应的媒体介质来保存，数字照相摄像机、电脑、手机、平板等是文化不可或缺的信息媒介。数字技术也是数字化文化的重要物质媒介，如果没有通过数字技术进行处理、存储、传递，就不会有数字化文化的产生与变迁。另外，数字化文化可以通过数字媒体进行展示与传递。在数字化文化情境中，通过图文互动融合，数字化文化变得更加形象化，也更加容易表达。

2. 趋同性

受地理、时间等多种因素的影响，过去世界各国在哲学、宗教、文化和教育等领域千差万别。尽管世界各地彼此之间都有着广泛交往，但由于文化交流层次有限，交往内涵并不全面，各民族文化融入进度也较慢。在数字经济时代，经济全球化进程加快，极大地弱化了各民族的时空差异，特别是在全球化时代。地球上各国各民族的人都能零时滞共享同一网络载体，共用相同的网络语言和生活方式。在这种时代，人与人之间实现了随时随地的互动交流，民族特点被逐步淡化，文化差异减少，逐渐呈现出趋同性。

3. 互动与开放性

数字化文化以网络为主要传播载体。通过网络，数字化文化的参与者由单向互动变为多向互动，由封闭式走向开放式管理，双向或多向的信息交流成为可能。在数字环境中，一方面，个体的地位差异被削弱，时间与空间被淡化，交流互动内容表现出多样化，并分化成不同的主题社区，不同国家不同文化的人由于数字技术的相似性可以各取所需，也能够借助网络传达利益诉求并表达情感；另一方面，个体可以对社会、人文、经济等方面的话题表达意见，并得到呼应，能够获得心灵上的平衡与满足。而政府部门则能够在人群互动中识别当前社会中存在的急迫问题，通过群策群力，提高政府决策的科学性与民主性。在这样的环境条件下，互动式和开放性的文化特点得以充分体现。

4. 共享性

数字环境下的文化具有共享性的特点。在传统文化环境下，由于信息源的不同，个体知识存在差异，并因主客观条件限制，知识流动性并不强。数字化时代，少数人垄断信息和知识的时代已经彻底改变，每个人都能够通过网络系统和平台检索，共享人类社会已知的知识和信息。随着数字技术的发展，个体不仅能够了解各个领域的专业知识，还可以对社会各方面的看法、意见和建议进行分类比较，并提出自己的见解，在网上享受个性化的自我服务和自我创新。在这样的环境条件下，企业文化也可以通过知识共享得以重构。

5. 非理性

由于网络传播的开放性、匿名性、时空超越性和实时交互性等特点，容易导致"群体极化现象"（保守的会更保守，激进的会更冒险）。从理论上讲，一方面，个体可以在网络平台上发布和传播任何观念和想法，这就极大地激发了个性的张扬，呈现出了非理性特点；另一方面，由于网络参与者的多元性、复杂性和隐蔽性等特点，加剧了人的非理性倾向。在数字时代，在培育数字化文化过程中需要注意这种倾向。

三、文化数字化转型

随着数字化转型的不断推进，数字化转型观念日益深入，数字技术与传统企业在文化层面实现了融合发展。是否需要文化数字化转型，如何促使文化数字化转型，如何识别已经完成了文化数字化转型等是传统企业需要优先考虑的问题。

（一）文化数字化转型的内涵

传统企业到底需要什么样的数字化文化，这是一个仁者见仁，智者见智的问题。对传统企业而言，数字化转型是指由于数字信息技术的广泛传播所触发和塑造的组织变革。这种变革包括社交、移动应用、大数据、云计算和物联网等的融合，具有广泛的延展性与组合性。当传统企业意识到当前的企业文化与原先的企业愿景、企业使命、核心价值观和战略目标不一致时，企业文化转型就开始了。当传统企业实现了企业文化与新的企业愿景、新的企业使命、新的核心价值观和新的战略目标相吻合时，其文化数字转型就已经完成了。

从这个角度来说，所谓文化数字化转型，简单地讲就是指传统企业文化向数字化文化转变的过程。文化向数字化方向转型有助于传统企业通过企业文化调整，更好地达成数字化转型的战略目标。从这个角度来看，文化数字化转型的实质是数字经济时代各行各业走向数字化的过程。

文化转型是传统企业变革的重要方式。通过数字化转型，传统企业将能实现从主要依赖"人—机（机械化设备）"的协作方式向"人—机（智能化设备）—平台（数字化平台）"的协作方式的转变。在这个过程中，转型加速了企业文化变革，为文化数字化转型创造了条件。

（二）文化数字化转型的特征

虽然企业文化看似无形，但对传统企业实现可持续发展至关重要。对传统企业而言，强大的企业文化与市场竞争力、员工和客户保留率以及人才吸引力相关。成功的转型能使企业文化更好地支持企业使命、企业愿景和企业战略目标的达成，并为员工赋能。

1. 敏捷性

文化数字化转型的敏捷性特征主要是指传统企业在文化数字化转型过程中能在不断变化、预测的经营环境中具有善于应变的能力。数字化转型战略要求传统企业打破原有高耸式、多层级组织结构，构建扁平式、敏捷型组织结构。这种战略突出以客户需求为中心，具有较强的灵活和快速的响应性。

2. 变革性

在数字化的企业中，是谁在决策？是高层管理者还是中层管理者？或者是那些具有相关经历的一线人员？对传统企业来说，数字化转型的根本目的是提高适应市场、服务客户的敏捷性，提升核心竞争力。因此，在传统企业文化转型过程中，变革性就显得尤为重要。在数字化时代，企业内部传统意义上的金字塔组织结构已经无法满足数字化时代的竞争需要，必须形成无边界化、扁平化的新型组织结构。在这样的组织中，一线人员将拥有更多的决策权。要衡量一个组织结构是不是能够适应数字化的新时代，就是要看决策的速度是不是够迅速，组织是不是有足够的敏捷性来迅速适应这种变革，能否及时感知并抓住其中的机会，从而不至于被市场淘汰，甚至还能利用这些机会促进发展，实现弯道超车。

3. 包容性

数字化转型战略要求传统企业通过战略转型构建具有包容性的企业文化，以适应数字技术给传统企业带来的影响和冲击。只有具有包容性文化特征的传统企业才能更好地推进战略数字化转型。就传统企业而言，其从文化上是厌恶风险的，"眼见为实，看见才相信"是普遍的认知，追求"不求有功，但求无过"。为了培养传统企业的适当冒险精神，传统企业需要改变传统思维模式，鼓励员工在企业数字化转型中大胆创新，在一定程度上允许员工在技术、业务和模式等变革创新中的错误做法和失败行为，为数字化转型营造良好的文化氛围。因为数字化转型成功的关键是形成冒险精神的、鼓励创新的数字化文化。数字化企业的成熟度评价模型指出，趋于成熟的数字化企业与其他企业相比，对风险具有更大的包容性。而数字化转型成功的企业在文化方面崇尚"相信才能看见"，对失败的容忍度也较高。可见，对风险具有包容性是传统企业形成数字化文化的重要标志。

4. 协同性

传统企业数字化转型相对更容易失败的原因除了组织架构层级复杂，缺乏创新文化以外，还有一个重要原因就是跨职能部门之间难以协同。在我们的思维观念中，我们常常习惯性地认为，创新是少数天才的灵光一现，然而在现实中，很多好的想法往往是由各种不同背景的人共同努力得出的。由此可见，数字化转型需要通过跨专业、跨职能的团队来进行。跨专业、跨职能协同的主要推动力就是愿意接受风险，并且愿意营造合作的工作环境。在转型过程中，共享的资源、规范的流程、模糊的角色界限和协同的组织氛围是传统企业成功推进数字化转型的重要因素。这种认知的改变、合作的理念、协同的文化正是传统企业推进数字化转型的关键。

5. 动态性

具有动态性反映的传统企业文化在数字化转型过程中具有较强的变动性。从文化内容来看，企业文化与传统企业的宗旨、理念、使命、愿景、目标和战略等紧密相连，是数字化转型的能动反映，必然会随着发展的状况随时调整，表现出比一般文化更强的变动性。从企业文化形式来看，企业文化内容的动态性必然要求企业文化形式随之变动，才会不断实现发展。从企业文化主体来看，企业文化的主体是人，传统企业在文化数字化转型过程中不仅是要能够满足员工各种需要，而且是其实现人生价值的保证。由此可见，文化数字化转型要求传统企业要能紧跟数字技术变化和智能设备迭代更新，呈现出动态性。

（三）文化数字化转型的基础

传统企业数量多，差异大，数字化转型难度较大。要想成功进行文化数字化转型，传统企业应该具有基本的数字化转型条件，如表 7-2 所示。

表 7-2　数字化文化的基础

序号	转型基础	特征描述
1	组织灵变性	能够根据数字化经营管理特点及时调整组织结构，开发新产品、建立新的管理流程、打造新的工作方式
2	数据驱动性	数据能够贯穿传统企业经营管理的每个环节，要有较高的数据使用率
3	主动颠覆性	能够应用数字化思维主动颠覆自我，培养客户意识、开发新产品、改善管理流程，引导传统企业转型发展
4	风险规避性	能够规避传统企业数字化转型后的客户隐私、伦理道德等数字安全隐患

四、文化数字化转型的功能

随着数字化转型浪潮的到来，在传统企业内部必然会发生各种不同意见的碰撞与冲突，而且企业的规模越大，适应这种转型的过程将会越漫长。任何一种转型都会伴随风险，包容和创新的企业文化有助于传统企业通过转型抓住机遇。在数字化转型过程中，最难的或许不是数字技术的导入，而是传统企业要如何适应转型之后的业务模式、管理流程和组织架构。因此，价值创造成为传统企业数字化转型的根本目标。数字化转型的出发点和落脚点都要服务于价值创造、传递、获取等方式的转变，并将获得可持续发展的总体价值效益作为转型决策的核心评判依据，即要把过去以物质生产和物质服务为主的价值体系转变为以信息技术和信息服务为主的价值体系。

传统企业在文化数字化转型过程中的功能主要有：

（一）创新文化管理机制

数字化文化管理有助于打破文化管理格局，变革文化管理与服务模式。通过文化数字化转型，积极培育数字化文化，以解决数字化文化管理的碎片化与分散化问题。

（二）增加数字化文化供给

尽管近年来数字化呼声非常高，但数字化文化总量仍然较小。加快传统企业数字化转型是增加数字化文化供给，满足全社会对数字化文化需求的不二选择。

（三）促进数字化文化发展

数字化转型是促进传统企业数字化文化发展的重要举措。随着数字技术的发展，近年来传统企业在数字化文化转型方面取得了不错的成效，但总体上来看，传统企业的数字化文化影响力不大。加快传统企业数字化转型，是促进数字化文化发展的重要途径。

（四）提高数字化文化素养

数字化文化给传统企业带来了崭新的人文感受，但是数字文化素养的差异也会造成数字文化体验的差异，不利于数字化文化传播。在数字文化治理中，传统企业要加大数字化文化教育和培训，减少差异，让客户更好享受数字文化服务。

（五）规范数字化文化治理

数字化文化治理是传统企业文化治理体系和治理能力的重要组成部分。数字化文化治理离不开评价标准体系构建。数字化文化治理评价标准体系的建立有助于提高数字文化服务效率。

（六）扩大数字化文化传播

网络的开放性、自由性和匿名性等特点虽然容易导致极端化和无序化，但也有助于数字化文化传播。传统企业在数字化转型过程中要善于应用网络传播规律，主动适应传播数字化文化，从而扩大传统企业自身影响力。

（七）增强数字化文化实力

在数字环境下，企业文化已经由静态变为动态、由单一变为多元、从管理走向服务、从封闭到开放转变，传统企业应加快文化数字化转型，促进文化传播，提升数字化文化软实力。数字化文化的趋同一方面促进了文化融合，让数字化文化的影响力扩大；另一方面由于缺少有效的数字安全防范体系，数字化文化的不确定性增加，安全问题更加突出。数字化文化管理显然不仅是文化管理的创新，更与政治、经济和社会发展密切相关。

五、文化数字化转型的现状

文化管理是管理的最高阶段和层次。在数字化转型过程中，虽然传统企业已经注意到文化数字化转型的重要性，但由于没有赋予企业文化新的数字化内涵，甚至在企业内部尚未对数字化转型达成共识的情况下就盲目启动了数字化转型，结果必然会导致企业在数字化转型过程中遇到层层阻力，导致数字化转型最终流于失败。

（一）数字化文化认知失误

数字化转型成功与否与数字技术本身无关，而在于在传统企业内是否具有浓厚的数字化文化氛围，这种数字化文化能让传统企业保持高度的敏捷性和适应性，从而在数字化转型中获得成功。如果企业文化并未因此而改变，那么数字化转型就可能只是一阵风，难以持续很久。一个缺乏企业文化底蕴的传统企业，或许在一时可以取得可观的经营效益，但却很难长期维持竞争优势和可持续发展。虽然许多传统企业都对核心价值观高度重视，但是在理解上却仍然存在着含糊、平庸等状况。在实践中主要体现为：一是"口号文化精神"。在工厂、写字楼贴满各种各样的标语口号，企业文化成了装点门面的工具。其实，落地才是文化最为核心的内容。二是"补充文化"。企业文化常常被用于思想政治工作的补充，或者被简化为各类文体活动。三是"空洞文化"。企业高层经常提一些脱离企业发展实际的理念，或是用激志的"心灵鸡汤"作为企业文化。四是"文本文化"。一些企业专门聘用所谓的文化"大咖"作为企业文化"外脑"，拼凑各种流行词汇作为企业文化蓝图，既不是理论也不像规章制度。五是"仪式文化"。企业推行"走过场"的形式主义作为企业文化内核。

（二）数字化文化尚未形成

虽然数字化技术很重要，传统企业引进数字技术，安装了智能化设备，导入了智能化生产系统，打造了智慧车间和智能工厂，但这并不代表传统数字化转型的全部。当前，很多传统企业的数字化文化尚未形成，不利于数字化转型的持续推进。数字化转型如果没有最终形成数字化文化，这种转型就很难持续发挥作用，甚至可能会因为经营管理过程中的某个事件戛然而止。因此，企业高层管理者除了要制定清晰的数字化转型愿景和企业战略，还要加快推进文化向数字化方向转型，通过数字化文化引导传统企业朝着正确方向发展。对广大中基层管理者和一线员工来说，文化数字化转型可以切实帮助他们理解转变过程中的角色，以及如何推动这一转变。

（三）原有文化阻碍数字化转型

通常来说，一种文化特质只适用于某种特定的环境和条件，在外部环境和条件发生变化以后，才会暴露出它的缺陷。这就需要形成新的企业文化特质，修正和改变不适合数字化转型发展的文化特质，以满足传统企业生存、发展和条件变化的需要。

在数字经济时代，数字化转型的实质是传统企业的文化重塑过程。传统企业通过文化数字化转型，其企业文化将会发生深刻变革。在数字化转型过程中，顽固、保守的企业文化会带来惯性思维和惯性行为，阻碍传统企业数字化转型。文化变革是传统企业在数字化转型过程中面临的最大挑战之一。

第二节　传统企业文化数字化转型模式与内容

文化数字化转型是传统企业成功实现数字化转型的重要保障。莱斯特·瑟罗（Lester Saroyan）在《二十一世纪的角逐：行将到来的日欧美经济战》一书中写道，21世纪的企业竞争，将在一定程度上取决于文化力的较量，没有强有力的企业文化支撑的企业，将会失去发展所需要的营养。面对传统企业的数字化转型，企业文化自身想要实现自我超越，就要寻求适应数字化发展的文化转型。这是传统企业当前所面临的重要又紧迫的课题。

一、文化数字化转型的目标

数字化转型虽然是技术变革，但在组织层面的变革是对传统企业原有的企业文化的变革。这种变革如果不能有效融入传统企业的文化中或者不能实现向数字化方向转型，将难以有效支持其数字化转型。

（一）打造变革性数字化文化

文化转型是数字化转型成功的关键。一般来说，传统企业的文化较为保守，往往很难推进数字化转型。因此，在数字化转型过程中，传统企业还要从文化入手，做好数字化转型：一是导入数字化转型相关课程培训，让员工了解数字化转型的重要性和紧迫性，以及数字化转型的目标和意义；二是与全体员工讨论数字化转型战略及其如何使每个利益相关者受益；三是实施与数字化转型相吻合的文化，规范员工行为，扫清数字化转型障碍。

（二）培育包容性数字化文化

通常来说，当传统企业在利用数字技术推进文化数字化转型时能够将人放在第一位，就表明已经建立了更具包容性的企业文化。通过文化数字化转型，传统企业要让每一位员工都感到能够被公司所包容。通过文化数字化转型，打造数字化工作场所，让员工朝着相同目标工作的同时，相互学习，接受彼此的差异。

（三）建立跨专业数字化文化

跨专业协同是文化数字化转型过程中的主要推动力。许多传统企业希望拥有数字化初创企业那样快速和创新的企业文化，从而凭借其创新和客户至上的理念，实现快速发展。其实，传统企业不需要建立与数字化企业相同的企业文化，但需要跨专业的数字化文化才能实现传统持续健康发展。跨专业数字化文化往往拥有一系列共同的、相互强化的价值观和做法，这些价值观和做法能够在数字化环境中实现高效的创新和执行。在这个转型过程中，传统企业的价值观就显得更为重要。传统企业管理者要不断加强具有开放性和自主性，能够快速响应，并具有广泛影响力的数字化文化价值观，并将其内在化，让其融入员工日常行为中。

（四）建立敏捷性数字化文化

大多数数字化转型成功的传统企业，除了车间引进智能化设备，完成智慧车间、智能工厂硬件改造，还会在企业内部引进可循环、模块化和可交互的IT系统，完成智慧大脑改造。经过这样的改造，数据将成为企业最宝贵的资源，能够在企业内部快速得到普及应用，进而让资源能够快速进行再配置。要达成这样的目标，就需要塑造协作、敏捷的数字化文化。具体体现在四个方面：一是外部协作。通过发展鼓励协作的敏捷文化，传统企业要参与到更广泛的生态系统中，与行业外的企业进行广泛合作、深度学习和协同创新。二是风险偏好。在数字化转型过程中，传统企业会受市场或行业因素影响，不确定性日益增加，需要形成风险偏好的敏捷文化推进数字化转型。三是动态学习。数字化转型是一个快速迭代的过程，需要敏捷的数字化文化，形成"边测试边学习"的思维模式确保数字化转型工作的开展。四是内部合作。敏捷的文化

有助于内部协作的拓展。

二、文化数字化转型的模式

文化是驱动传统企业数字化转变的关键因素。传统企业在数字化转型过程中，不仅要用数字化的技术和应用推动组织内部的系统，而且要建立鼓励协同的企业文化，只有这样数字化技术、应用和文化才能相互影响，而文化则是推动传统企业数字化转型的保障，需要引起企业高层重视。在推进数字化转型过程中，上下协同是转型成功的关键。不少传统企业认为文化很重要，但却从不在文化建设上面花费时间。企业领导认为员工在进行数字化，中层管理者认为他们的权力不够，推动不了文化转型，导致员工不知道企业的数字化愿景是什么。由此可见，在转型过程中，文化数字化转型的模式非常重要。

（一）技术引领型数字化转型

在数字化时代，信息主要以数字化的方式呈现，人与人之间的交互，只要通过网络这个介质就可以获得我们需要的信息。从这个层面来看，网络作为数字化信息传播的载体，已经成为我们生活、学习和工作不可或缺的部分。随着网络的普及，尤其是5G的商业化应用，人们基本实现了在手机、电脑、平板等智能设备获取我们所需要的信息。很显然，这种转型就是技术引领的文化数字化转型。通过技术驱动，由数字化驱动的信息流成为这个时代文化生活的重要组成部分。如家电、牙刷、钥匙等生活用品，又如洗衣机和冰箱等家电都能够安装芯片，实现数字化转型。

（二）模仿借鉴型数字化转型

虽然企业文化是企业发展的灵魂，但却很少有企业从一开始就依托企业文化而实现长远发展。模仿借鉴作为传统企业数字化转型的抓手，是推进文化数字化转型的重要举措。在数字化转型过程中，传统企业需要通过文化转型，摆脱数字化转型误区，真正领会数字化转型的深意与内核。

（三）主动跟随型数字化转型

"主动跟随"与"特立独行"相对应，意味着不用引起他人的分外注意，也不用单独接受挑战，只要与大方向保持一致，与他人保持一致，就是一种"保护色"，就会有安全感。这种转型紧跟他人之后，能有效规避风险。从文化层面来讲，这种转型模式是甘当"老二"的哲学，也就是不愿做"出头鸟"，从而更好保存实力，瞄准机会冲刺第一。主动跟随型数字化转型是指有策略地跟进强者，不同于盲目跟风，需要企业高层对企业自身做出正确评估，明确自己的优势和劣势之后，对未来走向做出正确判断。从数字化转型成效来看，数字化转型风险较高，做"老二"并非升居人后，而是要减少更多的风险，以期获得更多的利润。

（四）引领发展型数字化转型

跟随者和引领者是传统企业在数字化转型过程中两个不同的角色定位。对跟随者来说，只要能够跟上引领者的步伐，亦步亦趋，也能够持续发展。引领者则不同，引领者是旗帜、是标杆、是领袖。作为引领者，需要提升魅力和感召力。从全球视野来看，要成为数字化转型的引领者，传统企业就需要有创新的技术和产品，文化上要有自己的价值观，这就需要有魅力的领导者。从跟随者向引领者这样一种身份的转换，实际是文化的重要转型。对正在实施数字化转型的传统企业来说，这是一个巨大的考验。而要经受这样的考验，并能够完成这样的转变，最为重要的就是要在文化层面实现自身创新要素的聚集，汇聚整体创造力，进而成为数字化转型的引领者。

三、文化数字化转型的原则

数字化转型的出发点和落脚点是着手数字化转型首先需要明确的问题，它决定了数字化转型的主要导向，即数字化转型从哪里入手，以及要围绕什么来进行。传统企业只有从企业本质入手，基于自身价值系统，通过数字化转型创新和重构价值体系，形成支持数字化转型的数字化文化。文化数字化转型过程中需要遵循以下原则：

（一）连续性原则

数字化转型是一个连续、渐进的过程，需要相应的文化来支撑。也就是说，文化是衡量传统企业数字化转型能否成功的重要标志。数字化文化的形成需要靠传统企业全体员工的齐心协力，也就是要有数字化转型的企业愿景和使命。传统企业中的每位员工都要清楚地明白，自己如何为企业发展贡献自己的力量。数字化文化既是传统企业实施数字化战略的重要支持系统，也是消除原有文化阻力，确保传统企业实现数字化转型的关键。

（二）绩效性原则

在数字化转型过程中，需要坚持绩效性原则，做好数字化转型成效，即转型绩效评价。数字化绩效评价是传统企业数字化转型能否成功的重要衡量标准。根据"衡量什么，将得到什么"的思路，在推进文化数字化转型过程中，要设置企业上下一致认为的关键绩效指标（KPI），要按照目标与关键成果（OKR）要求推进数字化转型。

（三）多元性原则

随着"双循环"（国内国际双循环）的推进，在数字化转型过程中，跨职能、跨团队、跨民族的交流合作逐步增加，对跨文化有了更多需求。传统企业在文化数字化转型过程中要按照多元化要求，构建数字化文化。

（四）层次性原则

在数字化转型过程中，不同层级的人因接受的教育和培训不同，其说话、行动和思考的方式存在差异，对数字化转型的诉求也不同。因此，传统企业在推进文化数字化转型过程中要有层次性，要考虑各个层级对数字化转型的感受。比如，企业高层希望通过文化数字化转型增强文化凝聚力和向心力，从而能更好调动全体员工的工作积极性；研发部门希望通过文化数字化转型增强企业文化的包容性，为研发人员开展研发工作提供更加包容的文化环境；营销部门希望获得更加精准的客户资料，从而更好地提高产品销售成功率；客服部门则希望获得更加精确的客户投诉意见，为客户提供更加精准的服务等。

（五）时空性原则

文化的形成是一个从无序到有序、从抵触到接受、从零星到内化的循序渐进的过程。因此，传统企业在推进数字化转型过程中要考虑文化的时间和空间，遵循时空性原则，不要拔苗助长。

（六）演化性原则

数字化文化是数字技术动态发展的产物，并不是一成不变的。随着数字技术的快速迭代，传统企业在推进文化数字化转型过程中要跟上这种变化，遵循演化性原则。如何朝着企业期望的方向演变是传统企业在推进文化转型过程中需要考虑的问题。在推进文化数字化转型过程中，要按照文化演化性原则，推进文化演化，从而适应数字化转型发展的需要。

四、文化数字化转型的内容

在文化数字化转型过程中，传统企业不仅要改变原有的商业模式、发展战略、生产组织方式、营销策略和人才管理模式，还要改变企业原有的领导风格、管理模式和组织氛围。数字化文化的内容是十分广泛的，主要应包括以下内容：

（一）经营哲学数字化转型

经营哲学也叫企业哲学，既是指导企业行为的基础，也是推进企业文化数字化转型的关键。面对激烈的市场竞争，传统企业在文化数字化转型过程中面临着各种矛盾和多种选择，需要科学的方法论来指导和符合逻辑的思维进行决策，这就是经营哲学。

（二）价值观念数字化转型

价值观念（通常是指价值观）是指基于某种功利性或道义性的追求而对传统企业本身的存在、行为和结果而进行的评价。企业价值观是指企业员工对企业存在的意义、经营目的、经营宗旨的价值评价和为之追求的整体化、差异化的群体意识，是企业全体员工共同的价值准则。对传统企业而言，价值观是其在长期经营管理活动中形成的观念体系。只有在共同的价值准则基础上才能产生企业正确的价值目标，与此同时，有了正确的价值目标，企业上下才会有奋力追求价值目标的行为。因此,企业价值观决定着员工行为的取向,关系企业的生死存亡。在文化数字化转型过程中,企业要积极推动价值观数字化转型。

1. 重构价值主张方式

通过文化数字化转型,重构传统企业价值主张方式,明确为各利益相关者提供价值的形式,实现从工业经济时代卖方市场逻辑转变到数字化时代买方市场逻辑。通过文化转型,传统企业将数字化渗透到研发、生产、营销和管理等环节中,其核心是利用数字化技术和创新成果为客户创造价值,推进价值主张从卖方市场向买方市场转变。

2. 重构价值创造方式

通过文化转型,重构传统企业价值创造方式,明确传统企业创造价值通过的核心过程,实现传统价值链向现代价值网络转变。其中,传统价值链是在工业经济时代传统企业依靠自身专业分工形成的、相对稳定的竞争优势;价值网络是在数字化时代传统企业依靠数字能力赋能,构建起来的能够快速响应市场需求,具有动态柔性特点的价值体系。通过价值创造方式的转型,重构传统企业价值链。新的价值链能够根据客户需求运用自身研发和柔性制造能力,快速组织产品研发和生产。

3. 重构价值传递方式

通过文化转型,重构传统企业价值传递方式,明确将价值传递给利益相关者的载体和方式,实现从工业化时代通过产品交易实现价值传递向数字化时代通过能力共享实现价值传递的转变。价值传递方式的重构促进了文化数字化转型。

4. 重构价值支持方式

通过文化转型,重构传统价值支持方式,明确创造价值过程中需要的关键支持条件和资源等,实现从工业化时代单一要素驱动向数字化时代以数据为核心的全要素驱动的转变。价值支持方式的重构为文化数字化转型创造了条件。

5. 重构价值获取方式

通过文化转型，重构传统企业价值获取方式，明确价值获取的最优模式，实现从工业化时代通过物理产品规模化增长获取价值向数字化时代通过个性化服务按需供给获取网络化、生态化发展价值转变。

（三）企业精神数字化转型

企业精神数字化转型是指传统企业在推进数字化转型过程中，基于自身发展愿景、企业使命和经营宗旨，融入数字元素形成的企业精神风貌。在数字化转型过程中，企业精神要在传统企业全体员工有意识的数字技术实践活动（使用智能设备和智能办公系统等）中体现出来，是企业员工数字观念意识和进取心理的外化。数字化转型之后所形成的企业精神是数字化文化的核心内容，在整个企业文化中具有支配地位。这种企业精神以数字化的价值观念为基础，以数字化的价值目标为动力，对传统企业的经营哲学、企业形象、管理制度、道德风尚和团体意识等均起到决定性的作用。可以说，企业精神数字化转型是传统企业数字化转型的灵魂。通过数字化转型，形成既富于哲理，又简洁明快的数字化企业精神，是传统企业数字化转型的重要内容。

（四）企业伦理数字化转型

企业伦理是传统企业在经营过程中应遵循的道德准则。通常来说，只要有两个或两个以上的人从事经营活动时就存在伦理问题。在文化数字化转型过程中，传统企业就需要推进企业伦理数字化转型。与伦理相近的一个词为道德，两者的内涵基本相同，均与行为准则有关。区别在于，伦理具有社会性和客观性，主要是指客观的道德法则；道德具有主观性，主要是指个人的道德修养及其结果。在文化数字化转型过程中，传统企业要通过伦理转型，明确企业的善恶、公私、荣辱和真伪等价值判断标准。虽然企业伦理不同于法律规范和制度规范，不具备强制约束力，但企业伦理具有积极的榜样力量和感染力，能起到强烈的示范效应。经过数字化转型之后，企业员工认可和接受了这种文化之后将具有较强的自我约束力和普遍的适应性，能积极促进企业转型发展。

（五）团队意识数字化转型

团队一般是指为了特定的目标，由技能互补、相互协作的若干个体（两个或两个以上）组成的共同体。在这样的共同体中，一般会具有共同的目标和集体的观念，即团队意识。在推进文化数字化转型过程中，传统企业需要培养这种具有内部凝聚力的团队意识。通过文化转型，形成具有数字化特点的团体意识，将成为传统企业数字化文化的重要内容。在这样的文化氛围中，企业员工会把自己看作是企业利益的共同体，对传统企业通过数字化转型所取得的成就充满自豪感，会把自己的工作和行为看作是实现企业目标的重要组成部分。因此，具有强烈归属感的员工会为实现企业的发展目标而努力奋斗，自觉地克服与实现企业发展目标不一致的行为。

（六）企业形象数字化转型

通常来说，企业形象是指通过企业的外部特征和内部经营实力表现出来的，被客户和社会公众所认同的企业总体印象，具体可分为表层形象和深层形象两部分。其中，表层形象主要是指通过传统企业外观形象展示出来的外部形象特征，如企业的商标、广告语、招牌、员工服饰、办公场所装饰风格、生产现场环境等给人留下的直观感觉。随着数字技术的发展，传统企业可充分应用CIS视觉识别系统，加强文化中的理念识别（MI）能力、行为识别（BI）能力、视觉识别（VI）能力、空间识别（SI）能力和环境识别（EI）能力建设。深层形象主要是指由传统企业自身经营实力表现出来的内部形象特征，如企业的员工素质、资金筹集能力、管理水平、产品质量口碑等给人留下的理性认知。在两者的关系上，两者相互补充，表层形象要以深层形象为基础，没有深层形象这个基础，表层形象就是虚假的，无法长久地保持。在文化数字化转型过程中，传统企业要加强表层形象建设，但这绝不是说传统企业可以把深层形象放在次要的位置。

（七）企业制度数字化转型

企业制度是在传统企业生产经营活动中所形成的，对员工的行为带有强制性，并能保障一定权利的各种规定。从企业文化的层次结构看，企业制度属于企业文化的中间层次，既是位于核心层的企业精神文化的表现形式，也是位于表层的物质文化的表现形式。企业制度作为员工行为规范的主要模式，通过转型，使员工个人活动得以合理进行，企业内外部的人际关系得以协调，员工的共同利益受到有效保护，从而使企业有序地组织起来为实现企业目标而努力。因此，企业制度的数字化转型是传统企业文化数字化转型的重要内容。

（八）企业使命数字化转型

使命是组织成功的关键。大多数数字化转型成功的企业都是使命驱动的。从本义上来讲，企业使命是指传统企业在社会经济发展中所应担当的角色和责任，是传统企业存在的原因或者理由。企业使命不仅回答了企业的主营业务是什么的问题，还回答了这样做的理由和意义。从这个角度来说，不管原因或者理由是什么，在文化数字化转型过程中，要让企业使命融入数字化元素。在文化转型中，数字化转型的原因不合理，或者理由不充分，将很难持续推进数字化转型。

第三节　传统企业文化数字化转型路径与方法

新一轮科技革命和产业变革正在孕育兴起，数字技术在多个领域的重大突破都处于关键时期，数字技术刷新了我们的生产生活。

一、文化数字化转型的路径

企业文化是由企业高层管理者倡导、上下共同遵守的文化传统和不断革新的行为规范，体现了传统企业的企业价值观、经营理念和行为规范，渗透在传统企业的各个领域和全部时空，在企业生存发展中可起到导向、约束、激励、凝聚和传播的作用。传统企业文化数字化转型主要从以下几个方面采取措施：

（一）高层推动文化数字化转型

构建适应数字化管理的数字化文化是一个系统工程，涉及企业战略规划、人力资源调配、资金投入和文化变革等重要问题。高层管理者认识、支持以及身体力行是构筑适应数字化管理的企业文化的首要基石。高层管理者头脑中萌发的价值观念、精神境界和理想追求等要符合新经济时代关于鼓励创新、快速应变、尊重个性和宽容失败等时代精神。

（二）网络推动文化数字化转型

在数字经济时代，网络已经成为重要的传播载体。传统企业要借助网络这个载体，通过头脑风暴法、团队名排法、鱼骨图法和世界咖啡法等手段将萌发于员工头脑中的数字化管理观念通过网络展示出来，并使全体员工产生认同感，成为企业的群体意识和行动纲领。文化交流的作用就在于能够带领员工领会传统企业文化数字化转型过程中的经验和做法。要想改变员工对传统企业文化数字化转型的态度和对文化数字化转型的认知，就要让员工通过经历企业数字化转型过程再造心智模式，而不能只是把文化数字化的结果告诉员工，这就需要传统企业应用网络推动文化数字化转型。

（三）协同推进文化数字化转型

协同是数字化经济时代重要的特征。传统企业在文化数字化转型过程中，可以借助网络平台实现多维度、多层次和多领域的协同，将能够展示企业软硬件实力的产品、技术服务、环境保护、社会赞助以及企业厂房设施等在网站上发布，并与外界客户和合作伙伴进行信息互动。这种展示虽然不是企业文化的"根"，但却是企业文化的"果"，是属于企业文化结构中物质层面的内容。因此，传统企业借助网络结成经营战略联盟或合作伙伴关系，发挥包容性企业文化，寻求在全球范围内开展开放式合作。在这个过程中，传统企业既要充分发挥自身优势，也要实现信息资源共享和利益分配。通过文化数字化转型，在传统企业内部形成团队合作精神，使企业员工在物质、精神和心理需求得到满足的同时，相互之间能够形成强烈的团队意识与协作倾向，从而实现企业持续健康发展。

（四）个人响应文化数字化转型

不同于传统管理，把"人"界定为自然人、经济人、社会人的角色，数字化时代的管理则把"人"定义为文化人或决策人。根据这个界定，传统企业中每个人都要有相应的决策机会，也有相应的决策能力。如何在传统企业文化数字化转型过程中发挥人的主观能动性和积极性就显得非常重要。因此，传统企业在企业文化构建时要关注人的志趣，注重人的文化背景，尊重人的价值和尊严，满足员工的物质和精神需求。

在数字经济时代，个人主义行为倾向越来越突出。自我管理在数字化文化建设中已经变得越来越重要。以知识经济、网络经济为特征的数字经济时代要建立与数字化管理相适应的企业文化，提高传统企业经营效益和管理效率。因此，在进行文化数字化转型时，传统企业要树立以人为中心的企业经营理念，要想尽一切办法使人能够轻松、自如、愉快地工作，这样才能充分发挥员工的积极性和创造力。

二、文化数字化转型的方法

数字化文化培育是传统企业数字化转型的核心内容，对传统成功实现数字化转型具有重要意义。随着数字经济时代战略、人资、生产、营销和管理的数字化转型，传统企业要用数字工具和企业文化重塑员工体验与员工生产力。

（一）标杆导入法

标杆法是麦肯锡咨询公司在管理过程中使用的重要战略方法。该方法要求传统企业比对行业内领先企业检视自身不足，然后提出改善计划，也可以是针对传统企业自身问题，比对业界先进做法，然后进行改善。传统企业在文化数字化转型过程中，要使企业价值观得到切实的贯彻，被全体员工认同，就要建立企业道德评价指标体系，通过成文的奖励、倡导、禁止、处罚制度和不成文的口头舆论、惯例习惯等潜规则，指导、纠正员工的言行。

（二）系统开发法

传统企业无法快速适应市场经济的行为方式和处事规范。在文化数字化转型过程中，要通过系统学习，纠正不适合企业价值观的行为。在推进文化过程中，要针对决策层、管理层和基层员工的基础不同开展不同形式的数字化文化培训。对决策层来说中，要培养其事业心，依靠制度管理企业的习惯，以及宽容、尊重人才的管理气度等；对管理层来说，要培养其上进、合作、服务的观念，以及遵章守纪的习惯，诚信正直的为人等；对基层来说，要培养其敬业、严谨的工作习惯等。

（三）学习借鉴法

传统企业数字化文化管理是一个稳步推进、逐步转型的学习借鉴过程。在这个过程中，为了增强文化转型信心，需要通过学习借鉴法，了解成功企业家的经验和做法，引导全体员工沿着文化转型目标不断前进。在文化转型过程中，要在传统企业内部和外部环境条件分析与预测的基础上，把文化数字化转型中长期目标分解为各种中短期行动计划、行动方案和操作程序。在传统企业的不同发展阶段，根据数字化转型的推进程度设计不同的转型方案，比如，在文化转型的导入阶段、上升阶段和成熟阶段，其文化转型方案要有区分。制订数字化转型方案要贯彻切实可行的准则，既要把握方案的时机是否成熟，又要注意该方案在实践中能否行得通，同时还要兼顾必要的应变方案，使管理人员和员工明确各自的责任体系和任务网络，以保证各种实施活动能真正反映传统企业核心价值观。在此基础上，还要通过一定的评估方案，选出理想的最佳方案或理想的综合方案。

三、文化数字化转型的步骤

企业文化建设是企业管理的高级阶段。在文化数字化转型过程中，与数字化相匹配的文化是传统企业数字化转型的重要成果。许多传统企业数字化转型失败，究其原因，数字化文化缺失是根本。传统企业要实现高质量发展，就必须要通过数字化转型，同步构建与之相适应的数字化文化。

（一）原生文化形态的诊断

原生文化诊断就是要了解传统企业在数字化转型之前的企业文化现状。

在文化数字化转型之前，首先，要先通过问卷调查、研讨会、经营者访谈等方式收集企业文化资料，还原传统企业的原生文化。对传统企业原有企业文化进行全面、系统的诊断，评估现有企业文化与企业战略的匹配度，这是推进传统企业文化数字化转型的出发点。其次，基于新的外部环境分析和新的数字化战略，诊断评估原生文化是否匹配新战略、能否促进新战略落地，在此基础上对传统企业现有文化重新定位，重新提出适应数字经济发展的核心价值观。最后，设计出企业文化转型的可行性方案，通过沟通引导、绩效管理、宣贯培训等形成新的企业文化。

（二）数字化文化战略识别

企业文化是传统企业推进数字化转型的思想层面内容，属于顶层设计，是传统企业的软实力。科学技术、市场竞争、客户需求、企业并购、全球化和突发事件等是引发企业战略，甚至是企业使命和企业愿景改变的重要原因。而企业战略、愿景和使命的变化会对传统企业的企业文化提出新的、更高的要求。因此，文化数字化转型的第一步就是要识别新的企业战略、企业使命与企业愿景，即清楚为什么要开展文化数字化转型。在文化数字化转型过程中，要紧抓新一代信息技术带来的企业变革历史性机遇，聚焦传统企业战略方向，走出一条从跟跑到并跑、领跑的新发展路径。

通过文化数字化转型，打造一流的数字化文化，才能为传统企业高质量发展提供精神动力，从而确保传统企业数字化转型的成效。传统企业数字化转型成功之后将释放出高质量发展效能，进一步提升企业文化的吸引力，引领传统企业的高质量发展。这就要求传统企业提高应对复杂性和不确定性的能力，顺应并主动把握数字技术变革引发的颠覆式创新，推进企业使命与愿景建设，并对企业文化做出新的调整。

（三）数字化文化规划制定

传统企业在推进文化数字化转型过程中，要做好数字化文化规划。具体是要抓好以下三项工作：一是成立数字化转型委员会，明确数字化转型是企业高层管理者必须要主抓的工作。二是聘请数字技术专家，让精通数字技术的专家加入高管团队。传统企业数字化转型结果充满不确定性，需要推进文化数字化转型，打造数字化文化，从而深刻理解战略目标，掌控数字化转型方向和节奏，确保企业数字化转型战略的落地。三是设置数字化转型部门，设置数字化转型部门负责文化数字化转型项目研发、实施和运维支持，并定位为企业一级业务单元，统筹推进传统企业业务数字化转型。

（四）数字化文化内涵重塑

数字化文化要结合企业数字化战略，遵循企业愿景和企业使命。传统企业要分析当前现状与目标之间的差距，通过讨论与沟通确认新旧两种文化的差异，明确当前与未来员工行为表现的不同，以确保数字化文化与企业战略的协同性和员工对其的理解和认同。同时，通过差异分析，了解文化数字化转型中可能遇到的阻力与动力，以及应该采取的策略。

在遵循企业使命和企业愿景的前提下，传统企业要结合数字化转型战略来重塑企业文化。具体措施主要有：一是营造数字文化生态。在推进文化数字化转型过程中，不断引入新的发展观念和思维模式，培养新的市场竞争理念，对传统企业现有文化进行创新与升华，以数字化文化引领新时代企业的价值取向，营造出企业数字化转型的生态环境。二是与战略保持一致。针对当前存在的不良文化现象，需要倡导融入首创、协同、包容、实干等一系列正向文化，通过差异分析，预见未来企业文化转型中可能遇到的阻力，并采取相应措施，保持企业战略与企业文化的一致性。三是重塑企业文化。要通过企业文化培育企业员工、团队的思维模式和行为习惯，从而转变工作氛围，改变决策、管理等集体行为模式，重新塑造企业文化。需要指出的是，数字化转型除了企业组织体系、架构和人员的转型升级，还包括从思想到执行各环节的转型，企业的数字化转型成效，取决于是将数字化看作企业核心战略，还是仅用于业务增长的一种工具和技术手段。

（五）数字化文化故事传播

数字化转型既然是变革，就离不开宣传，讲好数字化转型的故事就显得尤为重要。在数字化转型初期，不管是管理者还是一线员工对数字化涉及的各种变革一般都会存在不适应。历史越是悠久、传统的大企业，所体现出来的这种抗拒性就会越强，而昔日企业所拥有的良好习惯和典型经验，就可能变成了今天企业数字化转型的最大阻力。数字化转型不仅要改变调整现有的工作流程、习惯，还会牵涉到企业各方面的利益，要通过各种内外部宣传，让全体员工理解企业数字化转型战略的意义和必要性，以及未来对个人的影响。因此，传统企业要自上而下进行数字化转型宣传，讲好数字化转型故事，逐级传播数字化文化和意识，提升数字化在整个企业中的正面影响，减少文化数字化转型推进的阻力。

（六）数字化文化方案实施

文化转型的主要目的是改变员工的思维模式与行为习惯，数字化文化的培育需要通过改变人资管理策略去影响员工行为。比如，企业家思想观念的自我革新、企业股权结构的调整、新员工入职的培训、绩效考核与激励机制的优化等。在这个过程中，一方面需要多管齐下、共同作用，才能有效推动员工行为的转变；另一方面也可以从诸如改善工作氛围、改变组织层级体系与决策流程、信息沟通方式等营造员工共同的行为方式，重塑企业文化。因此，在文化数字化转型的实施阶段，要结合传统企业未来发展方向，对比分析新旧两种文化的主要差异，明确新旧企业文化之间的不同，在此基础上提出企业文化数字化转型行动方案，指导企业文化数字化转型。对传统企业来讲，贯穿始终的文化落地从最开始的提炼到倡导推广，再到体系构建，均有难度，文化落地需要深入组织的"大脑"（管理系统、流程机制、组织架构），而不是仅停留在组织的"表皮"（符号、故事、标杆）。

（七）数字化文化能力培养

传统企业数字化转型离不开数字化专业技术人员和业务管理者，因此要注重培养员工的数字化文化能力，充分发挥数字技术人员和业务管理者这两个角色的作用，弥补传统业务和数字业务之间的潜在差距。一般来说，数字技术人员需要拥有专业的数字技术能力，并带领企业组织开展数字化创新工作。业务管理者需要将新的数字方法和流程转换并整合到现有工作方式中，既需要有业务方面的经验，也需要了解新的数字技术。

从文化数字化转型的那一天开始，传统企业就要重新定义个人的角色和职责，使其与企业文化数字化转型的目标相一致，明确文化数字化转型过程中员工需要的能力。因此，在推进文化数字化转型过程中，传统企业要改变企业做项目的方式，通过"业务+数字化"双能型人才的培养，以产品交付、迭代升级方式进行项目实施推广。同时，在项目实施过程中，赋予员工新的工作方式，将数字化工具设定为组织的新规范，修改标准操作程序，进行"三制"梳理。通过数字技术让信息获取更透明、更高效，让广大员工以及管理者看到实实在在的数字化成果，直观感受到由数据驱动的决策机制和敏捷灵活的数字化适应能力，能真正为企业创造价值，基于数据的决策和交互式工具的使用能帮助企业转型成功。

（八）数字化文化成效复盘

在推进企业文化数字化转型过程中，需要留意来自企业内部员工和外部客户的反馈意见，据此修正、完善企业文化数字化转型的总体方案并巩固数字化转型成果。在传统企业数字化转型过程中，最难的不是数字化技术的导入问题，而是企业要适应业务、流程、架构的转变。传统企业规模越大，适应的过程越长，在这个过程中越需要有好的、有力的数字化文化作为支撑。任何一种变革都伴随着风险，包容和创新的数字化文化更有机会让传统企业在变革中抓住机遇。数字化转型就是变革，而组织层面的任何变革都是企业文化的改变，传统企业数字化转型要融入整个企业的文化中，实现文化转型。

四、文化数字化转型的发展趋势

伴随着数字技术的发展与成熟，传统企业文化数字化转型不断升级，这在未来依然是一个不可忽视的重要趋势。搭乘"数字快车"，科技创新赋予企业文化发展新动能，这是时代主题，更是传统企业转型发展的重要契机。如何整合人工智能、大数据等数字技术，推进 5G 与 VR/AR、4K/8K 超高清视频等技术相结合，积极发展数字化文化，加快推进企业文化数字化转型是未来持续不变的主题，也将有力地提升企业文化的体验感。

（一）科技赋能呈现文化创新趋势

得益于科技赋能与数字技术的创新应用，许多传统企业构建了多元化和智能化相结合的数字文化资源库，加快了传统企业数字化转型。同时，通过互联网和移动互联网面向外界传播，为传统企业数字化转型营造了更优的营商环境。围绕"文化+科技"主题，越来越多的传统企业展示科技赋能企业文化的新应用、新业态、新模式，展现科技助力文化数字化转型升级的最新成就。

（二）数字技术引领文化迭代趋势

随着数字化应用场景的不断丰富与拓展，传统企业文化与数字经济、实体经济深度融合，衍生出包括数字展示、数字交易、数字消费等在内的数字化文化，丰富了传统企业文化内涵。

（三）文化内容呈现百花齐放趋势

面对企业文化数字化发展趋势，文化的内容是文化数字化转型过程中最为核心和最为根本的内容。通过文化转型，让文化内容的表达看起来不乏味，且有一定的意义或情感。这需要持续创新的技术与求变的创意思维。通过三维立体建模，融入具有趣味性的创意表达，展示出企业文化的动态发展与变迁。结合 CG（Computer Graphics，计算机图形学）特效、全息影像、裸眼 3D、人机交互、5G 云 XR（扩展现实）、AI 人工智能、大数据可视化等关键技术手段，可以全方位展示企业文化。

五、文化数字化转型的注意事项

需要注意，并不是说传统企业购买了很多智能设备，实施很多智能化改造项目，升级了数字化技术和管理系统，就能顺利完成数字化转型。实际上，数字化转型与软件或技术无关，而在于组织文化的适应性。从根本上来说，数字化就是变革，传统企业必须具有敏捷性和适应性，企业文化对于任何数字化举措的成功都至关重要。因此，在文化数字化转型过程中还要注意以下事项：

（一）原有文化要做哪些改变

从文化诊断开始，了解传统企业当前的文化基础是什么，要审视组织目标，寻找哪些方法能促使文化发展到一个新的层面，以更有效地支持战略目标和员工需求。比如，亏损业务在网络和设备可靠性以及分销策略方面遇到问题。要在文化转型过程中充分认识到存在的企业文化薄弱、领导团队分裂、员工敬业度低等问题。要使用企业文化清单来评估传统企业当前文化和变革的需要，然后提出合理的文化数字化转型方案。

（二）需要领导提供哪些支持

员工受到领导的启发，并能反映领导的行为、信念和观点。这就是为什么领导团队是制定行为规范的关键，这些规范应反映传统企业的核心价值观。因此，每一层级的领导都要支持文化数字化转型，接受新的管理系统来支持变革。传统企业高层要坚持以身作则，选择合适的管理者组成文化转型团队，推进传统企业文化数字化转型。

（三）需要推进哪些关键变革

文化数字化转型的方法可以分为正式方法和非正式方法两种：正式的文化数字化转型方法包括推行新政策或调整旧政策变化、引入新的衡量标准、采用以预期结果为导向的激励措施；非正式的文化数字化转型方法包括管理者和员工之间的非正式互动。传统企业在文化数字化转型过程中要通过正式或非正式的方法了解存在的问题，从而明确推进数字化转型需要的关键变革。

在此基础上，传统企业要将一系列想要实现的数字化关键行为作为实施文化转型措施的目标。比如，试图将企业从等级文化转变为协作文化，就需要专注于合作（强调建立团队、人的重要性等）、承诺、授权、凝聚力、充分参与等关键行为。然后，将这些新的行为纳入绩效管理体系，这样就可以有效地衡量和发展这些数字化文化。在员工绩效评估和绩效辅导中扩大数字化文化行为评估所占的比例。与此同时，传统企业要创造数字化转型愿景，让企业全体员工所有人都能理解并记住企业数字化转型的目的，并且能够根据企业层面转型依次设立部门数字化文化落地目标。

（四）需要消除哪些沟通障碍

找出阻碍传统企业推进文化数字化转型的障碍，并在企业内部解决。无论采用何种转型模式，员工，尤其是企业中高层管理在文化数字化转型转变过程中都扮演着关键角色，因此，传统企业要消除沟通障碍，营造文化转型氛围，推进文化转型。

在转型过程中，要保持文化数字化转型相关信息的透明、可得，让员工消除担忧并帮他们解决这些担忧。无论文化变得多么先进，没有什么比清晰、诚实和一致的沟通更强大有力。有效沟通可以建立员工之间的信任，并让员工参与其中。在推进过程中，一定要注意采用最有效的方式（如定制化的沟通表达）以触及不同背景（代际、文化、地域）的员工。

（五）需要如何持续推进变革

企业文化要适应企业经营环境变化，这就需要把文化数字化转型看作一个持续的过程，要考虑到已经开始并将持续的文化转变。通过文化转型，文化数字化转型的主要成果是什么？如何使用这些成果？转型对业务绩效有什么影响？转型之后员工的关键行为和思维方式是否发生了变化？为了回答这些问题，可以再次使用组织文化评价量表（OCAI）进行文化评估，以观察已经实现了哪些转变，还有哪些转型目标没有实现。

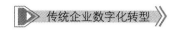

【案例分享】

案例：海尔集团文化数字化转型

海尔集团积极导入全员数字化思维，以颠覆式创新推进管理模式和企业文化转型，取得了显著成效。2021年，埃森哲更是将海尔集团的数字化转型作为全球企业数字化转型的中国典范。海尔集团董事局主席、首席执行官张瑞敏曾用"鸡蛋从外面打破是食物，从内部打破是生命"这一比喻来形容海尔内部颠覆性的组织重组，而内部组织重组的过程也是海尔建立全员对数字化转型正确认知的过程。海尔集团作为一家以"自以为非"为文化基因的企业，从数字化转型开始启动时便摒弃传统企业数字化转型的"技术至上""效益第一"等认知，早早明确了"客户价值第一""员工价值至上"的"人单合一"的价值理念，探索出了一条独特的数字化转型之路。

※思考与探索

天能集团希望推广一种数据共享和分担的企业文化，采用"数据湖"储存方法，把全部的原始财务数据都存储到一个数据共享平台上，当各个部门需要进行数据分析时就可以调用"数据湖"里的数据，结束后还能够把数据分析成果回到"数据湖"中，供另外的客户利用数字工具获得，向轻控制、重分析的文化管理模式转型。随着传统公司向数字化转型的不断深入，大数据分析已成为了传统企业最核心的文化资产所在。

请结合本章内容的学习，谈谈你对"数据湖"以及传统企业如何应用"数据湖"加快文化数字化转型的理解。

【参考文献】

［1］［美］拜瑞·J. 内勒巴夫，亚当·M. 布兰登勃格. 合作竞争［M］. 王煜全，译. 合肥：安徽人民出版社，2000.

［2］曹卓君. 互联网时代企业文化建设的三大转型［J］. 中国人力资源

开发，2014（10）：58-63.

［3］陈雪频．一本书读懂数字化转型［M］．北京：机械工业出版社，2021.

［4］范珂．VUCA 时代下的 HR 精进之道［M］．北京：中华工商联合出版社，2022.

［5］海尔的数字化转型：一场直达用户体验的"广义"再造［EB/OL］．中文网，https：//tech.chinadaily.com.cn/a/201907/19/WS5d317abfa3106bab40a0178d.html

［6］郭润萍，韩梦圆，邵婷婷，等．生态视角下数字化转型企业的机会开发机理——基于海尔和苏宁的双案例研究［J］．外国经济与管理，2021，43（9）：43-67.

［7］［美］加里·奥布莱恩，郭晓，［美］迈克·梅森．数字化转型——企业破局的 34 个锦囊［M］．刘传湘，张岳，等译．北京：机械工业出版社，2021.

［8］［美］莱斯特·瑟罗．二十一世纪的角逐——行将到来的日欧美经济战［M］．周晓钟，张蕴岭，等译．北京：社会科学文献出版社，1999.

［9］刘宸希．"互联网+"时代传统企业互联网化转型路径研究［J］．技术经济与管理研究，2020（11）：56-60.

［10］卢彦．网络思维 2.0——传统产业网络转型［M］．北京：机械工业出版社，2015.

［11］吕亦湘．互联网时代下：传统企业文化的转型之路［J］．商场现代化，2018（20）：105-106.

［12］王勇，谢晨颖．中国企业数字化转型回顾与展望［J］．科技与金融，2022（3）：45-51.

［13］项德葵．试论企业文化对建筑企业数字化转型的作用［J］．企业文明，2022（1）：80-81.

［14］许涛.以文化创新和平台创建加速企业数字化转型［J］.上海质量，2022（8）：18-20.

［15］杨序国.企业文化引领数字转型［J］.企业管理，2020（12）：44-46.

［16］张桂平，林峰，王作言.从工业时代到互联网时代的企业文化：人的演进［J］.商业文化，2017（31）：36-43.

［17］Byrd T A, Marshall, T E. Corporate Culture, Related Chief Executive Officer Traits, and the Development of Executive Information Systems ［J］. Computers in Human Behavior, 1996, 12（3）：449-464.

［18］Kotter J P, Heskett J L. Corporate Culture and Performance ［M］. New Yor：Free Press, 1992.

［19］Tom Gillpatrick. The Digital Transformation of Marketing：Impact on Marketing Practice & Markets ［J］. Economics, 2019, 7（2）：139-156.

后　记

2006 年 3 月，笔者从政府部门进入高校工作，为更快适应高校教学、科研和服务地方工作，除了常规教学工作，还指导学生参加全国创业大赛、参与创新创业活动和企业管理咨询培训工作，开启了创新创业与企业成长管理研究生涯，并先后出版《成长型企业管理——基于"五项能力"的复合协同型发展模式研究》（2017 年 9 月）和《创新创业教育与实战》（2020 年 4 月）两本书，作为第二主编编写了《大学生创业实践》（浙江省高校重点建设教材），参编《经济学》（浙江省高校重点建设教材，2009 年 9 月）、《公共经济学》（高等学校公共管理类专业系列教材、国家精品资源共享课配套教材，2015 年 9 月）、《人力资源管理案例导引》（经管类高等职业教育课改系统规划教材，2010 年 2 月）等教材，在《改革》《学术探索》《企业经济》等期刊上发表论文 30 多篇，为本书的写作夯实了坚实的前期研究基础。

进入 21 世纪以来，随着数字技术的飞速发展，数字技术正引领着传统企业朝着信息化、数字化和智能化方向发展。当前，传统企业一方面面临着因新冠肺炎疫情冲击带来的巨大压力；另一方面又迎来了数字化转型发展的战略性契机。在这样的背景下，传统企业只有尽快实现数字化转型，才能更好地抓住数字技术带来的发展红利，减少新冠肺炎疫情所带来的风险损失。

基于此，本书在写作过程中，主要采取了以下方法：

（1）模型构建法。模型是理论和实践的中介，具有一般规律性、结构稳定性和可操作性等特征，是研究企业管理现象的重要研究方法。在传统企业推进数字化转型过程中，"转什么""怎么转""有哪些具体的模式、路径和方法"等是传统企业最为困扰的问题。本书根据生态系统学、企业成长学和数字经济学等理论，应用模型构建法，构建了数字经济背景下基于"六个维度""虚实一体"的传统企业数字化转型模式，为传统企业加快数字化转型指明了方向。

（2）系统分析法。系统分析法是指应用系统论的观点研究传统企业转型发展的重要方法。传统企业数字化转型具有整体性、关联性、时序性、等级结构性和动态平衡性等特征。传统企业在数字化转型过程中遇到的主要难题是数字化转型并非简单的线性关系，即投入产出并非一一对应，而是呈现出非线性关系。解决这个难题的关键在于能否洞察数字化转型各个维度的复杂非线性关系，并能从中抽象出具备解释力和规律性的分析要素。以系统论研究方法研究传统企业数字化转型有助于传统企业通过数字化实现转型发展。

（3）案例分析法。为加快传统企业数字化转型，验证传统企业数字化转型成效，本书在构建传统企业数字化转型模式和提出六个转型维度的研究基础上，结合典型案例分析法进行对比验证。每个转型维度匹配 1~2 个成功完成数字化转型的企业案例，为政界、学界和业界了解传统企业数字化转型现状、成效和经验等提供经验借鉴，为相关专业大学生加深数字化转型提供案例学习资源。

本书的主要观点为：

（1）数字化是传统企业实现转型发展的主题。数字技术是驱动全球数字经济发展的原动力，而数字化转型则是传统企业实现转型发展的重要途径。

（2）数字化转型模式、路径和方法缺失是数字化转型的痛点。本书针对这一痛点，在数字化转型模式构建的基础上，针对每个数字化转型维度提出相应的数字化转型路径和方法，解决了当前传统企业数字化转型模式、路径和方法不足的问题。

（3）数字化软硬件实力是传统企业开展数字化转型的关键。数字化转型不是简单的智能化设备引进，也不是简单的软件植入，而是需要传统企业软实力和硬实力的结合，彼此相互促进、相互提升。传统企业只有同时提升数字化转型的软硬件实力才能真正完成数字化转型。六个维度的数字化转型维度完整体现了传统企业数字化转型的软硬件实力。

（4）数字化转型维度是传统企业数字化转型的核心。本书提出了战略、人资、生产、营销、管理和文化六个数字化转型维度，为传统企业开展数字化转型提供了明确的转型思路和转型方向，这也是本书的核心内容。

（5）转型成功的案例是传统企业数字化转型的示范。本书共编写了八个数字化转型的成功案例，可以指引更多传统企业通过数字化实现转型发展。

本书的创新点主要表现在：

（1）研究视角的创新。本书在写作过程中应用生态系统学、企业成长学和数字经济学理论。现有转型发展的理论研究大多从影响传统企业成长机理的一个或若干个方面着手，缺乏系统性。本书导入生态系统学观点，在系统分析传统企业数字化转型机理的基础上，构建了传统企业数字化转型的生态模式，使这一研究得以深入。

（2）研究内容的创新。在写作过程中系统研究了传统企业数字化转型的六个维度。研究内容不仅从战略、文化和管理三个衡量数字化软实力的视角展开，也从人资、营销和生产三个衡量数字化硬实力的视角展开，并结合成功案例分析探讨提出传统企业数字化转型的路径与方法。

（3）研究方法的创新。在写作过程中采用跨学科研究与案例研究相结合。通过利用网络资源收集数据、问卷调查及跨学科研究法，弥补了研究的缺陷和实践上的不足。

本书从构思到动笔写作之前，分别通过培训、走访调研等方式了解了浙江省能源集团有限公司、浙江省机电集团有限公司、浙江新联民爆器材有限公司、浙江杭叉集团股份有限公司、江苏银宝控股集团有限公司、永兴特种材料科技股份有限公司、浙江爱雪制冷电器有限公司、浙江润禾有机硅有限公司、湖州锐格物流科技有限公司、湖州供销荣恒石油有限公司、湖州南丰机械制造有限公司、湖州南方水泥有限公司、浙江兆龙互连科技有限公司、浙江华美制冷电器有限公司、温岭市非普电气有限公司、江苏健尔康医疗科技股份有限公司、广西柳州钢铁集团有限公司、贵州茅台集团、贵州烟叶复烤有限责任公司、红云红河集团、广东韶关烟草有限公司和常石（上海）船舶设计有限公司秀山分公司等200多家传统企业的数字化转型情况，为本书撰写提供了丰富的案例素材。同时，在写作过程中，参考了国内外许多专家学者的研究成果，借鉴了海尔集团、浙江传化集团有限公司、上海瑞尔实业有限公司、杭州制氧机股份有限公司、久盛控股集团有限公司、浙江金洲科技管道股份有限公司、久立集团股份有限公司、湖州诸老大实业有限公司和浙江开乐新能源科技有限公司等50多家传统企业的数字化转型实践与经验，在此表示衷心的感谢。在研究成果的引用和借鉴过程中，还有部分研究成果因各种原因未能在书中逐一标注，如果冒犯了作者的书权，在此表示歉意，并虚心接受批评。

传统企业量多面广，而且不同行业差异较大，其数字化转型经验和做法差异较大，本书未对不同属性的传统企业数字化转型进行研究，也未对传统企业数字化转型模式和维度进行验证及数字化转型成效进行量化评价，需要在后续研究中进行深化。

由于笔者水平有限，书中仍可能存在不足与错误，敬请批评指正，意见与建议请发邮箱 wengshizeng@zju.edu.cn，期待您的反馈，不胜感激。

翁士增

2022 年秋